議事解説

議事解説

昭和17年4月
帝国議会衆議院事務局 編

解題
原田一明

学術選書プラス
3
議事法

信山社

推薦の辞

この度、帝国議会運営のための理論書として衆議院で愛用されてきた「議事解説」が公刊されることになりました。京都大学大石眞先生を中心とする「衆議院事務局の未公開資料群に基づく議会法制・議会先例と議院事務局機能の研究」会の諸先生方の熱意と御尽力の結果と感謝致しております。

「議事解説」はあくまでも帝国議会運営の解説書であり、そのまま国会運営に使えない限界はあるとはいえ、「帝国議会における先例で、憲法、国会法に反しないものは、なお効力を有する」のであり、その片仮名表記や文語調を乗り越えて今日的にも大いに参考となるものであります。

日本社会に議会主義を根付かせようと努力する先人の血と汗の結晶を有効活用して戴くことを心から願うものであります。

平成二十三年四月

衆議院事務総長
鬼 塚　誠

解題

はじめに

本書『議事解説』の原本は、衆議院事務局議事課に所蔵されていたもので、表紙には「内藤」との署名及び印章がある[1]。これを底本として、明らかな誤植等を訂正した上で、翻刻したのが本書である。なお、原本では、上巻、中巻、下巻それぞれの巻毎にページが付されているが、これらの三冊を合本して翻刻するに当たって、上巻から下巻まで、通し頁を付すことにした。

Ⅰ 本書の概要

その「前書」によれば、本書は、昭和一七（一九四二）年四月に編纂され、「衆議院ノ議事ヲ判リ易ク説明スル」ために、「従来ノ先例ヲ基トシテ出来ルダケ簡単ニ記述シテミタ」と論述方針が記されている。また、その論述対象は、明治二三年の帝国議会開設から第八〇回帝国議会までの五二年間に亙っている。

---

(1) 内藤とは、昭和九年七月からは衆議院属として議事課・調査課で仕事をしていた内藤秀男（戦後、議事課長や議事部長を歴任）であると思われる。内藤秀男及び内藤秀男文書については、赤坂幸一「占領下に於ける国会法立案過程」議会政治研究七四号（二〇〇五年）一頁以下を参照。なお、「西沢哲四郎関係文書」（国立国会図書館憲政資料室）には、「衆議院の議事解説上・中・下（昭和一七年）」三冊が所蔵されている。この西沢文書本の書込みにより、本文中の記載を二ヶ所補った（四二頁、一二七頁〔〕内）。

まず、本書の構成について簡単に見ておくと、上巻（第一編 概論）、中巻（第二編 会議総論）、下巻（第三編 会議各論）の三巻から構成されており、議事手続をめぐる論点が、先例はもとより学説をも含めて、ほぼ満遍なく渉猟され、議会事務局内での網羅的な検討の跡が窺える内容となっている。[2] しかも、本書では、これらの議会先例や有力学説に対する評価や批判がかなり率直に示されているだけではなく、この種の書としては異例なほど明確に、妥当とされる結論や考え方が提示されていることがその特色となっている。

この意味で、本書は、単なる一般的・啓蒙的な解説書の域にとどまらない、「議会実務家のための実践的な書」と位置づけることができ、一般向けの「議会解説」書の類とは同列に論じられない、当時の衆議院議会事務局が総力を傾注して編集した、「実践的議会手続マニュアル」ともいうべき実質を備えている。

因みに、本書完成時の衆議院書記官長は、大木操（昭和一三年四月二日～昭和二〇年一〇月一一日、第七四回議会～第八八回議会まで在任）であり、この時期に在籍していた衆議院書記官には、大池眞（昭和一四年四月二五日～二〇年一〇月一一日在職）、西沢哲四郎（昭和七年七月八日～二二年五月三日在職）、鈴木隆夫（昭和一二年六月一〇日～二二年五月二日在職）、多田仁巳（昭和一三年四月七日～一七年一〇月三〇日在職）、岡部史郎（昭和一四年一〇月三日～二〇年三月八日在職）、山崎高（昭和一六年一一月一一日～一七年九月一七日在職）、麻原三子雄（昭和一六年一二月一二日～二〇年二月六日在職）といった、議院法から国会法へと移り変わる激動の時代を文字通り陰日なたとなって支え続けた錚々たる顔ぶれが揃っている。

以上からして、本書は、あくまでも衆議院事務局内での部内資料として、日々の議事運営に際して事務局職員が常に参照すべき手引書、その意味で、わが国における「アースキン・メイ」の嚆矢として編まれた、「議会の法と慣行」の書ということができよう。

以下では、本書を読むための手掛かりとして、本書が作成された時代状況についてごく簡単に概説した上で、本書のいくつかの特色を紹介することで解題に代えることとしたい。

Ⅱ　翼賛体制と『議事解説』の編纂

明治憲法の下において、議院法は回数にして六回の改正が行われている。すなわち、明治三二年、明治三九年、大正五年、大正九年、大正一四年、昭和二年の各改正であるが、ただ実質的な改正といい得るのは、最後の昭和二年改正が挙げられるに過ぎない。すなわち、昭和二年改正以前は、議院法四〇条に依拠して、衆議院に限って、予算委員は議院が予算案を受け取った日から二一日以内に審査を終えて議院に報告しなければならない旨、定められていたが、貴族院での審査期間は何ら制限されていなかった。これに対して、昭和二年の改正では、この点を改めて、貴族院における予算案の審査期間について明文の規定を設けて限定するとともに、両院ともに五日を超えない範囲で、審査期間の延長をすることができると改められたのである。

これは、大正一三年、一四年頃に盛んに議論された貴族院の権限縮小を求める「貴族院改革」論の一環としての改正であったが、ただ、これによって、両院平等という原則そのものが変更されたとまで解することは適当ではない。このように帝国議会期を見渡しても、実質的といえるほどの議院法の改正は、結局のところ、行われなかった。(3)

他方で、昭和期にはいると、国民からの議会政治に対する不信の念はより一層高まり、衆議院にも、議会振粛各派委員会が設けられ、昭和七年七月一五日には、「議会振粛要綱」が決定された。(4) その後の昭和八年二月一七日には、この要綱に基づいて同委員会は、常置委員の新設を柱とする議院法改正案を提出したが、ここでは、議

---

(2)　学説の引用としては、美濃部達吉、佐々木惣一、井上密、一木喜徳郎、清水澄、松本重敏、田口弼一がしばしば参照されている。たとえば、定足数については、美濃部の『逐条憲法精義』（昭和二年）四七八頁を引用して、現在議員数説を批判して、議会先例上は、法定数説で運用されていることが説かれている（参照、本書五一頁、一一八頁）。さらに、憲法義解に加えて、当時公刊されていなかった「伊東巳代治伯ノ議院法義解」（本書七八頁及び二一七頁、なお五四頁、五九頁も参照）も引用されている。

(3)　議院法改正の概略については、『議会制度百年史』の「議会制度史概観」九二-四頁参照。

会閉会後の会期外において常置委員が実質的に帝国議会の活動を代行することが問題とされ、論者によっては、常置委員会は「議院に於ける議員のみを以て構成せらるる政府任命の諮問機関」[5]に他ならないとも称されて、憲法上の疑義や違憲論[6]が続出し、結局、審議未了・廃案となった。

その後、昭和一一年の二・二六事件（岡田啓介内閣）、昭和一二年七月の日支事変の勃発（第一次近衛内閣）、さらには、昭和一四年九月のドイツ軍のポーランド侵攻を受けて、枢密院議長近衛文麿を中心に「新体制運動」が提唱され、昭和一五年七月二二日の第二次近衛内閣の成立、「基本国策要綱」の決定を経て、「議会翼賛体制」の確立が目指された。こうした大政翼賛会体制に対しては、議員の中からも、とりわけ大政翼賛会中に設置された議会局については、憲法が保障する帝国議会の権能を侵犯するものであるという批判が加えられることになった。

さらに、昭和一六年一二月八日には太平洋戦争が勃発（東條内閣）、戦時体制への移行に伴って、帝国議会は名実ともに「翼賛議会」へと変貌を遂げてゆくことになる。正にその渦中の、昭和一七年四月に、本書『議事解説』が完成し、同月三〇日には、第二一回衆議院議員総選挙、いわゆる「翼賛選挙」が行われ、翼賛政治体制協議会の推薦を受けた議員三八一名が当選、一方、非推薦の当選議員は僅かに八五名にとどまるなど、翼賛議会体制が確立されるに至ったことは何とも皮肉なめぐり合わせである。

ただ、こうした翼賛体制に対しては、周知のように、佐々木惣一が真正面から憲法上の疑義を提起していたことを見過ごすことはできない[7]。こうした動きに加えて、帝国議会を立法府と称することに対する懐疑的な見方はほとんど疑いのないほどまでに高まっていたようで、天皇機関説事件以降、事実上の言論活動を封じられていた美濃部達吉ですら、一九四〇（昭和一五）年四月に雑誌『日本評論』に掲載された論説において、外国為替管理法、輸出入品等臨時措置法、国家総動員法のような立法権を政府の専権にゆだねる法律の登場を踏まえて、次のような失望を率直に表明している。

「……実質的には法律に相当すべき定めが、政府のみに依って作らるることは、言うまでもないのみならず、たとい正式に法律として議会の協賛を終て《ママ》制定せられるものであっても、議会は殆ど唯形式的に之を通過するだけで、その制定に付いての実権は、専ら政府に属すると言っても、大なる不可は無い。議会が立法府と称せられて居るのは、実は唯名目だけで、名あってその実なきものと評するの外は無い。」(8)

(4) 昭和一二年七月改訂『衆議院先例彙纂』では、先例第五六六号「議会振粛ニ関シ申合ヲ為ス」として、その解説で、「……議会振粛要綱ヲ決定セリ就中左ノ申合事項ハ第六十三回(臨時)議会召集当日(昭和七年八月二十二日)各派協議会ノ承認ヲ得タリ」として、不穏当や議題の範囲を超えた発言に対する議長の注意に始まり、定例日の質問をなるべく行うようにすることまでの一二項目の申合事項が掲げられている、六二一-二頁参照。

(5) 大石兵太郎「議会議事手続の改革」佐藤教授退職記念『法及政治の諸問題』(昭和一四年)一六二頁註(二)参照。

(6) 佐藤丑次郎東北帝国大学教授は「常置委員の設置に就いて」(法学(東北帝国大学)第六巻三号(昭和一二年)八五頁)という論考において、「若し各議院が政府の要求に依らず又其の同意を経ることなくして議会閉会の間常置委員を設置すとするならば、是れ全く勅旨に由るものでないから固より帝国議会の一部たることを得ないし、之をして議会の作用の一部を行はしむるときは直ちに大権を侵犯することとなって帝国憲法第七条前段に矛盾するの結果を生ずる。斯くの如きは議院法中改正法律の到底規定し得る所ではない。」(八七頁)と述べて、常置委員違憲論を展開していた。これに対して、宮澤俊義は、常置委員会は、議院法二五条に根拠を有する継続委員会制度に類似する制度であることを前提に合憲論を主張していた。つまり、常置委員会の活動は議会活動の準備作業に過ぎず、これを閉会中に認めたとしても、議会が閉会中に活動することにはならないと反論している(『帝国大学新聞』一九三三年三月六日付)。なお、常置委員会制度が国会法の起草作業の過程で廃止された経緯については、高見勝利「戦後の国会における委員会制度の導入とその改革」中村睦男編『議員立法の研究』(一九九三年)六二頁以下参照。

(7) 佐々木惣一(大石眞編)『憲政時論集Ⅱ』(一九九八年)所収の「政治体制の整備と新政党運動」(昭和一五年)一二四頁以下、「新政治体制の日本的軌道」(昭和一五年)一五一頁以下、「大政翼賛会と憲法上の論点」(昭和一六年)一九三頁以下の諸論考を参照。なお、この最後の論文では、大政翼賛会の規約において「常に大政翼賛会の総裁と内閣総理大臣とが一致するものと、定むること」は「大政翼賛会が、恒久的に、政治を担当するものと、定められることである」から、「国家の法則に非ざる大政翼賛会の規約に於けるものとしては、いささか穏当を欠く」、すなわち、帝国憲法違反とはいえないが、「帝國憲法の精神には反する」と述べられている(二四八-九頁)。

(8) 高見勝利編『美濃部達吉著作集』(二〇〇七年)一〇〇頁。

『議事解説』の編纂は、帝国議会を取り巻く、以上のような閉塞した時代状況の中で企てられたという意味において、注目すべき試みであったといえよう。

Ⅲ 日本版「アースキン・メイ」としての本書の特色

次いで、わが国の「アースキン・メイ」とも称しうる本書の内容それ自体に目を転ずることにしよう。前述したように、本書の内容を検討する上で、とりわけ注目されるのは、先例や学説などの考え方が分かれ、検討が不十分であると思われる論点へのかなり詳細かつ率直な検証が加えられている点である。勿論、本文でこれらの論点への言及がなされている場合もあるが、本書の上巻及び下巻にあっては、特に「(備考)」という項目が立てられており、議論が区々に分かれているテーマに関して非常に行き届いた考察が行われている。しかも、ここでは、それらに対する結論が明確に示されていることが重要である。まずは、これらの「備考」として掲げられている項目を抜き出しておこう。

◆上 巻
1、「議長副議長ノ候補者選挙」に関連して「任期満了ノ議長副議長落選セル場合ト議院法第十五条トノ関係」
2、「議席ノ指定」に関連して「議長ノ議席変更権」
3、議会の「開会」に関連して「議会開会ノ時期」
4、「議院ノ機関」に関連して「議院ノ機関トシテノ委員及委員会ノ関係」
5、「会期中議長副議長ノ退職ト仮議長」に関連して「議長副議長ノ故障ト仮議長トノ関係」
6、「議案ノ意義ニ付テ」

◆下 巻

xii

「懲罰ノ執行又ハ効力発生時期」に関連して、「一、除名ニ成規ノ賛成ヲ得ザル場合」と「二、故ナク未応召又ハ未登院ノ議員ニ対スル懲罰」

以上の諸点は、いずれも興味深い論点であるが、ここでは、特に、上巻の五番目、「議長副議長ノ故障ト仮議長トノ関係」及び六番目の「議案ノ意義ニ付テ」、さらには、下巻の懲罰事案の取扱いに関する議論を取り上げて、その内容を紹介しておきたい。

(1)　まず、便宜上、議事手続を論じるに当たって避けて通ることのできない古典的なテーマでもある「議案ノ意義ニ付テ」という論題から先に取り上げる。そもそも、議院法上の「議案」の意義について、当時の学説は、狭義説と広義説の両説が並び唱えられる状況であったが、本書では、基本的に広義説に立ちつつも、「議院ニ提出又ハ発議セラレ議院ニ於テ議決ヲ要スベキ事件ニシテ、案ヲ具ヘルコトヲ必要トスルモノ」で、「未ダ確定シナイモノ」を議案と位置づけている。[9]　しかも、この「未ダ確定シナイ」という文言がかなり広く解されており、

(9)　この考え方は、戦後の議会法論にも受け継がれた。鈴木隆夫『国会運営の理論』（昭和二八年）では、田口弼一『委員会制度の研究』（昭和一四年）の狭義説を踏まえて、「議案というのは通常案を具えているもので、議院の議決を要するものを広く総称して用いられる観念であるが、実際上においても理論上においてもその範囲は余り厳格に解する必要はないと思われる。……議案を狭く定義し、それにとらわれて強いてその範囲を厳格に解する必要はなく、国会又は一院の議決を要するものは、広くこれを議案と称して差支えないものと考えられる。従って、国会又は一院の議決を要するものであれば、これを議案として取扱うかどうかは、寧ろ国会又は各議院における審査の実際に適合するように、国会又は各議院において定められるべきものと解して差支えなく、又実際においてもそのように取扱われているようである。……議院の議決を要する案件については、それが議案であるかどうかの区別よりも、寧ろ国会の議決を要するものであるか、両議院の議決を要するものであるか、又は一院の議決を要するものであるかの区別の方が、理論的にも又実際上にも重要な問題があり、且つ、その取扱についても検討せらるべき点が多いと思われる。」（七七-八頁）と広義説が説かれている。しかし、戦後議会法論に対しては、むしろ議案を広く解することで、「どのような実際上の要請に応えようとしているのか不明である」（森本昭夫「国会における審議の対象」議会政策研究会年報第四号（一九九九年）二二八頁）との批判がなされている点に留意すべきであろう。

議会の事後承諾が求められることになっている緊急勅令についても、「解除条件付ノモノデ議会ノ諾否如何ニ依リ将来ノ効力ハ左右サレル」のであるから、議案に含まれると解されて、翼賛体制にあっても、この角度から、議会の政府統制権の実質を確保しようとする立場を鮮明にしている。ただ、本書の検討が周到なのは、議案に関してただ単に広義に解すれば事足りるとの安直な議論に終始しているわけではない点にある。

すなわち、この「備考」にあっても、議案と動議との区別に関する学説の対立を素材として、動議との関係では、佐々木惣一や清水澄によって説かれた広義説では、両者の区別が不明確になるとして、一転、田口弼一前衆議院書記官長（昭和五年四月五日～昭和一三年四月二日、第五八回議会～第七三回議会まで在任）が説く狭義説に与しつつ、議案とは「議院ニ於ケル議決事項ニシテ案ヲ具フヘキモノナリ」として、基本的に、案を具えて議院に提出された議決事項という点が強調されて、実務的な整合性を踏まえた議論が展開されているからである。

(2)　次いで、「議長副議長ノ故障」という項目に関してであるが、そこでは、様々な論点が扱われることになるが、その中でも、すでに議長副議長が勅任された後の閉会中に、議長副議長がともに欠位となった場合に、その候補者選挙を誰が行うのか、つまり書記官長が行うのか仮議長かという議会運営上の解釈問題にも言及されている。

この点、議院法一四条では、議長副議長がともに故障があるときには仮議長を選挙して議長の職務を行うと定められている。さらに、当時の衆議院の取扱いでは、ここにいう「故障」には、「欠位」の場合も含むと解されていた。このことからすれば、議長等が欠位の場合には、当然、議院法一四条が適用されるはずなのであるが、美濃部達吉、清水澄両博士、さらには田口弼一衆議院書記官長をはじめ、法制局のメンバーの中にも、議会解散後の議会召集日に議長副議長候補者を選挙する場合には、書記官長がこれを行うと定める議院法三条二項[10]を適用すべきであるとする議論が各派交渉会の決定を含めて有力に唱えられていたことが紹介されている。[11]

ただ、この議論について、本書では、本来、議院法三条を適用するためには、従来の先例的解釈を改めて、欠位は「故障」とは異なるとの解釈論を前提にすべきであるとして、議院法一三条、一四条によって仮議長が選挙されるのは、故障の場合に限定されるべきであって、欠位の場合は含まないと解し、「故障ト欠位トハ厳ニ区別スル方ガ妥当デハナイダラウカ」(12)との考え方を明らかにしている。

これは正に従来の衆議院の取扱いの内容を改めるという提言であり、その意味するところは重大である。ここでは、欠位の場合の議長副議長の選挙を書記官長が行うという、その結論自体は先の各派交渉会の決定と同じであっても、確かに従来の先例は、結論へと至る論理という点で、その整合性を欠いていると思われるからである。実際、欠位の場合とは、議長あるいは副議長がかけている場合、つまりいない場合を意味するはずであるから、その際には、仮議長を選任するというよりは、むしろ速やかに議長、副議長の選挙を行うべきことが筋であるはずである。その意味で、欠位が、外国に出張して不在であるとか、病気になったという場合の故障と異なることは明らかで、本書がこの点を明確に指摘していることはその後の議会慣行の形成を考える上でも重要な意義を有している。というのも、日本国憲法の下で制定された国会法では、議長副議長に事故があるときと欠けて

(10)　議院法第三条第二項では、「議長副議長ノ勅任セラルルマテハ書記官長議長ノ職務ヲ行フヘシ」と規定され、議長副議長が選挙されるまでの「欠位」の場合が定められている。

(11)　各派交渉会では、欠位の場合も、議院法三条を適用して書記官長が正副議長候補者選挙を行うと決定した、本書八二頁参照。また、昭和一七年一二月改訂『衆議院先例彙纂　上巻』四三頁では、先例第五七号は「召集当日議長若ハ副議長又ハ議長副議長倶ニ欠位ノ場合ハ先ツ其ノ候補者ノ選挙ヲ行フ」として、そこには、次のような説明がなされている。「……即チ第五回及第七十五回議会ハ副議長欠位ノ場合ニシテ第十回、第十九回、第二十八回、第五十七回及第六十七回議会ハ孰レモ議長欠位ノ場合ナリ而シテ第六十回及第七十九回議会ニ於テハ議長副議長倶ニ欠位ノ場合ニシテ議院法第三条第二項ニ依リ書記官長議長席ニ著キ候補者選挙ヲ行ヘリ」(四四‐五頁)と記述されている。また、先例第五八号は「会期中議長副議長欠位トナリタルトキハ直ニ其ノ候補者ノ選挙ヲ行フ」とされ、その解説では、「……特別ノ事由ナキ限リ当日直ニ其ノ候補者ノ選挙ヲ行フ」とされている。

(12)　本書八三頁。

いる場合とを明確に区別し、次のように規定しているからである[13]。

国会法

第6条【議長・副議長の選挙】

各議院において、召集の当日に議長若しくは副議長がないとき、又は議長及び副議長が共にないときは、その選挙を行わなければならない。

第22条【仮議長】

① 各議院において、議長及び副議長に共に事故があるときは、仮議長を選挙し議長の職務を行わせる。

② 前項の選挙の場合には、事務総長が、議長の職務を行う。

③ 議院は、仮議長の選任を議長に委任することができる。

第23条【議長・副議長の選挙】

各議院において、議長若しくは副議長が欠けたとき、又は議長及び副議長が共に欠けたときは、直ちにその選挙を行う。

さらに、副議長が選任され、議長が欠位の場合であっても、議長選挙を行って、議長が勅任されるまでの暫定期間について、議長故障の場合の代行機関と位置づけられる副議長が議事を進める取扱いをとることは、議院法の明文上は認められないが、「衆議院ノ先例デ認メタモノト見ルコトハ出来ナイダラウカ」[14]との注目すべき議院自律権的思考が展開されており、一院の先例によって法律を破ることを許容する先例優位の考え方が述べられている[15]。

（3）　最後に、懲罰権に関する論点を見ておく。というのも、衆議院での除名事案⒃としては、明治二六年の第五回帝国議会における星亨衆議院議長のケースを嚆矢として、本書が編纂される直前の時期においては、有名な二

⒀　なお、昭和五四年三月衆議院事務局編『逐条国会法　第二巻』一六六頁以下に、議長辞任の取扱いに関連して、第七回国会昭和二五年七月一一日参議院議院運営委員会（継続）会議録第三号が引用されている。そこで、河野義克参事は、事務総長と仮議長との役割について「議席の指定、……仮議長の選挙、この二つの案件は、事務総長が主宰されて、その議事を行われてはどうかと存じます。次に議長辞任の件、それから議長の選挙、それから新議長の紹介、挨拶、こういったことは仮議長が主催される（一六七頁）と述べて、「議長、副議長共になくなってしまったときには、仮議長を選ぶのではなく、速やかに議長、副議長の選挙を行うべきものである」（一六九頁）こと、つまり国会法二二条も事故があるときと欠けている場合を区別し、共に事故があるときの仮議長は、本人があってその代理者として、議長の職務を行わせることを想定しているのであって正副議長が共にない場合に仮議長が存在することは全く想定していないとされている（一六九-七〇頁）。

⒁　本書八四頁。

⒂　この点に関連して、本書では、例えば、秘密会議を開催する場合の傍聴人の退場に関連して議院法二八条では、「議長ハ直ニ傍聴人ヲ退去セシメ討論ヲ用ヰスシテ可否ノ決ヲ取ルヘシ」となっているが、衆議院では、衆議院規則第一九七条に依拠して、秘密会議を開くか否かの採決をした後に傍聴人を退場させるという運用をしていると述べた上で、「議院法ト衆議院規則ト矛盾シテハキルガ、衆議院ノ先例ハ此ノ規則ノ方ニ従ツテ取扱ツテキル訳デアル」（本書二六五頁）として、議院法と規則とが矛盾抵触する場合に、規則を優先させることも選択肢とされている。なお、昭和一七年『衆議院先例彙纂　上巻』五七一頁には、「五三〇　秘密会議ハ政府ノ要求若ハ議院ノ決議ニ依リ又ハ懲罰事犯ノ議事ノ為之ヲ開ク　秘密会議ヲ開クノ宣告ヲ為シタルトキハ直ニ傍聴人ヲ退場セシム」とあり、その解説として次のような記述がある。「政府ヨリ秘密会議ヲ要求シ又懲罰事犯ノ秘密会議ヲ開ク場合ハ議長ニ於テ秘密会議ヲ開ク旨宣告スルト同時ニ傍聴人ヲ退場セシム然レトモ議長又ハ議員十人以上ヨリ秘密会議ノ発議アリタル場合ハ衆議院規則ニ依リ議長ハ先ツ之ヲ開クヤ否ヲ採決シ秘密会議ヲ開クニ決シタルトキ傍聴人ヲ退場セシムルヲ例トス」。

⒃　除名事犯については、昭和一七年の『衆議院先例彙纂　上巻』の先例第五七三号に「議員除名セラル」とあり、その説明に「懲罰事犯ノ会議ノ議決ニ基キ除名セラレタル場合左ノ如シ　第五回、第七十二回及第七十五回議会ニ各一件」とされ、付録九として「懲罰事犯ニ関スル件」の中に、議長宣告によるものとして、「議院ノ体面ヲ汚シタル為」として齋藤隆夫議員のケース、「議院ノ騒擾ヲ醸シタル為」として、西尾末廣議員の除名が挙げられている。

件の除名事案、すなわち、昭和一三年の第七三回議会の西尾末廣議員、昭和一五年の第七五回議会における齋藤隆夫議員の事案といった正に時局を反映した除名処分事犯が議長職権[17]に基づいて懲罰委員会に付託されていたからである。

本書では、必ずしも上記の具体的事例を直接に踏まえた議論ということはできないが、次のような論点について検討が加えられている。すなわち、懲罰委員会で除名と決定されたにもかかわらず、本会議において出席議員の三分の二の賛成が得られなかった場合の取扱い如何という論点である。これは、衆議院規則一二三条[18]の適用問題が議論されたことになるのであるが、本書では、本会議で三分の二の賛成を得られなかったことの意味として、委員会報告中の「懲罰事犯である」との決定部分と「本件は除名に値する」との決議部分とに分けたうえで、本会議で賛成を得られなかったのは、あくまでも、議員の除名という懲罰内容が過重に過ぎる点を捉えてのものであって、懲罰事犯であるとの事実認定までを否定する趣旨ではない場合がありうるとされている。つまり、本会議の決定は除名に値すべき懲罰事犯ではないとの議決として委員会の報告が否決されたものとして、懲罰が未確定に終わり、その結果として廃案とせざるを得ないとの解釈が提示されている。その上で、適用されるべき懲罰の種類について、修正案が提出され、しかも、これが原案とともに不成立となった場合であっても、議院において廃案とすべきではないとの議決を行えば、衆議院規則一二三条が適用されて、「未だ懲罰の量定範囲は広く残されているから、本条を適用して、更に委員会をして審査せしむることは少しも差支ないとの論」もあり、この議論が妥当であると評されている。

以上の記述もやはり実務的には重要な論点である。そもそも、現在における懲罰事犯の審議では、議員から懲罰動議が提出され、これが議院で可決されることで、懲罰事犯の対象者とその理由となる事件の概要が確定され、その後に、懲罰委員会に付託されて、そこでの審議を経て、懲罰を科すべきか否か、科すとすればどの程度の懲罰が妥当かを白紙の状態から詮議されることになっている。[19]これによって、議員の地位に直接関連する懲罰事犯の審議を慎重に行い、提案の是非を審議決定するということで、訴追手続のような印象を和らげるという今日的な要請が導かれているのである。

これに対して、上述の本書の議論は、一見すると、議論の方向性としては逆のような印象も受けるのであるが、事実の認定と懲罰内容の決定を切り離し、後者の決定については、懲罰委員会において再審査が可能であるとする思考は、現代の懲罰事犯の手続運用に通ずる意味をも有しているように思われる。つまり、懲罰委員会では出席議員の過半数での議決で除名処分とすることを決することができるが、本会議では三分の二の多数の賛成が必要であるにもかかわらず、これを得ることができない場合がありうるからである。このことを踏まえて、現在の衆参両院の議院規則では、「懲罰委員会が除名すべきものとして報告した事犯について、出席議員の三分の二以上の多数による議院の議決がなかった場合に、議院は、懲罰事犯として他の懲罰を科することができる。」との規定を置いている（衆議院規則第二四六条、参議院規則二四六条）。このように、懲罰事犯をめぐる実際運営上の論点がすでにここにかなり明瞭な形で検討されていた例証としても注目に値しよう。[20]

また、当時から様々な疑問が提示されていた議院法九九条で規定されていた正当な理由なく応召せず、登院し

---

(17) 昭和一七年の『衆議院先例彙纂 上巻』五九九頁には、「五五六 議長職権ヲ以テ懲罰委員ニ付ス」とあり、第五〇回議会で衆議院規則が改正され、その際に議長が懲罰委員に付する範囲が拡大され、会議、委員会、部のほか、議院の内部における事犯も懲罰委員に付することができるようになったと述べられている。

(18) 衆議院規則第一一三条「修正案原案共ニ過半数ノ賛成ヲ得サル場合ニ当リ議院ニ於テ廃棄スヘカラサルモノト議決スルトキハ特ニ委員ヲシテ其案ヲ起サシメ会議ニ付スルコトヲ得」。なお、本書二六一頁では一一七条とされているが、解題では、一一三条と改めた。

(19) 森本昭夫「国会における審議の対象」議会政策研究会年報第四号（一九九九年）一一五-六頁参照。

(20) 『逐条国会法 第七巻』一六四頁参照。

ない議員に対する除名処分規定に関連しても、議院法九六条の出席議員の三分の二以上の特別多数による衆議院での議決が必要か否かについて、検討がなされている。(21) この点については、懲罰事犯には種々のものがありうるから、除名の決定に関しては、単なる過半数だけではなく、慎重を期すために、この場合にも、議院法九六条が適用されるというのが一つの考え方であった。

これに対して、本書では、議院法九九条に基づく除名は厳格に要件が定められた結果に過ぎないから、事実認定であって処罰そのものの決定とは異なるとして、出席議員の三分の二以上の賛成は必要ないとする「消極説」が妥当であるとされている。ここでは、「第九十九条ハ第九十六条ノ例外規定トシテ解釈セネバナラズ事実ノ認定ニ対シテモ三分ノ二ヲ要スト為スニハ過半数ノ一般原則ニモ反シ妥当ヲ欠クモノ」との理由が記されている。因みに、国会法でも、同様の規定が引継がれたが、(22) 議院法九九条で「除名すへし」とされていたのが、懲罰内容については明示せずに、議長が懲罰委員会に付託し、この懲罰委員会で決定するという規定に改められている。

結びに代えて

以上のように、本書の限られた内容を垣間見ただけでも、本書の持つ意味は十分に理解できるのではなかろうか。しかも本書が有する意味は、帝国議会時代における議会運営にとどまらず、日本国憲法下の国会運営においても重要なマニュアルとして参照され続けたとも述べられている。やや引用が長くなるが、その部分を掲げて、本書についての解題をとじることとしたい。

「……昭和四〇年代～五〇年代に至っても、議事関係で何らの問題が生じ、かつ国会で先例がないような場合には、事務局職員は『議事解説』（昭和一七年）ないし『旧先例集』を見て対処方針を検討していたと言われる。昭和一七年一二月には帝国議会期最後の『衆議院先例彙纂』及び『衆議院委員会先例彙纂』が公刊されているが、戦時議会が変則的な議事運営を容認してゆく中で、この先例集を編纂した事務局職員が、議事法規のあるべき姿を『議事解説』で描いたのである。昭和一七年版の『旧先例集』・『議事解説』は帝国議会時代の議事法のいわば最終形態を示す文献であること、および新憲法と国会法の精神に反しない限り、重要な議会先例は戦後も踏襲されたことから、議事法・議会先例の形成過程・内容を討究する際に両者は不可欠の文献であり、とくに後者は、先例集の編纂に携わった事務局職員の議事法理念を示す文献として、帝国議会に係る歴史的研究にとっても重要な意義を有するものと考えられる。(23)」

二〇一一（平成二三）年二月二五日

原田一明

＊本稿は、平成二一年度科学研究費（基盤研究（A））「衆議院事務局の未公開資料群に基づく議会法制・議会先例と議院事務局機能の研究」による研究成果の一部である。

(21)　西沢哲四郎文書308には、「議院法第九九条に所謂『除名』の性質に付て―議院法第九九条の『除名』と同法第九六条の『除名』との関係―」なる文書があり、議院法九九条と九六条の除名が性質を同じくするか（市村光恵、大石義雄）、異にするか（佐々木惣一、美濃部達吉）、学説を整理している。

(22)　国会法一二四条「議員が正当な理由がなくて召集日から七日以内に召集に応じないため、又は正当な理由がなくて会議又は委員会に欠席したため、若しくは請暇の期限を過ぎたため、議長が、特に招状を発し、その招状を受け取つた日から七日以内に、なお、故なく出席しない者は、議長が、これを懲罰委員会に付する。」

(23)　赤坂幸一「事務局の衡量過程のEpiphanie」『逐条国会法　第八巻』（信山社、二〇一〇年）二〇頁。

〈凡　例〉

衆規　衆議院規則（原著「衆」は、「衆規」とした）
議　議院法
憲　憲　法
会　会計法
貴令　貴族院令

＊翻刻に当たり、旧字は新字とした。また誤字・誤植は訂正をし、〔　〕内は加筆したものである。
＊原著の「上巻」「中巻」「下巻」の目次は、前付にまとめ、全三巻の通し頁とした。
＊なお、原著復刻版（信山社、二〇一一年）も参照されたい。

議事解説

議事解説

（上巻）目次

(中巻) 目次

（下巻）目次

第五章　上奏案建議案及決議案ノ会議……二三一

前　書

畏クモ明治天皇夙ニ万機公論ニ決スルノ国是ヲ定メラレ、次テ肇国ノ御精神ニ基キ万民翼賛ノ政ヲ樹テサセラレ、以テ民意ノ暢達ト公益ノ増進トヲ図ラセ給フ。之カ為帝国議会開設セラレテヨリ茲ニ五十二年間、帝国議会ノ開カルルコト実ニ八十回ニ及ンデヰル。

斯クテ議会ハ伊藤公ノ所謂「天皇輔翼ノ機関トシテ、詢謀ノ府トシテ又衆思ノ代表」トシテ或ハ立法ニ参シ財政ニ与リ、或ハ行政ヲ監督スル等其翼賛ノ任ヲ竭シテ来タノデアル。

今此ノ五十二年間ニ衆議院デ取扱ツタ議案ヲ調ベテ見レバ

可決シタ法律案ノ件数ハ	三、五八三件
協賛予算総額ハ一般会計丈デ	
歳入ニ於テ	七八、五五〇、七四八、三三九円九三二
歳出ニ於テ	七九、〇三五、七二五、八八二円一六四
上奏件数	一〇一件
請願受理件数	七七、三四七件

トナツテヰル。

以上ノ数字ニ依ツテモ衆議院ノ議事ガ如何ニ複雑多岐ナモノカガ想像出来ル。其ノ為本会議ノ速記録モ三万七千頁ニ垂ントスル尨大ナモノトナリ、先例事項ノ輯録ハ一千頁ヲ遥ニ越ユルニ至ツタ。

コンナ訳デ衆議院ノ議事ヲ判リ易ク説明スルノハ容易ナコトデハナイガ従来ノ先例ヲ基トシテ出来ルダケ簡単ニ記述シテミタ。不備粗笨加フルニ誤解ノ点モアラムカト思ハレルガ此等ハ他日ノ修補ニ待チタイ。

昭和十七年四月

第一編　概　論

第一章　帝国議会

第一節　帝国議会ノ種類

帝国議会ニハ毎年召集サレル通常議会（常会）ト、臨時緊急ノ必要アル場合ニ召集サレル臨時議会（臨時会）ト、衆議院ガ解散ヲ命ゼラレテカラ五箇月以内ニ召集サレル解散後ノ議会、即チ憲法第四十五条ニ依ル議会所謂特別議会トノ三種類ガアル。

一　通常議会

通常議会ハ毎年召集サレル

憲法第四十一条ニハ、議会ハ毎年必ズ召集セラルベキコトヲ規定シテヰル。之ガ通常議会ノ定メデアリ、之ニ依テ議会ノ存立ガ保障サレ且毎年ノ予算ヲモ議シテヰル。

政府ハ此憲法上ノ義務アルニ依リ任意ニ議会ヲ開カズシテ事実上議会ナキニ等シカラシムルコトハ出来ヌ。又我国ノ予算ハ一年制度デ翌年度ノ総予算ハ毎年三月三十一日迄ニ成立セネバナラヌヤウニナッテヰルノモ此ノ通常議会制度ト関連ガアル訳デアル。

二　臨時議会

臨時議会ハ臨時緊急ノ場合ニ召集サレル

通常議会ハ年一回必ズ開カレルガ其ノ間臨時緊急ノ場合ガ起リ、或ハ予算ヲ必要トスルコトアリ、或ハ法律制定ヲ要スルコトモアル。斯ノ如キ場合ニハ憲法第四十三条ニ依リ臨時議会ヲ開クコトガ出来ル。

「臨時」ト云フ意味ハ次ノ通常議会或ハ特別議会ノ開カレル時期以外ヲ指シ「緊急」トハ次ノ議会ヲ待ツコトガ出来ナイヤウナ場合ヲ指シテヰル。

臨時議会一覧表

議会	召集日（年　月　日）	会期	事件	内閣
第七回	明治二七、一〇、一五	四日	明治二十七、八年事件	第二次伊藤内閣
第二十回	三七、三、一八	一〇日	明治三十七、八年事件	第一次桂内閣
第二十九回	大正元、八、二一	三日	明治天皇大喪費	第二次西園寺内閣

第三十二回	三、五、四	三日	昭憲皇太后大喪費	第二次大隈内閣
第三十三回	三、六、二〇	七日	海軍補充費	同
第三十四回	三、九、三	三日（延長三日）	大正三、四年（日独）事件	同
第四十七回	一二、一二、一〇	一〇日（延長三日）	関東地方大震火災	第二次山本内閣
第五十三回	昭和二、五、三	五日	財界安定対策	田中内閣
第六十一回	七、三、一八	五日	満州及上海事件	犬養内閣
第六十二回	七、五、二三	一四日	満州事件及時局匡救対策	齋藤内閣
第六十三回	七、八、二二	八日（延長五日）	時局匡救対策	同
第六十六回	九、一一、二七	七日（延長五日）	災害対策	岡田内閣
第七十二回	一二、九、三	五日	支那事変	第一次近衛内閣
第七十七回	一六、一一、一五	五日	同右	東條内閣
第七十八回	一六、一二、一五	二日	大東亜戦争	同
第八十回	一七、五、二五	二日	任期満了ニ依ル総選挙後	同

三　特別議会

解散後五箇月以内ニ召集セラルル憲法第四十五条ニ依ル議会ヲ特別議会ト称ス

衆議院ガ解散サレルト解散ノ日カラ三十日以内ニ衆議院議員ノ総選挙ヲ行ハネバナラヌカラ、一箇月後ニハ新議員ガ出来ル。元来解散ハ議会ト政府トガ意見ノ対立ヲ来タシタトキニ行ハレルモノデアツテ、果シテ議会ガ国民ノ意思ヲ代表シテヰルカドウカヲ問フタノデアルカラ既ニ民意ノ代表者ガ定ツタニ拘ラズ、政府ガ何時迄モ議会ノ召集ヲ奏請セズニ置ケバ解散サレタ議会ハ全ク中断セラレタコトニナル。ソコデ憲法第四十五条ハ解散ノ日ヨリ五箇月（百五十日）以内ニ議会ガ召集セラルベキコトヲ定メテヰル。之ハ議会制度ノ継続ヲ保障シタモノト見ネバナラヌ。此ノ憲法第四十五条ニ依ル議会又ハ解散後ノ議会ヲ通常議会ヤ臨時議会ト区別シテ議院デハ特別議会ト称シテヰル。

註　特別議会ニ付テハイギリスノ慣習法デハ解散ノ詔書ニ同時ニ次ノ集会時期ヲ指定スルコトニナツテヰテ解散ノ日ヨリ三十五日以前ニハ定メルコトガ出来ナイ、即チ次ノ議会迄ノ最短期限ガ定ツテヰル。之ニ反シヨーロッパ諸国ハ概ネ次ノ議会迄ノ最長期間ヲ定メ解散後一定期間以内ニ集会スルヤウニナツテヰル我国モ後者ニ例ヲ採ツテヰル訳デアル。

特別議会一覧表

議会	召集日（明治）	会期（日）	前議会解散日（明治）
第三回	二五、五、二	四〇	二四、一二、二五
第六回	二七、五、一二	二一	二六、一二、三〇
第十二回	三一、五、一四	二一	三〇、一二、二五
第十三回（特別 通常）	三一、一一、七	九〇	三一、六、一〇

第十八回	三六、五、八	二一	三五、一二、二八
第三十六回	大正 四、五、一七	二一	大正 三、一二、二五
第三十九回	六、六、二一	二一	六、一、二五
第四十三回	九、六、二九	二八	九、二、二六
第四十九回	一三、六、二五	二一	一三、一、三一
第五十五回	昭和 三、四、二〇	一四	昭和 三、一、二一
第五十八回	五、四、二一	二一	五、一、二一
第六十九回	一一、五、一	二一	一一、一、二一
第七十一回	一二、七、二三	一四	一二、三、三一

第二節　議会ノ称呼

議会ノ名称ハ会期毎ニ順次第何回議会ト称スル

明治二十三年ニ第一回ノ議会ガ開カレテカラ、今迄ニ合計八十回ノ議会ガ開カレテヰルガ、其ノ間ノ一ツ一ツノ議会ヲ何ト呼ブカト云フニ第一回議会ハ最初ノコトデアリ別ニ問題モナク議院デハ第一回議会トシテ取扱ツテ来タガ翌二十四年ノ第二回議会開院式勅語ニハ「帝国議会第二期開会ノ式ヲ挙ク」ト仰セラレタノデ明治二十五年三月二十八日両院書記官長ハ議会ノ称呼ニ関シ、内閣総理大臣ニ対シ通常議会ト臨時議会ト特別議会トヲ問ハズ第一回議会カラ回数ヲ追ツテ順次第何回議会ト称セムコトヲ上申シタノニ対シ、閣議決定ノ上同年四月二十六日松方内閣総理大臣ヨリ両院書記官長宛伺通リニテ差支ナキ旨回答ガアツタカラ、議会ノ名称ハ第一回議会ヨリ順次第何回議会ト称スルコトニナツタ。

第三節　議会ノ会期

会期ハ議会ノ種類ニ依リ異ル

会期トハ議会ガ議会トシテノ行動ヲ為シ得ル期間ノコトデアル。憲法ニハ通常議会ニ付テノミ会期ヲ定メ憲法第四十二条デ三箇月トシテヰル。而シテ臨時議会ヤ特別議会ノ会期ニ付テハ別ニ規定ガナイカラ其都度詔書ヲ以テ御命ジニナル。今迄ノ事例ニ依レバ臨時議会ハ最短二日最長十四日特別議会ハ最短十四日最長四十日デアツタ（第十三回議会ハ通常議会デモアツタカラ例外デアル）。

輓近ノ議会ハ憲法制定当時トハ隔世ノ感ガアリ、総予算モ莫大ナ額ニ上リ、法律案其他ノ議案モ夥シイ件数ニ及ブノデ学者ヤ政治家ノ間ニ通常議会ノ会期ガ短キニ過ギルトノ論ガアツタガ、通常議会ノ会期ヲ三箇月ト定メラレタノハ余リ長ク議会ガ開カレテ国務ノ妨トナツテハナラヌカラデアル。憲法義解ニハ「議事遷延シ窮期ナキコトアルヲ防クナリ」ト説明シテヰルノヲ見テモ判ル。

一　会期ノ計算

会期三箇月トハ九十日間ノコトデアル

通常議会ノ会期三箇月ノ計算ニ関シテハ暦ニ依ルベキカ又ハ日ヲ以テスベキカ疑義ガ起ルカラ、明治二十四年二月十九日ノ閣議デハ民法ノ期間計算方ニ依ラズ刑法ノ月ノ計算ノ例ニ依テ一箇月ヲ三十日トシテ計算シ九十日間トスルコトニ決定シ御裁可ヲ経テ第一回議会以来之ニ従テヰル。

特別議会及臨時議会ノ会期ハ前述ノ如ク其ノ都度決定サレルカラ問題ハ起ラナイ。

二　会期ノ起算

会期ハ開院式当日ヨリ起算スル

会期ハ召集日カラ起算セズ開院式当日カラ始マル。之ハ開院式ノ日ガ議会開会ノ日デアルカラデアル。而シテ議会ガ停会ヲ命ゼラレタリ休会シタリスルコトガアツテモ之等ノ日数ハ皆会期ノ日数ニ算入サレル。

三　会期ノ不継続

議院法第三十五条ニ「議案建議請願ノ議決ニ至ラサルモノハ後会ニ継続セス」ト規定シ其会期中ニ議決スルニ至ラナカツタ議案等ハ打切ツテシマツテ次ノ会期ニ持チ越セナイヤウニシテアル。之ヲ会期不継続ノ原則ト云ヒ、議案ノ不継続デアルコトヤ同会期中ノミニ限ツテ同一法律案ノ再議ヲ禁ズルコトヤ（憲三九条）同会期中再度ノ同一建議ヲ禁ズルコトヤ議会ノ議決シタ法律案ガ次ノ会期ノ始マル迄ニ裁可サレネバナラヌコト等皆此原則カラ来ル結果デアル。

継続委員制度

然ルニ一ノ例外トシテ議院法第二十五条ニ継続委員会ノコトガ規定サレ、政府カラ要求ガアル場合又ハ政府ノ同意ガアレバ議会閉会中デモ委員ガ議案ノ審査ヲ継続スルコトガ出来ル。其レ故議案ノ継続審査ト云フ方ガ正シイ用語カトモ思ハレルガ此ノ議案ニ限リ次ノ会期ニ継続スル。従来カラ屢々、衆議院デ継続委員設置ノコトガ問題トナツタガ何時モ政府ノ同意ヲ得ルコトガ出来ナカツタ。此ノヤウナ訳デ、衆議院ノ方ハマダ継続委員ノ審査ニ付シタ場合ノ手続上ノ細則ガ出来テキナイ。

註　外国ノ例

一　米国――議員ノ任期ハ二箇年デ其ノ二年間ニ開カレル二回ノ会期ハ其ノ議事ヲ継続スル

二　仏国――議員ノ任期中ハ其意思ヲ継続スル
三　英国――一会期毎ニ意思ノ継続ヲ失フ

四　会期ノ延長

会期延長ノ日数及回数ニハ制限ガナイ

議会ノ会期ハ之ヲ延長セラレルコトガアル。会期不足ヲ告ゲ之ヲ延長スルノ必要アリト認メタ場合ハ政府ノ奏請ニ基キ詔書ヲ以テ会期延長ヲ仰出サレル。此会期延長ノコトハ憲法第四十二条ノ通常議会ノ会期ノ処ニ規定サレテヰルガ必シモ通常議会ニ限定サレタモノデナク、特別議会タルト臨時議会タルトヲ問ハズ凡テノ議会ニ対シテ為サレ得ル。而カモ日数及回数ニ制限ガナイカラ一会期中一回ニ限ラズ数回延長ヲ命ゼラレタコトモアル。

会期延長日数ハ第一回議会ノ九日ヲ最長トシテ第三十九回（特別）議会（大正六年）ハ一日デアツタ。

而シテ会期延長ノ詔書ハ会期終了当日カ或ハ一両日前ニ公布セラレル。憲法第四十四条ニ依レバ会期延長ハ両院同時ニ行ハレネバナラヌガ、之ハ両院制度ノ当然ノ結果デアル。

第二章　議会ノ召集及議院ノ成立

第一節　議会ノ召集

諸外国デハ議会ヲ特ニ召集セズトモ一定ノ期日例ヘバ米国ハ十二月第一月曜日、独逸ハ十一月ノ第一水曜日、白耳義ハ十一月第二火曜日ニ議員ガ集会スルト云フヤウニ議員ノ集会日ヲ憲法デ規定シテヰル国ガアル。

日本ノ制度ハ之等ト異リ、天皇ノ召集大権ノ発動ガアツタ時ニ限リ議員ガ集会シ得ル。召集セラレナイノニ全議員ガ集ツテ事ヲ議シテモ何等議会ノ行動トハナリ得ナイ。ソコデ議会ガ召集サレテ初メテ議員ハ召集詔書ニ指定サレタ期日、即召集日ニ自分ノ属スル議院例ヘバ衆議院議員ハ衆議院ノ議事堂ニ集会シテ議会開会ニ必要ナル手続ヲ行ハネバナラナイ。

一　召集詔書ノ公布

通常議会及特別議会召集詔書ハ四十日以前ニ公布サレル

議院法第一条ニ依ルト議会召集ノ召書ハ少クトモ四十日前ニ発布セラレネバナラヌ。之ハ一般国民ニ公知セシムルト共ニ、議員ヲシテ期日迄ニ各議院ニ参集シ得ルニ十分ナ期間ヲ与ヘタモノデアルガ、現今ノヤウニ通信交通ノ発達シタ時代ニハ四十日ノ長キハ要シナイトノ議モ起テヰル。

勿論此規定ハ通常議会ノ規定デアッテ特別議会ヤ臨時議会ニ対スルモノデハナイガ特別議会ノ召集モ通常議会ニ倣テ四十日以前ニ詔書ガ公布サレテキル。

臨時議会召集詔書ハ四十日以前ニ公布セラルルヲ要シナイ

臨時議会ハ事ノ性質上此ノ規定ニ依ルコトハ出来ナイノデ第三十三回議会（大正三年）ノ四十二日前ト云フ特例モアルニハアルガ大体十五日内外前ニ召集詔書ガ公布サレテキル。今迄ノ最短期間ハ第七十八回議会（昭和十六年）ノ七日前デアッタ。

此ノヤウニ通常議会及特別議会ハ少クモ四十日前ニ又臨時議会ハ時ノ事情ニ応ジテ召集詔書公布セラルル結果、衆議院議員ノ総選挙後未ダ当選承諾届出期間内ニ議会召集ノ詔書ガ公布セラレルコトガアル。元来ハ議員ガ確定シタ後デアルノガ本則デアロウガ、召集日迄ニ議員ガ確定シ而モ猶十分ノ余日ガアレバ差支ハナイ訳デアル。此ノ当選承諾期間内ニ特別議会召集詔書ノ公布サレタ最近ノ例ハ第五十八回議会（昭和五年）デアリ、臨時議会召集詔書公布ノ最近ノ例ハ第六十一回議会（昭和七年）及第八十回議会（昭和十七年）デアル。

二　召集ノ時期

通常議会ハ毎年十二月末ニ召集セラルル例デアル

通常議会ハ毎年召集セラルルコト及我国ノ予算制度トノ関連アルコトハ前ニモ一言シタガ、其ノ召集ノ時期ニ付テハ何等ノ制限ガナイカラ予算審議ノ便宜上召集時期モ定メラレル。憲法実施初期ノ明治二十三年乃至二十六年迄ハ十一月末ニ召集サレテヰタガ（第一回第二回第四回及第五回議会）明治二十七年ノ第八回議会カラハ少数ノ例外ヲ除イテ（第三回第十四回第二十一回及第三十七回議会）常ニ十二月ニ召集サレルヤウニナツタ。近来ノ事例ハ十二月二十四日前後トナツテヰル。

最近ノ通常議会召集日

		月　日
第七十三回	昭和十二年度	一二、二四
第七十四回	昭和十三年度	一二、二四
第七十五回	昭和十四年度	一二、二四
第七十六回	昭和十五年度	一二、二四
第七十九回	昭和十六年度	一二、二四

三　特別議会ト通常議会又ハ臨時議会トノ関係

解散ノ時期ニ依リテハ通常議会ト特別議会ト併セテ召集サレル

衆議院解散ノ時期如何ニ依テハ解散後五箇月以内ニ次ノ通常議会ヲ召集セネバナラヌヤウナ場合モアリ或ハ其間ニ臨時議会ヲ召集セネバナラヌ必要ニ迫ラレル場合モ起リ得ル。カカル場合ハ別々ニ特別議会ト之等ノ議会ト二ツノ議会ガ召集サレルカト云ヘバソウデハナク、憲法第四十一条及四十五条ノ双方

議事解説

昭和17年4月

帝国議会衆議院事務局 編

解題
原田一明

学術選書プラス
3
議 事 法

2011 解題別刷

信 山 社

解　題

はじめに

本書『議事解説』の原本は、衆議院事務局議事課に所蔵されていたもので、表紙には「内藤」との署名及び印章がある。[1] これを底本として、明らかな誤植等を訂正した上で、翻刻したのが本書である。なお、原本では、上巻、中巻、下巻それぞれの巻毎にページが付されているが、これらの三冊を合本して翻刻するに当たって、上巻から下巻まで、通し頁を付すことにした。

Ⅰ　本書の概要

その「前書」によれば、本書は、昭和一七（一九四二）年四月に編纂され、「衆議院ノ議事ヲ判リ易ク説明スル」ために、「従来ノ先例ヲ基トシテ出来ルダケ簡単ニ記述シテミタ」と論述方針が記されている。また、その論述対象は、明治二三年の帝国議会開設から第八〇回帝国議会までの五二年間に亙っている。

(1) 内藤とは、昭和九年七月からは衆議院属として議事課・調査課で仕事をしていた内藤秀男（戦後、議事課長や議事部長を歴任）であると思われる。内藤秀男及び内藤秀男文書については、赤坂幸一「占領下に於ける国会法立案過程」議会政治研究七四号（二〇〇五年）一頁以下を参照。なお、「西沢哲四郎関係文書」（国立国会図書館憲政資料室）には、「衆議院の議事解説上・中・下（昭和一七年）」三冊が所蔵されている。この西沢文書本の書込みにより、本文中の記載を二ヶ所補った（四二頁、一二七頁〔〕内）。

まず、本書の構成について簡単に見ておくと、上巻（第一編 概論）、中巻（第二編 会議総論）、下巻（第三編 会議各論）の三巻から構成されており、議事手続をめぐる論点が、先例はもとより学説をも含めて、ほぼ満遍なく渉猟され、議会事務局内での網羅的な検討の跡が窺える内容となっている。(2) しかも、本書では、これらの議会先例や有力学説に対する評価や批判がかなり率直に示されているだけではなく、この種の書としては異例なほど明確に、妥当とされる結論や考え方が提示されていることがその特色となっている。

この意味で、本書は、単なる一般的・啓蒙的な解説書の域にとどまらない、「議会実務家のための実践的な書」と位置づけることができ、一般向けの「議会解説」書の類とは同列に論じられない、当時の衆議院議会事務局が総力を傾注して編集した、「実践的議会手続マニュアル」ともいうべき実質を備えている。

因みに、本書完成時の衆議院書記官長は、大木操（昭和一三年四月二日～昭和二〇年一〇月一一日、第七四回議会～第八八回議会まで在任）であり、この時期に在籍していた衆議院書記官には、大池眞（昭和一四年四月二五日～二〇年一〇月一一日在職）、西沢哲四郎（昭和七年七月八日～二二年五月三日在職）、鈴木隆夫（昭和一二年六月一〇日～二二年五月二日在職）、多田仁巳（昭和一三年四月七日～一七年一〇月三〇日在職）、岡部史郎（昭和一四年一〇月三日～二〇年三月八日在職）、山崎高（昭和一六年一一月一一日～一七年九月一七日在職）、麻原三子雄（昭和一六年一二月一二日～二〇年二月六日在職）といった、議院法から国会法へと移り変わる激動の時代を文字通り陰日なたとなって支え続けた錚々たる顔ぶれが揃っている。

以上からして、本書は、あくまでも衆議院事務局内での部内資料として、日々の議事運営に際して事務局職員が常に参照すべき手引書、その意味で、わが国における「アースキン・メイ」の嚆矢として編まれた、「議会の法と慣行」の書ということができよう。

以下では、本書を読むための手掛かりとして、本書が作成された時代状況についてごく簡単に概説した上で、本書のいくつかの特色を紹介することで解題に代えることとしたい。

Ⅱ 翼賛体制と『議事解説』の編纂

明治憲法の下において、議院法は回数にして六回の改正が行われている。すなわち、明治三二年、明治三九年、大正五年、大正九年、大正一四年、昭和二年の各改正であるが、ただ実質的な改正といい得るのは、最後の昭和二年改正が挙げられるに過ぎない。すなわち、昭和二年改正以前は、議院法四〇条に依拠して、衆議院に限って、予算委員は議院が予算案を受け取った日から二一日以内に審査を終えて議院に報告しなければならない旨、定められていたが、貴族院での審査期間は何ら制限されていなかった。これに対して、昭和二年の改正では、この点を改めて、貴族院における予算案の審査期間について明文の規定を設けて限定するとともに、両院ともに五日を超えない範囲で、審査期間の延長をすることができると改められたのである。

これは、大正一三年、一四年頃に盛んに議論された貴族院の権限縮小を求める「貴族院改革」論の一環としての改正であったが、ただ、これによって、両院平等という原則そのものが変更されたとまで解することは適当ではない。このように帝国議会期を見渡しても、実質的といえるほどの議院法の改正は、結局のところ、行われなかった。(3)

他方で、昭和期にはいると、国民からの議会政治に対する不信の念はより一層高まり、衆議院にも、議会振粛各派委員会が設けられ、昭和七年七月一五日には、「議会振粛要綱」が決定された。(4)その後の昭和八年二月一七日には、この要綱に基づいて同委員会は、常置委員の新設を柱とする議院法改正案を提出したが、ここでは、議

(2) 学説の引用としては、美濃部達吉、佐々木惣一、井上密、一木喜徳郎、清水澄、松本重敏、田口弼一がしばしば参照されている。たとえば、定足数については、美濃部の『逐条憲法精義』(昭和二年)四七八頁を引用して、現在議員数説を批判して、議会先例上は、法定数説で運用されていることが説かれている(参照、本書五一頁、一一八頁)。さらに、憲法義解に加えて、当時公刊されていなかった「伊東巳代治伯ノ議院法義解」(本書七八頁及び二一七頁、なお五四頁、五九頁も参照)も引用されている。

(3) 議院法改正の概略については、『議会制度百年史』の「議会制度史概観」九二―四頁参照。

会閉会後の会期外において常置委員が実質的に帝国議会の活動を代行することが問題とされ、論者によっては、常置委員会は「議院に於ける議員のみを以て構成せらるる政府任命の諮問機関」(5)に他ならないとも称されて、憲法上の疑義や違憲論(6)が続出し、結局、審議未了・廃案となった。

その後、昭和一一年の二・二六事件(岡田啓介内閣)、昭和一二年七月の日支事変の勃発(第一次近衛内閣)、さらには、昭和一四年九月のドイツ軍のポーランド侵攻を受けて、枢密院議長近衛文麿を中心に「新体制運動」が提唱され、昭和一五年七月二二日の第二次近衛内閣の成立、「基本国策要綱」の決定を経て、「議会翼賛体制」の確立が目指された。こうした大政翼賛会体制に対しては、議員の中からも、とりわけ大政翼賛会中に設置された議会局については、憲法が保障する帝国議会の権能を侵犯するものであるという批判が加えられることになった。

さらに、昭和一六年一二月八日には太平洋戦争が勃発(東條内閣)、戦時体制への移行に伴って、帝国議会は名実ともに「翼賛議会」へと変貌を遂げてゆくことになる。正にその渦中の、昭和一七年四月に、本書『議事解説』が完成し、同月三〇日には、第二一回衆議院議員総選挙、いわゆる「翼賛選挙」が行われ、翼賛政治体制協議会の推薦を受けた議員三八一名が当選、一方、非推薦の当選議員は僅かに八五名にとどまるなど、翼賛議会体制が確立されるに至ったことは何とも皮肉なめぐり合わせである。

ただ、こうした翼賛体制に対しては、周知のように、佐々木惣一が真正面から憲法上の疑義を提起していたことを見過ごすことはできない(7)。こうした動きに加えて、帝国議会を立法府と称することに対する懐疑的な見方はほとんど疑いのないほどまでに高まっていたようで、天皇機関説事件以降、事実上の言論活動を封じられていた美濃部達吉ですら、一九四〇(昭和一五)年四月に雑誌『日本評論』に掲載された論説において、外国為替管理法、輸出入品等臨時措置法、国家総動員法のような立法権を政府の専権にゆだねる法律の登場を踏まえて、次のような失望を率直に表明している。

「……実質的には法律に相当すべき定めが、政府のみに依って作らるることは、言うまでもないのみならず、たとい正式に法律として議会の協賛を終て《ママ》制定せられるものであっても、議会は殆ど唯形式的に之を通過するだけで、その制定に付いての実権は、専ら政府に属すると言っても、大なる不可は無い。議会が立法府と称せられて居るのは、実は唯名目だけで、名あってその実なきものと評するの外は無い。」(8)

(4)　昭和一二年七月改訂『衆議院先例彙纂』では、先例第五六六号「議会振粛ニ関シ申合ヲ為ス」として、その解説で、「……議会振粛要綱ヲ決定セリ就中左ノ申合事項ハ第六十三回（臨時）議会召集当日（昭和七年八月二十二日）各派協議会ノ承認ヲ得タリ」として、不穏当や議題の範囲を超えた発言に対する議長の注意に始まり、定例日の質問をなるべく行うようにすることまでの一二項目の申合事項が掲げられている、六二一-二頁参照。

(5)　大石兵太郎「議会議事手続の改革」佐藤教授退職記念『法及政治の諸問題』（昭和一四年）一六二頁註（二）参照。

(6)　佐藤丑次郎東北帝国大学教授は「常置委員の設置に就いて」（法学（東北帝国大学）第六巻三号（昭和一二年）八五頁）という論考において、「若し各議院が政府の要求に依らず又其の同意を経ることなくして議会閉会の間常置委員を設置すとするならば、是れ全く勅旨に由るものでないから固より帝国議会の一部たることを得ないし、之をして議会の作用の一部を行はしむるときは直ちに大権を侵犯することとなって帝国憲法第七条前段に矛盾するの結果を生ずる。斯くの如きは議院法中改正法律の到底規定し得る所ではない。」（八七頁）と述べて、常置委員違憲論を展開していた。これに対して、宮澤俊義は、常置委員会は、議院法二五条に根拠を有する継続委員会制度に類似する制度であることを前提に合憲論を主張していた。つまり、常置委員会の活動は議会活動の準備作業に過ぎず、これを閉会中に認めたとしても、議会が閉会中に活動することにはならないと反論している（『帝国大学新聞』一九三三年三月六日付）。なお、常置委員会制度が国会法の起草作業の過程で廃止された経緯については、高見勝利「戦後の国会における委員会制度の導入とその改革」中村睦男編『議員立法の研究』（一九九三年）六二頁以下参照。

(7)　佐々木惣一（大石眞編）『憲政時論集Ⅱ』（一九九八年）所収の「政治体制の整備と新政党運動」（昭和一五年）一二四頁以下、「新政治体制の日本的軌道」（昭和一五年）一五一頁以下、「大政翼賛会と憲法上の論点」（昭和一六年）一九三頁以下の諸論考を参照。なお、この最後の論文では、大政翼賛会の規約において「常に大政翼賛会の総裁と内閣総理大臣とが一致するものと、定むること」は「大政翼賛会が、恒久的に、政治を担当するものと、定められることである」から、「国家の法則に非ざる大政翼賛会の規約に於けるものとしては、いささか穏当を欠く」、すなわち、帝国憲法違反とはいえないが、「帝國憲法の精神には反する」と述べられている（二四八-九頁）。

(8)　高見勝利編『美濃部達吉著作集』（二〇〇七年）一〇〇頁。

『議事解説』の編纂は、帝国議会を取り巻く、以上のような閉塞した時代状況の中で企てられたという意味においても、注目すべき試みであったといえよう。

Ⅲ　日本版「アースキン・メイ」としての本書の特色

次いで、わが国の「アースキン・メイ」とも称しうる本書の内容それ自体に目を転ずることにしよう。前述したように、本書の内容を検討する上で、とりわけ注目されるのは、先例や学説などの考え方が分かれ、検討が不十分であると思われる論点へのかなり詳細かつ率直な検証が加えられている点である。勿論、本文中でこれらの論点への言及がなされている場合もあるが、本書の上巻及び下巻にあっては、特に「(備考)」という項目が立てられており、議論が区々に分かれているテーマに関して非常に行き届いた考察が行われている。しかも、ここでは、それらに対する結論が明確に示されていることが重要である。まずは、これらの「備考」として掲げられている項目を抜き出しておこう。

◆上　巻

1、「議長副議長ノ候補者選挙」に関連して「任期満了ノ議長副議長落選セル場合ト議院法第十五条トノ関係」
2、「議席ノ指定」に関連して「議長ノ議席変更権」
3、議会の「開会」に関連して「議会開会ノ時期」
4、「議院ノ機関」に関連して「議院ノ機関トシテノ委員及委員会ノ関係」
5、「会期中議長副議長ノ退職ト仮議長」に関連して「議長副議長ノ故障ト仮議長トノ関係」
6、「議案ノ意義ニ付テ」

◆下　巻

「懲罰ノ執行又ハ効力発生時期」に関連して、「一、除名ニ成規ノ賛成ヲ得ザル場合」と「二、故ナク未応召又ハ未登院ノ議員ニ対スル懲罰」

以上の諸点は、いずれも興味深い論点であるが、ここでは、特に、上巻の五番目、「議長副議長ノ故障ト仮議長トノ関係」及び六番目の「議案ノ意義ニ付テ」、さらには、下巻の懲罰事案の取扱いに関する議論を取り上げて、その内容を紹介しておきたい。

(1)　まず、便宜上、議事手続を論じるに当たって避けて通ることのできない古典的なテーマでもある「議案ノ意義ニ付テ」という論題から先に取り上げる。そもそも、議院法上の「議案」の意義について、当時の学説は、狭義説と広義説の両説が並び唱えられる状況であったが、本書では、基本的に広義説に立ちつつも、「議院ニ提出又ハ発議セラレ議院ニ於テ議決ヲ要スベキ事件ニシテ、案ヲ具ヘルコトヲ必要トスルモノ」で、「未ダ確定シナイモノ」を議案と位置づけている。(9) しかも、この「未ダ確定シナイ」という文言がかなり広く解されており、

(9)　この考え方は、戦後の議会法論にも受け継がれた。鈴木隆夫『国会運営の理論』(昭和二八年)では、田口弼一『委員会制度の研究』(昭和一四年)の狭義説を踏まえて、「議案というのは通常案を具えているもので、議院の議決を要するものを広く総称して用いられる観念であるが、実際上においても理論上においてもその範囲は余り厳格に解する必要はないと思われる。……議案を狭く定義し、それにとらわれて強いてその範囲を厳格に解する必要はなく、国会又は一院の議決を要するものは、広くこれを議案と称して差支えないものと考えられる。従って、国会又は一院の議決を要するものであれば、これを議案として取扱うかどうかは、寧ろ国会又は各議院における審査の実際に適合するように、国会又は各議院において定められるべきものと解して差支えなく、又実際においてもそのように取扱われているようである。……議院の議決を要する案件については、それが議案であるかどうかの区別よりも、寧ろ国会の議決を要するものであるか、両議院の議決を要するものであるか、又は一院の議決を要するものであるかの区別の方が、理論的にも又実際上にも重要な問題があり、且つ、その取扱についても検討せらるべき点が多いと思われる。」(七七-八頁)と広義説が説かれている。しかし、戦後議会法論に対しては、むしろ議案を広く解することで、「どのような実際上の要請に応えようとしているのか不明である」(森本昭夫「国会における審議の対象」議会政策研究会年報第四号(一九九九年)二二八頁)との批判がなされている点に留意すべきであろう。

議会の事後承諾が求められることになっている緊急勅令についても、「解除条件付ノモノデ議会ノ諾否如何ニ依リ将来ノ効力ハ左右サレル」のであるから、議案に含まれると解されて、翼賛体制にあっても、この角度から、議会の政府統制権の実質を確保しようとする立場を鮮明にしている。ただ、本書の検討が周到なのは、議案に関してただ単に広義に解すれば事足りるとの安直な議論に終始しているわけではない点にある。

すなわち、この「備考」にあっても、議案と動議との区別に関する学説の対立を素材として、動議との関係では、佐々木惣一や清水澄によって説かれた広義説では、両者の区別が不明確になるとして、一転、田口弼一前衆議院書記官長（昭和五年四月五日～昭和一三年四月二日、第五八回議会～第七三回議会まで在任）が説く狭義説に与しつつ、議案とは「議院ニ於ケル議決事項ニシテ案ヲ具フヘキモノナリ」として、基本的に、案を具えて議院に提出された議決事項という点が強調されて、実務的な整合性を踏まえた議論が展開されているからである。

(2) 次いで、「議長副議長ノ故障」という項目に関してであるが、そこでは、様々な論点が扱われることになるが、その中でも、すでに議長副議長が勅任された後の閉会中に、議長副議長がともに欠位となった場合に、その候補者選挙を誰が行うのか、つまり書記官長が行うのか仮議長かという議会運営上の解釈問題にも言及されている。

この点、議院法一四条では、議長副議長がともに故障があるときには仮議長を選挙して議長の職務を行うと定められている。さらに、当時の衆議院の取扱いでは、ここにいう「故障」には、「欠位」の場合も含むと解されていた。このことからすれば、議長等が欠位の場合には、当然、議院法一四条が適用されるはずなのであるが、美濃部達吉、清水澄両博士、さらには田口弼一衆議院書記官長をはじめ、法制局のメンバーの中にも、議会解散後の議会召集日に議長副議長候補者を選挙する場合には、書記官長がこれを行うと定める議院法三条二項を適用すべきであるとする議論が各派交渉会の決定を含めて有力に唱えられていたことが紹介されている。(11)

ただ、この議論について、本書では、本来、議院法三条を適用するためには、従来の先例的解釈を改めて、欠位は「故障」とは異なるとの解釈論を前提にすべきであるとして、議院法一三条、一四条によって仮議長が選挙されるのは、故障の場合に限定されるべきであって、欠位の場合は含まないと解し、「故障ト欠位トハ厳ニ区別スル方ガ妥当デハナイダラウカ」(12)との考え方を明らかにしている。

これは正に従来の衆議院の取扱いの内容を改めるという提言であり、その意味するところは重大である。ここでは、欠位の場合の議長副議長の選挙を書記官長が行うという、その結論自体は先の各派交渉会の決定と同じであっても、確かに従来の先例は、結論へと至る論理という点で、その整合性を欠いていると思われるからである。実際、欠位の場合とは、議長あるいは副議長がかけている場合、つまりいない場合を意味するはずであるから、その際には、仮議長を選任するというよりは、むしろ速やかに議長、副議長の選挙を行うべきことが筋であるはずである。その意味で、欠位が、外国に出張して不在であるとか、病気になったという場合の故障と異なることは明らかで、本書がこの点を明確に指摘していることはその後の議会慣行の形成を考える上でも重要な意義を有している。というのも、日本国憲法の下で制定された国会法では、議長副議長に事故があるときと欠けて

(10)　議院法第三条第二項では、「議長副議長ノ勅任セラルルマテハ書記官長議長ノ職務ヲ行フヘシ」と規定され、議長副議長が選挙されるまでの「欠位」の場合が定められている。

(11)　各派交渉会では、欠位の場合も、議院法三条を適用して書記官長が正副議長候補者選挙を行うと決定した、本書八二頁参照。また、昭和一七年一二月改訂『衆議院先例彙纂　上巻』四三頁では、先例第五七号は「召集当日議長若ハ副議長又ハ議長副議長倶ニ欠位ノ場合ハ先ツ其ノ候補者ノ選挙ヲ行フ」として、そこには、次のような説明がなされている。「……即チ第五回及第七十五回議会ハ副議長欠位ノ場合ニシテ第十回、第十九回、第二十八回、第五十七回及第六十七回議会ハ孰レモ議長欠位ノ場合ナリ而シテ第六十回及第七十九回議会ニ於テハ議長副議長倶ニ欠位ノ場合ニシテ議院法第三条第二項ニ依リ書記官長議長席ニ著キ候補者選挙ヲ行ヘリ」(四四-五頁)と記述されている。また、先例第五八号は「会期中議長副議長欠位トナリタルトキハ直ニ其ノ候補者ノ選挙ヲ行フ」とされ、その解説では、「……特別ノ事由ナキ限リ当日直ニ其ノ候補者ノ選挙ヲ行フ」とされている。

(12)　本書八三頁。

いる場合とを明確に区別し、次のように規定しているからである[13]。

国会法

第6条【議長・副議長の選挙】

各議院において、召集の当日に議長若しくは副議長がないとき、又は議長及び副議長が共にないときは、その選挙を行わなければならない。

第22条【仮議長】

① 各議院において、議長及び副議長に共に事故があるときは、仮議長を選挙し議長の職務を行わせる。

② 前項の選挙の場合には、事務総長が、議長の職務を行う。

③ 議院は、仮議長の選任を議長に委任することができる。

第23条【議長・副議長の選挙】

各議院において、議長若しくは副議長が欠けたとき、又は議長及び副議長が共に欠けたときは、直ちにその選挙を行う。

さらに、副議長が選任され、議長が欠位の場合であっても、議長選挙を行って、議長が勅任されるまでの暫定期間について、議長故障の場合の代行機関と位置づけられる副議長が議事を進める取扱いをとることは、議院法の明文上は認められないが、「衆議院ノ先例デ認メタモノト見ルコトハ出来ナイダラウカ」[14]との注目すべき議院自律権的思考が展開されており、一院の先例によって法律を破ることを許容する先例優位の考え方が述べられている[15]。

(3)　最後に、懲罰権に関する論点を見ておく。というのも、衆議院での除名事案としては、明治二六年の第五回帝国議会における星亨衆議院議長のケースを嚆矢として、本書が編纂される直前の時期においては、有名な二(16)

(13)　なお、昭和五四年三月衆議院事務局編『逐条国会法　第二巻』一六六頁以下に、議長辞任の取扱いに関連して、第七回国会昭和二五年七月一一日参議院議院運営委員会（継続）会議録第三号が引用されている。そこで、河野義克参事は、事務総長と仮議長との役割について「議席の指定、……仮議長の選挙、この二つの案件は、事務総長が主宰されて、その議事を行われてはどうかと存じます。次に議長辞任の件、それから議長の選挙、それから新議長の紹介、挨拶、こういったことは仮議長が主催される（一六七頁）と述べて、「議長、副議長共になくなってしまったときには、仮議長を選ぶのではなく、速やかに議長、副議長の選挙を行うべきものである」（一六九頁）こと、つまり国会法二二条も事故があるときと欠けている場合を区別し、共に事故があるときの仮議長は、本人があってその代理者として、議長の職務を行わせることを想定しているのであって正副議長が共にない場合に仮議長が存在することは全く想定していないとされている（一六九-七〇頁）。

(14)　本書八四頁。

(15)　この点に関連して、本書では、例えば、秘密会議を開催する場合の傍聴人の退場に関連して議院法三八条では、「議長ハ直ニ傍聴人ヲ退去セシメ討論ヲ用ヰスシテ可否ノ決ヲ取ルヘシ」となっているが、衆議院では、衆議院規則第一九七条に依拠して、秘密会議を開くか否かの採決をした後に傍聴人を退場させるという運用をしていると述べた上で、「議院法ト衆議院規則ト矛盾シテハヰルガ、衆議院ノ先例ハ此ノ規則ノ方ニ従ツテ取扱ツテヰル訳デアル」（本書二六五頁）として、議院法と規則とが矛盾抵触する場合に、規則を優先させることも選択肢とされている。なお、昭和一七年『衆議院先例彙纂　上巻』五七一頁には、「五三〇秘密会議ハ政府ノ要求若ハ議院ノ決議ニ依リ又ハ懲罰事犯ノ議事ノ為之ヲ開ク　秘密会議ヲ開クノ宣告ヲ為シタルトキハ直ニ傍聴人ヲ退場セシム」とあり、その解説として次のような記述がある。「政府ヨリ秘密会議ヲ要求シ又懲罰事犯ノ秘密会議ヲ開ク場合ハ議長ニ於テ秘密会議ヲ開ク旨宣告スルト同時ニ傍聴人ヲ退場セシム然レトモ議長又ハ議員十人以上ヨリ秘密会議ノ発議アリタル場合ハ衆議院規則ニ依リ議長ハ先ツ之ヲ開クヤ否ヲ採決シ秘密会議ヲ開クニ決シタルトキ傍聴人ヲ退場セシムルヲ例トス」。

(16)　除名事犯については、昭和一七年の『衆議院先例彙纂　上巻』の先例第五七三号に「議員除名セラル」とあり、その説明に「懲罰事犯ノ会議ノ議決ニ基キ除名セラレタル場合左ノ如シ　第五回、第七十三回及第七十五回議会ニ各一件」とされ、付録九として「懲罰事犯ニ関スル件」の中に、議長宣告によるものとして、「議院ノ体面ヲ汚シタル為」として齋藤隆夫議員のケース、「議院ノ騒擾ヲ醸シタル為」として、西尾末廣議員の除名が挙げられている。

件の除名事案、すなわち、昭和一三年の第七三回議会の西尾末廣議員、昭和一五年の第七五回議会における齋藤隆夫議員の事案といった正に時局を反映した除名処分事犯が議長職権[17]に基づいて懲罰委員会に付託されていたからである。

本書では、必ずしも上記の具体的事例を直接に踏まえた議論ということはできないが、次のような論点について検討が加えられている。すなわち、懲罰委員会で除名と決定されたにもかかわらず、本会議において出席議員の三分の二の賛成が得られなかった場合の取扱い如何という論点である。これは、衆議院規則一二三条[18]の適用問題が議論されたことになるのであるが、本書では、本会議で三分の二の賛成を得られなかったことの意味として、委員会報告中の「懲罰事犯である」との決定部分と「本件は除名に値する」との決議部分とに分けたうえで、本会議で賛成を得られなかったのは、あくまでも、議員の除名という懲罰内容が過重に過ぎる点を捉えてのものであって、懲罰事犯であるとの事実認定までを否定する趣旨ではない場合がありうるとされている。つまり、本会議の決定は除名に値すべき懲罰事犯ではないとの議決として委員会の報告が否決されたものとして、懲罰未確定に終わり、その結果として廃案とせざるを得ないとの解釈が提示されている。その上で、適用されるべき懲罰の種類について、修正案が提出され、しかも、これが原案とともに不成立となった場合であっても、議院において廃案とすべきではないとの議決を行えば、衆議院規則一二三条が適用されて、「未だ懲罰の量定範囲は広く残されているから、本条を適用して、更に委員会をして審査せしむることは少しも差支ないとの論」もあり、この議論が妥当であると評されている。

以上の記述もやはり実務的には重要な論点である。そもそも、現在における懲罰事犯の審議では、議員から懲罰動議が提出され、これが議院で可決されることで、懲罰事犯の対象者とその理由となる事件の概要が確定され、その後に、懲罰委員会に付託されて、そこでの審議を経て、懲罰を科すべきか否か、科すとすればどの程度の懲罰が妥当かを白紙の状態から詮議されることになっている。[19] これによって、議員の地位に直接関連する懲罰事犯の審議を慎重に行い、提案の是非を審議決定するということで、訴追手続のような印象を和らげるという今日的な要請が導かれているのである。

これに対して、上述の本書の議論は、一見すると、議論の方向性としては逆のような印象も受けるのであるが、事実の認定と懲罰内容の決定を切り離し、後者の決定については、懲罰委員会において再審査が可能であるとする思考は、現代の懲罰事犯の手続運用に通ずる意味をも有しているように思われる。つまり、懲罰委員会では出席議員の過半数での議決で除名処分とすることを決することができるが、本会議では三分の二の多数の賛成が必要であるにもかかわらず、これを得ることができない場合がありうるからである。このことを踏まえて、現在の衆参両院の議院規則では、「懲罰委員会が除名すべきものとして報告した事犯について、出席議員の三分の二以上の多数による議院の議決がなかった場合に、議院は、懲罰事犯として他の懲罰を科することができる。」との規定を置いている（衆議院規則第二四六条、参議院規則二四六条）。このように、懲罰事犯をめぐる実際運営上の論点がすでにここにかなり明瞭な形で検討されていた例証としても注目に値しよう。[20]

また、当時から様々な疑問が提示されていた議院法九九条で規定されていた正当な理由なく応召せず、登院し

(17) 昭和一七年の『衆議院先例彙纂　上巻』五九九頁には、「五五六　議長職権ヲ以テ懲罰委員ニ付ス」とあり、第五〇回議会で衆議院規則が改正され、その際に議長が懲罰委員に付する範囲が拡大され、会議、委員会、部のほか、議院の内部における事犯も懲罰委員に付することができるようになったと述べられている。

(18) 衆議院規則第一二三条「修正案原案共ニ過半数ノ賛成ヲ得サル場合ニ当リ議院ニ於テ廃棄スヘカラサルモノト議決スルトキハ特ニ委員ヲシテ其案ヲ起サシメ会議ニ付スルコトヲ得」。なお、本書二六一頁では一二七条とされているが、解題では、一二三条と改めた。

(19) 森本昭夫「国会における審議の対象」議会政策研究会年報第四号（一九九九年）一二二五-六頁参照。

(20) 『逐条国会法　第七巻』一六四頁参照。

xix

ない議員に対する除名処分規定に関連しても、議院法九六条の出席議員の三分の二以上の特別多数による衆議院での議決が必要か否かについて、検討がなされている。[21] この点については、懲罰事犯には種々のものがありうるから、除名の決定に関しては、単なる過半数だけではなく、慎重を期すために、この場合にも、議院法九六条が適用されるというのが一つの考え方であった。

これに対して、本書では、議院法九九条に基づく除名は厳格に要件が定められた結果に過ぎないから、事実認定であって処罰そのものの決定とは異なるとして、出席議員の三分の二以上の賛成は必要ないとする「消極説」が妥当であるとされている。ここでは、「第九十九条ハ第九十六条ノ例外規定トシテ解釈セネバナラズ事実ノ認定ニ対シテモ三分ノ二ヲ要スト為スニハ過半数ノ一般原則ニモ反シ妥当ヲ欠クモノ」との理由が記されている。因みに、国会法でも、同様の規定が引継がれたが、[22] 議院法九九条で「除名すへし」とされていたのが、懲罰内容については明示せずに、議長が懲罰委員会に付託し、この懲罰委員会で決定するという規定に改められている。

結びに代えて

以上のように、本書の限られた内容を垣間見ただけでも、本書の持つ意味は十分に理解できるのではなかろうか。しかも本書が有する意味は、帝国議会時代における議会運営にとどまらず、日本国憲法下の国会運営においても重要なマニュアルとして参照され続けたとも述べられている。やや引用が長くなるが、その部分を掲げて、本書についての解題をとじることとしたい。

「……昭和四〇年代～五〇年代に至っても、議事関係で何らの問題が生じ、かつ国会で先例がないような場合には、事務局職員は『議事解説』（昭和一七年）ないし『旧先例集』を見て対処方針を検討していたと言われる。昭和一七年一二月には帝国議会期最後の『衆議院先例彙纂』及び『衆議院委員会先例彙纂』が公刊されているが、戦時議会が変則的な議事運営を容認してゆく中で、この先例集を編纂した事務局職員が、議事法規のあるべき姿を『議事解説』で描いたのである。昭和一七年版の『旧先例集』・『議事解説』は帝国議会時代の議事法のいわば最終形態を示す文献であること、および新憲法と国会法の精神に反しない限り、重要な議会先例は戦後も踏襲されたことから、議事法・議会先例の形成過程・内容を討究する際に両者は不可欠の文献であり、とくに後者は、先例集の編纂に携わった事務局職員の議事法理念を示す文献として、帝国議会に係る歴史的研究にとっても重要な意義を有するものと考えられる。(23)」

二〇一一（平成二三）年二月二五日

原田一明

＊本稿は、平成二一年度科学研究費（基盤研究（A））「衆議院事務局の未公開資料群に基づく議会法制・議会先例と議院事務局機能の研究」による研究成果の一部である。

(21)　西沢哲四郎文書308には、「議院法第九九条に所謂『除名』の性質に付て―議院法第九九条の『除名』と同法第九六条の『除名』との関係―」なる文書があり、議院法九九条と九六条の除名が性質を同じくするか（市村光恵、大石義雄）、異にするか（佐々木惣一、美濃部達吉）、学説を整理している。

(22)　国会法一二四条「議員が正当な理由がなくて召集日から七日以内に召集に応じないため、又は正当な理由がなくて会議又は委員会に欠席したため、若しくは請暇の期限を過ぎたため、議長が、特に招状を発し、その招状を受け取つた日から七日以内に、なお、故なく出席しない者は、議長が、これを懲罰委員会に付する。」

(23)　赤坂幸一「事務局の衡量過程の Épiphanie」『逐条国会法　第八巻』（信山社、二〇一〇年）二〇頁。

ノ規定ニ依リ通常議会ト同時ニ特別議会ガ召集サレ（第十三回議会）或ハ憲法第四十三条ニ依リ臨時議会ノミ召集サレ同時ニ特別議会ハ召集サレナイ（第七回第二十回及第六十一回議会）。

第十三回議会（明治三十一年）ノ場合ニ若シ通常議会ノミ召集シテ同時ニ特別議会ヲ召集シナカツタトスレバ前議会ガ解散サレタ儘次ノ通常議会ガ開カレタコトニナリ憲法第四十五条ノ条件ガ充サレナイカラ通常議会ト同時ニ特別議会ヲ召集セラレタモノト思フ。従テ第十三回議会ハ通常議会デモアリ特別議会デモアル。

臨時議会ノミ召集サレル場合

然ルニ臨時議会ガ解散後五箇月以内ニ召集サレレバ前議会ノ中断ハ解消サレ且憲法第四十五条ノ条件モ亦充サレルカラ、此臨時議会ノ召集ニ依リ併セテ特別議会召集ノ必要ガナクナル訳デアル。

元来特別議会ノ召集ハ四十日以前ニ召集詔書ヲ公布サレル例デアルカラ臨時議会ト同時ニ特別議会ヲ召集スルコトハ事実上モ困難デアル。

今第七回議会（明治二十七年）等ノ召集詔書ニハ「乃チ期ニ先チ臨時議会ヲ召集」セラルル旨仰出サレテヰル。之レ即チ特別議会召集ニ先チ臨時議会ヲ召集セラレタルコトヲ明ニセラレタモノト思ハレ之ニ依リテ改メテ特別議会ノ召集ハ不必要トナツタモノト思フ。学者或ハ此間ノ説明ヲ「特別議会ガ同時ニ通常議会デモアリ或ハ同時ニ臨時議会デモアル」（美濃部博士憲法精義）ト一纏メニ云ツテオル者モアルガ、特別議会ト臨時議会トヲ区別スル限リ明ニ前者ハ憲法第四十一条及第四十五条ノ規定ニ依リ召集セラレ後者ハ単ニ憲法第四十三条ノミデ召集セラレテヰルノヲ見レバ前者ハ特別議会ナルト共ニ通常議会デアルガ後者ハ単ニ臨時議会デアラネバナラヌ。

議院ノ先例デハ解散後五箇月以内ニ臨時議会召集セラルルトキハ特別議会ハ召集セラレズト為シ此場合ハ臨時議会デアツテ同時ニ特別議会デハナイトシテヰル。

第二節　議会開会前ノ集会

議会ガ召集サレテモ開院式ヲ行ハセラレテ開会セラレナケレバ議会ノ活動ハ出来ナイ。又開会セラレル為ニハ両院ガ成立セネバナラヌ。

此議院成立ノ手続ヲ行フ為ニハ議長副議長ガ存在セネバナラナイカラ、議長副議長ハ議院ニ不可欠ノ機関デアリ従テ議会ノ構成要素デアルト云ハルル所以デアル。之ガ為ニ召集日ニ於ケル集会ノ第一ノ仕事ハ議長副議長欠位ノ場合其候補者ヲ選挙スルコトデアル。

次ハ議院成立手続デアル。

此二ツハ同日ニハ行フコトガ出来ナイカラ其時ニ依リ召集日ヨリ開会迄ニ之等ノ為ノ集会ヲ開カネバナラヌ。之ガ議会開会前ノ集会デアツテ議院ニ於テハ議院成立ニ関スル集会ト云ツテヰル。

一　議長副議長ノ候補者選挙

正副議長ハ不可欠ノ機関デアル

召集日ニ議長若ハ副議長又ハ議長副議長倶ニ欠位ノ場合ハ先ヅ其候補者選挙ヲ行ハネバナラヌ。而シテ議長副議長ノ勅任セラルルヲ待テ議院成立ノ手続ヲ行フ。議長副議長ハ議院ニ於ケル不可欠ノ機関デアルカラ、召集日ノミナラズ、会期中ニ其孰レデモ欠ケルヤウナコトガアレバ直ニ其候補者選挙ヲ行ハネバナラヌ。

貴族院デハ議長及副議長ハ議員中カラ勅任セラレ特ニ選挙シテ候補者ヲ定メル必要モナイカラ（貴令一一条）召集日ニ議長副議長ガ欠位デアルヤウナコトハ先ヅナイト見テヨイ。然シ衆議院デハ解散ニ依ル総選挙後ノ議会ナラバ始メカラ議長及副議長ガナク或ハ其他ノ議会デモ一旦任命サレタ正副議長ガ倶ニ又ハ孰レカ欠位ノ場合ガアリ得ル。カカル場合ハ召集日午前九時ニ議員ガ衆議院ニ参集シ午前十時ニ至リ集会議員ガ総議員ノ三分ノ一（百五十六名）以上ニ達スレバ、欠位デアル議長副議長ノ候補者選挙ヲ始メル。此場合議長ガ欠位ナレバ副議長ガ又副議長欠位ノ時ハ議長ガ其候補者選挙ノ投票管理者トナルノハ言ヲ俟タナイ。只解散後ノ議会ノヤウニ正副議長倶ニ無キ場合ハ書記官長ガ議長席ニ著イテ議長ノ職務ヲ行フ（議三条）任期満了ニ依ル総選挙後ノ議会召集日ニ於ケル議長副議長候補者選挙ノ場合ハ前ノ議長副議長ガ後任者ノ勅任セラレル迄其職務ヲ継続シテヰルカラ前ノ議長副議長ガ其ノ職務ヲ執ルコトモ亦当然デアル（第八十回議会）。

任期満了ノ議長副議長落選セル場合ト議院法第十五条トノ関係

（備　考）

之ニ付テハ両説アリ即チ此ノ場合モ尚第十五条ノ適用アリトスル者ハ正副議長ト雖モ既ニ任期ヲ終ヘタ者ハ元来議員タル資格ハナイノデアルガ特ニ議院法ニ依リテ仍其ノ職務ヲ執ラシメテヰルノデアルカラ当選ト否トニ拘ハルモノデハナイト主張スル。

然ルニ此場合ニハ第十五条ノ適用ナシトスル論者ハ正副議長ハ議員タルコトヲ前提トスルモノデアッテ任期満限ノ場合ニ限リ特ニ議院法ハ暫定的ニ正副議長ノ職務ヲ継続セシメテヰルノデアルカラ既ニ総選挙ニ依リ国民ノ意思ガ表現サレテ国民代表タル議員ノ地位ヲ得ラレナカッタ前ノ正副議長ガ尚且議院代表タル議長ノ職ヲ執ルコトハ純理上許サルベキモノデハナク此場合ハ議院法第十五条ニ依ルヲ得ナイモノデアルト見テヰル。

法文ノ解釈ノミカラスレバ両論［前説］ガ立チ得ルノデアルガ議員トナリ得ナカッタモノガ議員中ヨリ選バルベキ議長副議長ノ職ヲ継続スルト為スハ聊カ穏当ヲ欠キ此ノ場合消極ニ解スルガ妥当ト思ハル。

従来任期満限ノ場合四回アッタガ凡テ前ノ正副議長ハ常ニ当選シテヰル為実際ノ問題トナッタコトハ

ナイ。

(1) 選挙ノ手続

無名投票ヲ以テ候補者三名ヲ連記スル

議長副議長ノ選挙手続及投票点検心得ハ第一回議会ニ定ツタモノガアツテ之ニ拠テヰル。簡単ニ説明スレバ投票ハ無名投票デアル且連記投票デアル。故ニ三名ノ候補者氏名ヲ連記スル。

議員ハ書記官ノ点呼ニ応ジテ順次ニ投票ト木札ノ名刺トヲ持参シテ登壇シ其名刺ヲ甲書記官ニ投票ヲ乙書記官ニ渡シ自席ニ戻ルノデアツテ書記官ガ議員ニ代テ夫々投函スル。第一回議会ダケハ議員ガ自ラ投函シタガ混雑ヲ避ケルタメ第二回目ノ議長選挙即第三回議会カラハ上記ノヤウニナツタ（表決ニ際シ記名投票ノ場合既ニ第二回議会カラ議員ニ代リ書記官ガ投函シタ）。

此場合議員中ニ疾病等ノ為登壇スルコト困難ナ者ガアレバ書記官ガ其席迄行ツテ投票ト名刺トヲ受取リ代ツテ投函スル。

(2) 点検ノ方法

議長ノ職務ヲ執ツテ投票ノ管理ニ当ツテヰル者ハ、投票洩無シト認メレバ、投票函ノ閉鎖ヲ命ズル。此ノ宣告後ハ最早投票ヲ許サナイカラ、茲デ投票ノ点検ヲ行フ。其ノ方法ハ開票主任書記官以下各書記官ガ投票ヲ一ツ一ツ検ベテ無効投票及瑕疵アル投票ハ之ヲ除外シ、有効投票ニ付開票主任書記官ガ記載氏名ヲ読上ゲ、点者ガ其ノ都度応呼シナガラ得点記入表ノ得点数ニ朱点ヲ付ケテ行ク。

此ノ場合第六十九回議会（昭和十一年）以来同一ナル投票ハ十票宛合算シテ点検スルコトトナツタ。一通リ点検ガ終ルト前ノ瑕疵アル投票ノ効力ヲ議長ノ職ニ在ルモノ自ラ又ハ集会議員ニ諮ツテ決定シ、其ノ有効ト決シタモノヲ合算シテ各候補者ノ得点ヲ決定スル。

(3)　候補者ノ当選決定

過半数ノ得票者ヲ当選トスル

投票総数ノ過半数ヲ得タ者ヲ当選者ト決定スル。過半数ヲ得タ者ガナイカ、又ハ三人ニ満タナケレバ更ニ決選投票ヲ行ハネバナラヌ。

決選投票ノ場合ハ比較多数ニテ足リル

決選投票ハ最多数ノ得票者カラ順次ニ選挙スベキ定員ノ倍数ヲ取リ、此ノ候補者中カラ更ニ選挙スル。決選投票ノ場合ハ過半数ノ得票ノ必要ガナク、得点ノ多イ者カラ当選者ヲ決定スル。其為同点者ガ出来レバ年齢順ニ当選者ヲ定メ、年齢モ亦同ジデアレバ抽籤デ決メル（衆規八条）。

斯クシテ議長、副議長候補者ガ定マレバ、内閣総理大臣ヲ経由シテ奏上スル。従来ノ慣例ハ総テ候補者三名中第一順位ノ者ガ勅任サレテキル。

選挙ノ時ハ表決ノ時ト違ヒ、議場ハ閉鎖ヲシナイ。又投票点検中ハ総議員三分ノ一以上ノ定足数ヲ必要トシナイコトニナツテキル。

二　議席及部属ノ決定

議長副議長勅任アレバ翌日議院成立手続ヲ行フ

議員ハ召集日ノ午前九時ニ各議院ニ集会シ議院成立ニ必要ナ議席及部属ノ決定ヲスル筈デアルガ、衆議院デ議長、副議長ニ欠位ガアレバ上述セル如ク、其ノ候補者選挙ニ召集日一日ヲ要スルカラ、議長副議長勅任ノ翌日（通常召集日ノ翌日）午前九時ニ再ビ衆議院ニ参集シテ議席ト部属トヲ定メル。其ノ為此ノ議席及部属ノ決定ハ召集日ノコトモアリ召集日ノ翌日ノコトモアル訳デアル（勅任ノ翌日ガ日曜日ニ当リタル為月曜日ニ成立手続ヲ行ツタコトガアル第六回第十八回及第十九回議会）。

(1)　議席ノ指定

議席ハ議長ガ指定スル

議席ハ第一回議会以来抽籤デ定メテヰタガ第二十一回議会（明治三十七年）ニ衆議院規則第十五条ヲ改正シテ議員ノ議席ハ議長ガ指定スルコトニナツタカラ、集会議員ガ午前十時ニ至リ議員総数ノ三分ノ一以上ニナツタ所デ議長ハ議場ニ集会セシメテ其ノ議席ヲ指定スル。従来議長ハ党派別ニ依ツテ議席ヲ指定シテキタガ、第七十六回議会（昭和十五年）ハ政党政派ガ凡テ解消シテ議会開設以来例ノナイ政党政派無キ議会デアツタ為府県順ニ依リ議席ヲ指定シタ。年末年始休会明カラハ議事運営ノ便宜上唯一ノ交渉団体デアツタ議員倶楽部ノ役員ヲ議場ノ中央部ニ無所属議員（六名）ヲ右方ノ一隅ニ議席ヲ変更シ其他ハ府県順ニ議席ノ変更ヲシタ。而シテ次ノ第七十七回（臨時）議会（昭和十六年）以後ハ交渉団体タル数会派ガ結成サレタカラ従来ノ例ニ倣ヒ各会派別ニ議席ヲ指定スルヤウニナツタ。

然ルニ第八十回（臨時）議会（昭和十七年）ニ於テハ国内政治力ノ一大結集成リ衆議院デハ翼賛政治会ナル政治結社ガ生レ之ニ属セザル者八名ノミデアツタカラ議長ハ第七十六回議会ノ例ニ倣ヒ其ノ役員ノ議席ヲ中央ニ置キ無所属ノ議席ハ左端後方ニ定メ其ノ他ハ府県順ニ依リ議席ノ指定ヲシタ。

尚議席ニハ議席番号ヲ付シタ氏名標ヲ取付ケル。一旦議席ヲ指定シテモ其ノ後必要ヲ認メレバ議長ハ之ヲ変更スルコトガ出来ル（衆規一五条）。

従ツテ臨時議会デ前会ノ議席ヲ継続スベキ時モ特ニ必要アル部分ニ限リ議長ハ之ヲ変更シ或ハ停会中デモ議長必要ト認メ議席ヲ変更シタコトガアル（第三十回議会）。

（備　考）

議長ノ議席変更権

（イ）　臨時議会ノ成立手続ノ場合ノ議席変更

衆議院ニ於テハ議席ハ第二十一回議会（明治三十七年）迄ハ議場ニテ抽籤ヲ以テ決定シテキタ。ソコデ、臨時議会ノ如ク緊急ノ場合ハ開会前ノ手続ヲ成ル可ク簡単ナラシムル為部属ト共ニ前会通リ之ヲ継続スベキモノトノ規定ガ出来タモノト思ハレル（衆規第十八条）。

然ルニ規則改正セラレ現在ニ於テハ議長ニ議席ノ指定権ヲ与ヘ且ツ既ニ定マリタル議席ニ付テモ議長ハ之ガ変更権ヲ有スル（衆規一五条）。従テ臨時議会ニ於テ前会ノ議席ヲ継続スルニ際シ其必要部分ノ変更ハ議長ニ於テ為シ得ルモノト考ヘル。何トナレバ一旦之ヲ継続シ更ニ其一部分ヲ変更スルト何等異ル所ハナイカラデアル。而シテ衆議院ノ先例モ亦之ヲ認メテヰル。

（ロ）　停会中ノ議席変更

停会中ノ議席変更ニ付テハ議論ガアリ、停会ハ一切ノ議会行動ヲ停止スルモノデアルカラ議案ノ受理及配付ヲモ為サヌ議院ニ在リテハ議席変更ノ如キハ之ヲ為スベキモノニ非ズトスル考ヘ方ト議席変更ハ議院ノ事務ニ属スル事柄デアルカラ之ハ出来ルトノ考ヘ方ガアル。

今変更シ得ルトノ見方カラスレバ議席変更ハ新ニ議席ヲ設定スル場合ト異リ議席ナキ者ニ議席ヲ設定スル行為デハナク、既ニ決定セル議席ノ入換ヲ為スニ過ギヌモノデアツテ、斯ノ如キ純然タル事務的行為ヲモ禁ズルモノデアレバ停会中議員ガ登院シテモ当選証書ノ対照モ為シ得ザルニ至リ議員ハ応召出来ヌコトトナリ、実際ノ議院ノ先例ニモ反スル。

然ラバ何故ニ議案ノ受理ヲシナイカト云ヘバ之ハ議院事務ニ属スルヤウデアルガ実ハ之ヲ受理スルコトニ依リ新ナル議案ノ提出ヲ認メタコトニナリ議案提出ト云フ議会行為ヲ許容シタ結果トナルカラデアル。而シテ既ニ提出サレタ議案ノ印刷配付ニ至リテハ必ズシモ不可能ノ行為トハ思ハナイガ印刷ハシテモ配付ハシナイ例デアル。之レハ議案ノ受理ヲ停止スル結果之ヲ延長シテ配付ヲモ実際上停止スルト云フ議院ノ先例ガ出来タモノト思ハレル。

衆議院ノ先例ヲ見ルニ停会中ニ議席ヲ変更シタ場合ガアル（第三十回議会大正二年二月四日及九日）。

(2)　部属ノ決定

部属ノ抽籤ハ議長ニ一任スル

部属ハ議席決定後抽籤ヲ以テ定メル。従来議長ハ書記官ヲシテ議場デ抽籤セシメテヰタガ第七十回議会（昭和十一年）以来此部属ノ抽籤ヲ議長ニ一任スルヤウニナツテカラ、議場デ一一抽籤スル時間ガ節約サレルヤウニナツタ。此ノ抽籤ノ場合ハ議長副議長ヲ除イテ議員全員ヲ九部ニ分チ剰ツタモノハ第一部ヨリ順次一名ヲ加ヘテユクカラ、第一部カラ第五部迄ハ五十二人宛、第六部カラ第九部迄ハ五十一人宛トナル（衆規一七条）。

三　部長及理事ノ互選

年長者ガ部長年少者ガ理事トナル

抽籤ノ結果議員ノ部属ガ決定サレルト、直ニ部属表ヲ印刷シテ控室ニヰル各議員ニ配付シ、引続イテ各部ニ於テ其ノ部ノ部長及理事ノ互選ヲ行フ。

然ルニ部長及理事互選ニハ一ツノ先例ガアツテ、部員中最年長者ヲ部長ニ、最年少者ヲ理事ニ推薦シテヰル。但シ国務大臣政府委員秘書官又ハ当日応召シナイ議員ハ選挙シナイコトニシテヰル（議四条、衆規一九条、衆規二一条)。

部長及理事ノ互選中ハ議場ノ方ハ休憩ヲシテヰルノデ、各部ノ部長ト理事トガ決定スレバ、議長ハ再ビ議場ニ議員ヲ集会シテ当日其ノ結果ヲ報告シテ、ソコデ議院ハ完全ニ成立シタモノト看做シ集会ヲ閉ヅル。衆議院ガ成立スレバ議長ハ即日政府及貴族院ニ其ノ旨ヲ通知スル。

第三節 議院ノ成立

一 議院成立要件

衆議院規則第二十三条ニハ「議席及部属定マリタルトキハ議長ハ議院ノ成立シタルコトヲ政府及貴族院ニ通知スヘシ」トアリ、同規則第二十四条ニモ議員一任期ノ第二会期以後ニ付「議員総数三分ノ一ニ達シタルトキハ議席及部属ヲ定メタル後議院ノ成立シタルコトヲ」云々トアツテ、衆議院ノ直接成立要素トシテハ議席及部属ノ決定デアル。而シテ議席ハ議長ガ指定セネバナラズ、部属ノ抽籤モ亦議長ノ存在ガ前提トナツテヰル。又貴族院規則第十三条ニハ「部属定マリタルトキハ議長ハ議院成立シタルコトヲ政府及衆議院ニ通知スヘシ」ト規定シ、直接ノ成立要素ハ部属ノ決定ノミデアルガ、貴族院デモ議席ヲ決定シテ後部属ノ決定ヲ為スコトニナツテヰルカラ、貴族院成立ノ為ニハ議席決定モ亦部属決定前ノ先決要件デアル。而シテ之ガ為ニ議長副議長ノ存在スルコトガ前提トシテ必要デアルコトハ衆議院ト違ハナイ。尚一ツノ前提要件トシテ両院トモニ総議員三分ノ一ノ集会ガ必要デアル。従ツテ議院成立ノ要件中ニハ成立要素ト其ノ前提要件トヲ区別シテ考ヘルコトガ出来ル。而カモ部属ガ決定シテモ之ガ直ニ活用サレル為ニハ部長及理事ノ選定モ必要デ之亦付随要件ト云ヘヤウ。換言スレバ議院ノ成立ニハ前提要件ト直接要件（成立要素）ト付随要件トノ三者ガアツテ成立要素ハ両院異ツテヰルカラ議院ノ成立要件ヲ広ク解スレバ前者凡テヲ含メテ

（一）　議長副議長ノ任命

（二）　一定数ノ議員ノ集会

（三）　議席及部属ノ決定

（四）　部長理事ノ選定

ノ四トスルコトガ出来貴衆両院ノ成立要件トシテ議院成立要件ヲ挙ゲル場合ハ此広義ノ要件ヲ指ス場合モアルガ厳格ニ議論スレバ其ノ中ニハ自ラ性質ヲ異ニスルモノガアルカラ少クトモ（一）ハ除ク方ガ尚正確デアルト思フ。其レ故衆議院ニ於テハ議院成立ニ関スル集会ト称シテ議長副議長候補者選挙ヲ行ヒ議院成立集会トハ云ハズ議院成立ニ関スル集会ト関スルトノ語ヲ入レテ広義ノ用語ヲ用ヒテヰル。而シテ正副議長任命ノ翌日議席及部属ヲ決定スルニ際シテハ議長ハ之ヨリ議院成立ノ手続ヲ行ヒマスト宣告シテヰルノヲ見テモ其ノ間ノ区別ガアルヤウニ思フ。

今広義ノ成立要件ニ付順次説明シテ見ル。

(1) 議長副議長ノ任命（省略）

(2) 一定数ノ議員ノ集会

議員総数ノ三分ノ一ノ集会ヲ必要トスル

衆議院成立ノ要素デアル議席及部属ノ決定ハ総議員三分ノ一ニ達セネバ其手続ガ行ヘナイ。従ツテ此ノ一定数ノ議員ノ集会ハ議院成立ノ前提的ニ必要要件トナル。

其ノ総議員トハ法定数ヲ指スカ、欠員ヲ除イタ現在数ヲ指スカハ議論ガアリ、現在数説ノ学者（憲法精義四七八頁）モアルガ、議院デハ法定数ヲ指スモノトシテ衆議院ハ四百六十六名ノ三分ノ一ノ百五十六名以上ノ議員ガ集会スルコトガ必要条件トシテヰル。

註　憲法義解ニハ「総議員トハ選挙法ニ定メタル議員ノ総数ヲ謂フ」トアル。

(3) 議席及部属ノ決定

之ガ成立要素デアルコトハ前述ノ通リデアツテ其決定方法等ハ既ニ述ベタ。

(4) 部長及理事ノ選定

部長及理事ハ付随要件デアルカラ議院成立ノ際ニ絶対不可欠ノ要素デハナク成立以後ニ選定シ得ルモノト思フガ法文ノ順序カラ見レバ之ハ通常ノ場合ハ成立要件ノ内ニ入レテヰルモノト思ハレル衆議院ノ先例デモ通常議会ニ於テハ総テ部長及理事ヲ互選シテ議院ノ成立ヲ終ツタモノトシテ取扱ヒ、既ニ其ノ互選方法モ述ベタ通リデアル。

以上ノヤウニ一定数ノ議員ノ集会ニ於テ議席及部属ガ決定サレ、部長理事ノ互選ガ終レバ、部長理事ヲ当日ノ集会ニ報告シテ衆議院ハ成立シタコトニ取扱ツテヰルガ、召集日ニ議長副議長ノ候補者選挙ガアツタ場合ハ、其ノ日ノ内ニ勅任セラレル例デアルカラ、召集日ノ翌日衆議院ハ成立シテヰル。従ツテ衆議院ノ成立日ハ召集日ノコトモアリ、其ノ翌日ノコトモアル。貴族院ハ常ニ召集日ニ成立シテヰルカラ両院ノ成立日ハ必ズシモ同日デハナイ場合ガアル。

二　臨時議会ニ於ケル議院成立

成立手続ヲ必要トスル

臨時議会ノ場合ハ、議員ノ議席及部属ハ衆議院規則第十八条ニ依ツテ前会ノ通リ継続サレルコトニナツテオリ従ツテ部長理事モ亦前会通リ其ノ任ヲ継続スル。之ガ為召集日ノ午前十時ニ至リ議員総数ノ三分ノ一以上集会シタ処デ此ノ議院成立手続ヲ行ツテ初メテ成立スル。部長又ハ理事欠員ノママ成立シタコトモアル。

臨時議会ニ於テ前議会ノ部長理事ニ欠員ガアレバ之ヲ補充スルノガ通例デアルガ、第三十二回ノ臨時議会（大正三年）ニ衆議院デハ第三部ノ部長ガ欠員ノママ補充シナカツタ例ガアル。

之ハ部ノ活用ナキ事ガ予メ判ツテヰタカラデモアル。然シ部長理事倶ニ欠ケテヰナイカラ部ノ運用モ為シ得ル訳デハアル。

貴族院デハ臨時議会ノ場合ニ部長若クハ理事ニ欠員ガアレバ、議院成立後之ヲ補充スルノガ例デアリ、(第三十二回第三十三回等) 衆議院デモ臨時議会ニ限リ議院成立後欠員ノ部長又ハ理事ヲ補充シタ例ガアル (第三十三回第四十七回及第五十三回)。衆議院ノ先例ハ部長及理事倶ニ欠ケテハヰナカツタガ此機関ガ議院成立ニ不可欠ノ要件デアレバ此ノ取扱ハ為シ得ナイ訳デアルガ付随要件デアルト見レバ以上ノ取扱モ差支ハナイ。

尚臨時議会ガ総選挙後ノ議会デアレバ継続スベキ議席及部属ガナイカラ改メテ議席及部属ノ決定部長及理事ノ選挙ヲ要スルコト勿論デアル。

第三章　議会ノ開会、閉会、停会及解散

第一節　開　会

議会開会ノ日ハ詔書ヲ以テ命ゼラレル

議会開会ノ日ハ　勅命ヲ以テ定メラレルコトニ議院法第五条ニ規定セラレ「朕帝国憲法第七条及議院法第五条ニ依リ何月何日ヲ以テ帝国議会ノ開会ヲ命ス」トノ詔書ガ公布セラレル。

(備　考)

議会開会ノ時期

此ノ議会開会ノ詔書ニ依リ当日トナレバ直ニ議会ハ開会セラレ開院式ハ開会後ノ単ナル儀式ニ過ギザルヤ将又詔書御指定ノ日ハ開会ノ日即チ開院式ノ日ヲ命ゼラレタルモノデアツテ、実際ニ議会ガ開会セラレル時期ハ開院式ヲ行ハセラレル時デアルヤハ古クヨリ議論ノ分レテヰル所デアル（前説美濃部達吉、佐々木惣一、井上密博士等、後説ト認メラレル者一木喜徳郎、清水澄、松本重敏、田口弼一博士等）。

今憲法義解ヲ見ルニ憲法第七条ノ説明ニハ「議会ヲ開閉シ、両院ノ始終ヲ制スルハ」大権ニ由ルコトヲ明ニシ「開会ノ初　天皇親ラ議会ニ臨ミ、又ハ特命勅使ヲ派シテ、上諭ヲ伝ヘシムルヲ式トシ、而シテ議会ノ議事ヲ開始スルハ、必ズ此ノ上諭ノ後ニ於テス」トアリ、而カモ其ノ初ノ草案ニハ「開院ノ初」トアツタノヲ「開会ノ初」ト後ニ訂正セラレタモノデアル。

之ニ依リテモ開院式ハ開会式デアツテ、既ニ第二回議会及第九回議会開院式　勅語ニハ「帝国議会開会ノ式ヲ行フ」ト仰セラレテヰル。之ヲ単ナル御儀式ト為スハ不穏当ニシテ厳タル開会ノ式デアルコト明デアル。衆議院ニ於テモ初期ノ内ハ　勅語奉答文ニ於テモ開会式ト称シテヰタ。

従テ問題ハ開会式タル開院式以前ヨリ開会セラルルモノナリヤ否ヤニ存スル。

今議院法義解ニハ議院法第五条ノ「勅命ヲ以テ帝国議会開会ノ日ヲ定メ」云々ノ説明ニ「茲ニ　勅諭ト云ハスシテ　勅命ト云フモノハ開会ノ日ヲ指定スルハ単ニ　勅命ニ依ル而シテ宣文ヲ用ヰサルナリ、両院議員ヲ貴族院ニ会合セシムルモノハ議会ヲ開閉スルニ両院ヲ以テ一体ニ視ルナリ開会式ハ　天皇親臨シ詔命ヲ下シ」云々「開会ノ詔命ニハ……」トアッテ開院式ノ　勅語ハ開会ノ　勅語ナルコトヲ明瞭ニシテアル。

衆議院ニ於テハ開院式以前ニハ議案ノ受理ヲ為サズ議事ハ凡テ開院式後之ヲ行フモノト為シ来ツテヰル。

開院式ヲ以テ開会ノ時期ト為サズトスレバ当日午前零時ヨリ議会ハ開会セラレタルコトトナリ、開院式ノ前ニ議事ヲ開クコトモ違法ナラズトノ結論トナル、而カモ開会式ヲ挙行セラルルニ拘ラズ其ノ開会式ヲ俟タズシテ開会セラルルト為スハ一般通念ニモ反シテヰル。依之観是開院式ノ時ヲ以テ議会開会ノ時期ト為スベキモノト信ゼラレル。

第二節　開院式

開院式ニハ勅語ヲ賜ハル

貴衆両院ガ成立スレバ　勅命ヲ以テ議会開会ノ日ヲ御定メニナリ両院議員ヲ貴族院ニ会合セシメテ開院式ヲ行ハセラレル（議五条）。開院式ハ厳粛荘厳ナ御儀式デアツテ、畏クモ　陛下御親臨ノ上優渥ナル勅語ヲ賜ハル。偶〻　陛下臨御ナキトキハ、内閣総理大臣ガ　勅命ヲ奉ジテ　勅語ヲ捧読スル。内閣総理大臣亦故障アルトキハ、他ノ国務大臣ガ代ツテ捧読スル。此ノヤウニ開院式ニ於テ　勅語ヲ賜ハルノハ議員ニ対シ議会召集ノ原由ト、現在及将来ノ国家ノ大方針ニ関シ明ニ廟謨ヲ示サセラレ、以テ協賛ノ任ヲ竭サシメヨウトナサレル大御心ト拝察サレル。議員ハ天顔ニ咫尺シ優渥ナル　勅語ヲ賜ハルノ光栄ニ浴シ恐懼感激シ、各院ハ聖旨ヲ奉体シ力ヲ協セテ慎重審議協賛ノ任ヲ竭シ、上　陛下ノ聖旨ニ対ヘ奉リ、下国民ノ委託ニ酬イムコトヲ期スル旨御奉答申上ゲルノガ例デアル。

第七十八回（臨時）議会開院式勅語

朕茲ニ帝国議会開院ノ式ヲ行ヒ貴族院及衆議院ノ各員ニ告ク

東亜ノ安定ヲ確立シ世界ノ平和ニ寄与セムトスルハ朕ノ軫念極メテ切ナル所ナリ然ルニ米英両国ハ帝国ノ所信ニ反シ敢ヘテ東亜ノ禍乱ヲ激成シ遂ニ帝国ヲシテ干戈ヲ執ツテ起ツノ已ムヲ得サルニ至ラシム朕深ク是ヲ憾トス

此ノ秋ニ当リ帝国ト意図ヲ同シクスル友邦トノ締盟愈〻緊密ヲ加フルハ朕ノ甚タ懌フ所ナリ

今ヤ朕カ陸海軍人ハ力戦健闘随処正ニ其ノ忠勇ヲ奮ヘリ

朕ハ帝国臣民カ必勝ノ信念ヲ堅持シ挙国一体協心戮力速ニ交戦ノ目的ヲ達成シ以テ国威ヲ宇内ニ震耀セムコトヲ望ム

朕ハ国務大臣ニ命シテ特ニ時局ニ関シ緊急ナル予算案

同上衆議院奉答文

恭シク惟ルニ

叡聖文武天皇陛下茲ニ臨時帝国議会ヲ召集シ車駕親臨開院ノ盛式ヲ挙ケサセラレ優渥ナル勅語ヲ賜フ臣等恐懼感激ノ至ニ勝ヘス

顧フニ東亜ノ安定ヲ確立シ世界ノ平和ニ寄与スルハ帝国不動ノ国是ナリ

然ルニ米英両国ハ濫ニ東亜ノ禍乱ヲ激成シ世界ノ平和ヲ撹乱ス　陛下遂ニ宣戦ノ大詔ヲ下シタマヒ征討ノ師ヲ興サセタマフ国民咸奮起セサルナシ臣等必勝ノ信念ヲ堅持シ交戦ノ目的ヲ貫徹セムコトヲ誓フ

今ヤ忠勇ナル我カ陸海軍ハ雷撃電掣随処ニ大捷ヲ博シ皇威ヲ四海ニ顕揚ス是レ偏ニ　陛下ノ御稜威ニ頼ラスムハアラス臣等謹ミテ　聖旨ヲ奉体シ協賛ノ任ヲ竭サムコトヲ期ス

衆議院議長臣小山松壽誠恐誠惶謹ミテ奏ス

及法律案ヲ帝国議会ニ提出セシム卿等克ク朕カ意ヲ体シ和衷審議以テ協賛ノ任ヲ竭サムコトヲ期セヨ

第七十九回（通常）議会開院式勅語

朕茲ニ帝国議会開院ノ式ヲ行ヒ貴族院及衆議院ノ各員ニ告ク

朕カ外征ノ師ハ毎戦捷ヲ奏シ大ニ威武ヲ中外ニ宣揚セリ而シテ友邦トノ盟約ハ益〻固キヲ加フ朕深ク之ヲ欣フ

朕ハ挙国臣民ノ忠誠ニ信倚シ速ニ征戦ノ目的ヲ達成セムコトヲ期ス

朕ハ国務大臣ニ命シテ昭和十七年度及臨時軍事費ノ予算案ヲ各般ノ法律案ト共ニ帝国議会ニ提出セシム

卿等克ク時局ノ重大ニ稽ヘ和衷審議以テ協賛ノ任ヲ竭サムコトヲ期セヨ

同上衆議院奉答文

恭シク惟ルニ

車駕親臨シテ茲ニ第七十九回帝国議会開院ノ盛式ヲ挙ケサセラレ優渥ナル　勅語ヲ賜フ臣等感激ノ至ニ勝ヘス今ヤ皇師連戦連捷国威ヲ宇内ニ震耀ス是レ偏ニ　陛下ノ聖武ニ頼ラスンハアラス臣等謹ミテ　聖旨ヲ奉体シ挙国一体倍々忠誠ヲ致シ速ニ征戦ノ目的ヲ貫徹セムコトヲ誓フ臣等重大時局ニ鑑ミ慎重審議協賛ノ任ヲ竭シ上　陛下ノ聖明ニ対ヘ奉リ下国民ノ委託ニ酬イムコトヲ期ス

衆議院議長臣田子一民誠恐誠惶謹ミテ奏ス

開院式ノ御日取リ

開院式ハ議院成立ノ翌日又ハ翌々日行ハセラレル例デアツテ、日曜日ニ拘ラズ執リ行ハセラレタ事モアル。

奉迎奉送

陛下行幸ノ際ハ議長ハ議事堂御車寄ニテ、副議長、議員及事務局高等官ハ正門内広場ニ堵列シテ奉迎奉送申上ゲル。議長副議長ニハ式前ニ便殿ニ於テ拝謁仰付ケラレル。

陪観及拝観

又外国交際官、一定ノ官吏（勅任官及五等以上ノ奏任官等）ニ開院式ノ陪観差許サレ、新聞通信社員ニモ一定数（四十九名）ノ拝観ヲ許可サレル例デアル。

第三節　閉　会

勅語ヲ以テ閉会ヲ命ゼラレル

議会ノ閉会ハ勅語ヲ以テ命ゼラレル。閉会ハ開会ノ場合ト異リ予メ詔書ヲ以テ仰出サレルコトナク閉会式ニ於テ「朕本日ヲ以テ帝国議会ノ閉会ヲ命シ」云々ト勅語ヲ以テ議会ノ閉会ヲ御命ジニナル。

閉会ノ時期

議会閉会ノ時期ハ閉院式ニ於テ御下命ニナツタ時タルコト即チ閉院式ノ時デアルコト明瞭デ会期終了ト同時ニ閉会トナルモノデハナイ。

然ルニ閉院式モ単ナル儀式ニ過ギズト為ス論者ハ会期終了ト共ニ議会ハ閉会トナリ閉院式ニ於ケル勅語ハ議会ノ閉会トナリタルコトヲ宣示スルニ止ルモノデ閉会其ノモノノ下命行為デハナイト見ル。然ルニ斯ノ如キ解釈ハ開院式ヲ単ナル儀式ト為シタルニ依ル首尾一貫ノ為ノ議論ト云ハネバナラヌ。

閉会ハ勅語ニ依リ命ゼラレタモノトスレバ閉院式ニ於テ閉会ヲ命ゼラレル迄ハ議会ハ存在シテヰル。只会期終了ト共ニ議会行動ハ為シ得ナイト云フニ過ギナイ。恰モ両院成立後開会セラルル迄議会ハアツテモ其ノ行動ヲ為シ得ナイノト同様デアル。閉院式モ曾テハ閉会式ト称セラレ皇室儀制令制定ノ際閉院式ト改メラレタルニ見テモ開院式ガ開会式タルト同様ニ閉院式亦閉会式タル御儀式デアルト解スルノガ至当ト思ハレル。

第四節　閉院式

閉院式ニ於テモ勅語ヲ賜ハル

議会ノ会期ガ終了スレバ閉院式ガ行ハセラレル。閉院式ノ御日取ハ内閣総理大臣カラ通牒ノ形式デ両院議長ニ通報サレル。閉院式ニ於テ勅語ヲ以テ閉会ヲ命ゼラレ今迄存在セル議会ガ無クナルコトハ前述ノ通リデアルガ閉会ニ依ツテ各議院モ無クナルカ議院ハ存在スルガ唯議会ノ活動ガ出来ナイノデアルカハ議論ノアル所デアルガ、孰レニシテモ閉会中議会ノ存在シナイコトハ明デアル。

参考　議院法義解第十一条ノ説明

「議会閉期ノ間ハ各議員ハ各郷里ニ散帰シ議院アルコトナシ、但議長ハ既ニ終ルノ余事ヲ完結スル為ニ或ハ将ニ始ラントスルノ来事ヲ準備スル為ニ或ハ……閉期ノ間猶其ノ職務ヲ取ラサルコトヲ得ス」

閉院式モ貴族院ニ於テ行ハレル

閉院式ノ御日取ハ会期終了日ニ仰出サレルノガ例デアッテ貴族院ニ於テ行ハセラレル。閉院式ハ開院式ト違ツテ貴族院デ行ハレネバナラヌ規定ハナイガ従来ヨリ開院式ノ例ニ倣ヒ貴族院ノ議場デ行ハレテキル。

閉院式ニハ　陛下臨御ナク内閣総理大臣ガ　勅命ヲ奉ジテ　勅語ヲ捧読スル。若シ内閣総理大臣ニ故障アルトキハ、他ノ国務大臣ガ代ツテ捧読スル。

閉院式ハ之亦厳粛裡ニ行ハレ、両院議員ガ克ク協賛ノ任ヲ竭セルヲ嘉奨遊バサレル旨ノ有リ難キ　勅語ヲ賜ハル。

閉院式ノ御日取

閉院式ハ会期終了日ノ翌日行ハレルノガ例デ日曜日デモ行ハセラレル。

註　第一回議会ニ於テハ議事堂焼失ノ為宮中豊明殿デ行ハレタ。又第七回日清戦争ノ場合ノ臨時議会デハ会期七日デアツタガ四日間デ議案ヲ議了シテシマツタ為其ノ翌日会期ニ日ヲ余シテ閉院式ヲ行ハセラレタ。

第五節　停　会

停会日数ハ一回十五日以内デアル

停会ハ議会開会中ニ一定期間議会ノ行動ヲ停止スル大権ノ発動デアル。停会ハ衆議院ダケデナク貴族院モ同時ニ命ゼラレルモノデアッテ、両院ノ休会トハ全然異ツテヰル。休会ハ議院ガ自ラ議事ヲ休止スルモノデアルカラ、一院ガ休会シテモ他ノ院ハ議事ヲ開クコトモ出来ル。然シ停会ハ　勅命ニ依リ両院ノ議事能力ヲ停止スルモノデ議案ノ受理等モ一切中止スルコトニナツテヰル。

議院法第三十三条ニハ停会期間ノ制限ヲ定メ十五日以内ト謂フコトニシテヰル。而シテ其ノ回数ニハ制限ガナイ為何回モ停会ヲ命ゼラレルコトハ出来ルガ、此ノ停会中ノ日数モ会期ニ計算サレル。

而シテ今迄ニ一会期中最モ回数多ク停会ヲ命ゼラレタノハ第三十回（大正元年）及第七十回議会（昭和十一年）ノ三回デ、日数ガ最モ多カツタノハ第五回議会（明治二十六年）ノ二回ノ停会日数合セテ二十四日デアリ、次ハ第三十回議会ノ三回ノ停会日数合計二十三日デアル。

之ニ依ツテ明ナ通リ停会日数十五日ノ制限ハ一回ノ期間デアツテ、会期ヲ通ジタ制限デナイコトハ議論ノ余地ガナイ。

停会ハ何時デモ御命ジニナルコトガ出来ルカラ、必シモ会議中ニ限ラズ、会議前又ハ休会中ヤ停会中ノ場合モアル。

停会ヲ命ゼラルル場合

偖テ停会ハ如何ナル場合ニ命ゼラレルカト謂ヘバ、政府ト議会トガ意見ノ一致ヲ見ナイ場合ニ議会ニ対シテ反省ヲ求メ其ノ間ニ妥協ノ余地アラシメムトスル場合ガ最モ多イヤウデアルガ、必シモ政府ト議会トノ衝突ノ場合ノミト限ラナイ。政府ノ都合上停会奏請ノ外執ルベキ途ガナイヤウナ場合モアリ得ル。例ヘバ議会中ニ突然内閣ガ更迭シタヤウナ場合（第五十一回議会）ガソレデアル。

而シテ衆議院ガ解散サレタ時ニ貴族院ニ対シテ命ゼラレル停会ハ、茲ニ謂フ停会トハ性質ガ全然異ナリ、本節ニ謂フ停会ニハ入ラヌモノデアル。之ニ付テハ次節デ説明スル。

停会ノ例一覧表

議会	年次	回数	日数	理由
第三回(特)	明治二五年	一	七	衆議院ニ於テ選挙干渉弾劾決議通過（第一次松方内閣）
第四回	二六	一	一五	衆議院ニ於テ弾劾上奏案提出（第二次伊藤内閣）
第五回	二六	二	二四	衆議院ニ於テ条約厲行建議案提出（第二次伊藤内閣）
第九回	二九	一	一〇	衆議院ニ於テ弾劾決議案提出（第二次伊藤内閣）
第一二回(特)	三一	一	三	衆議院ニ於テ増税案ニ反対（第三次伊藤内閣）
第一五回	三四	二	一五	貴族院ニ於テ増税案反対（第四次伊藤内閣）
第一七回	三五	二	一二	衆議院に於テ海軍拡張ノタメノ増税案反対（第一次桂内閣）
第一八回(特)	三六	一	三	海軍拡張ニ関シ衆議院ト妥協交渉ノタメ（第一次桂内閣）
第三〇回	大正二年	三	二三	衆議院ニ於ケル憲政擁護運動起リタルタメ（第三次桂内閣）
第三一回	三	一	三	海軍不正事件アリ貴族院ニ於テ海軍補充費削減ノタメ（第一次山本内閣）

第五一回	一五	一	四	加藤総理大臣薨去ノ為（臨時若槻内閣）
第五二回	昭和二年	一年	三年	衆議院ニ於テ弾劾決議案提出（第一次若槻内閣）
第五五回（特）	三	二	六	衆議院ニ於テ内務大臣弾劾決議案提出（田中内閣）
第七〇回	一二	三	一三	第一回ハ衆議院ニ於ケル陸軍大臣ノ非難ノタメ（廣田内閣）第二、三回ハ政府ノ議案準備ノタメ（林内閣）

第六節　解　散

解散ノ意義

解散ハ衆議院議員ノ資格ヲ失ハシメル大権ノ発動デアルカラ、衆議院ハ之ニ依ツテ存立ヲ失ヒ議会モ存在シナクナル。衆議院ガ解散ヲ命ゼラレタ時ハ貴族院ハ同時ニ停会ヲ命ゼラレル（憲四四条）。解散ハ議員ノ資格ヲ剝奪スルモノデアル以上、衆議院ニ対シテノミ之ヲ命ゼラレル。貴族院ノ如ク一部ハ世襲議員ヲ以テ組織サレテヰルモノニハ解散ヲ命ズルコトガ出来ナイカラ、之ニ対シテハ停会ヲ命ゼラレル。此ノ停会ハ前節ノ停会トハ本質ヲ全ク異ニシ貴族院ヲシテ活動能力ヲ失ハシメルモノデ、其ノ効果ハ会期終了ト同一デアリ、貴族院ヲシテ閉会セシメタト同様デアル。

何故ニ衆議院ヲ解散スルカト謂ヘバ、衆議院ガ国民代表トシテ果シテ国民ノ意思ヲ代表シテヰルカ否カ疑ハシイト認メラレタ場合ニ輿論ヲ確メル為デアル。
従ツテ解散ノアツタ場合ハ二、三例外モアルガ政府ハ解散奏請ノ理由ヲ発表シ国民ノ判断ニ訴ヘテヰル。解散ハ政府ト衆議院又ハ政府ト貴族院トノ間ニ政治上ノ意見ノ衝突アル場合ニ命ゼラレテヲリ、貴族院ト政府トノ所見ヲ異ニシテモ、貴族院ニハ解散ガナイカラ貴族院ノ意見ガ果シテ輿論デアルカドウカ確メル為ニモ衆議院ノ解散ヲ御命ジニナルノ外ハナイ。解散後ノ衆議院ノ意思ガ明ニナレバ貴族院ヲシテ反省ヲ促ス結果トモナル訳デアル。

解散ノ時期

解散ノ時期ハ特ニ定メガナク、憲法上必シモ議会開会中ニ限ラズ閉会中デモ奏請シ得ラレル訳デアルガ、実際問題トシテハ政府ト議会トノ意見ノ相違ガ開会中デナケレバ明トナラヌ為デアルカ、今日迄議会閉会中ニ解散ヲ命ゼラレタ例ガナイ。
会期中ノ場合ニハ会議中ノコトモアリ其レ以外ノ場合モアリ或ハ停会中又ハ延長セラレタ会期中デアルコトモアル。

解散ノ例一覧表

議会	年次	理由
第二回	明治二四年	衆議院ニ於テ予算中新事業費ヲ削減セントス（第一次松方内閣）
第五回	二六	衆議院ニ於テ条約厲行建議案提出セラレタルタメ（第二次伊藤内閣）

第六回(特)	二七	衆議院ニ於テ内閣ノ行為ニ対シ上奏案提出ノタメ（第二次伊藤内閣）
第一一回	三〇	衆議院ニ於テ内閣不信任案上程ノタメ（第二次松方内閣）
第一二回(特)	三一	衆議院ニ於テ地租増徴案否決ノタメ（第三次伊藤内閣）
第一七回	三五	衆議院ニ於テ地租増徴ニ依ル海軍拡張ニ反対セルタメ（第一次桂内閣）
第一九回	三六	衆議院ニ於テ内閣弾劾ノ開院式勅語奉答文議決ノタメ（第一次桂内閣）
第三五回	大正三年	衆議院ニ於テ二個師団増設ニ反対予算修正ノタメ（第二次大隈内閣）
第三八回	六	衆議院ニ於テ内閣不信任案上程ノタメ（寺内内閣）
第四二回	九	衆議院ニ於テ普通選挙法案上程ノタメ（原内閣）
第四八回	一三	衆議院議場ニ暴漢闖入事件ノタメ（清浦内閣）
第五四回	昭和三年	衆議院ニ於テ内閣不信任案提出ノタメ（田中内閣）
第五七回	五	内閣ハ衆議院ノ少数党ニ基礎ヲ置キ政策遂行上支障アリタルタメ（濱口内閣）
第六〇回	七	右ニ同ジ（犬養内閣）
第六八回	一一	政府ハ前ニ議会ノ経過ト最近ノ政情ニ鑑ミ厳正ナル選挙ヲ行ヒタル後所信ニ邁進センガタメ（岡田内閣）
第七〇回	一二	衆議院ノ審議状況ニ誠意ナキモノト認メ朝野ノ協力ヲ望ミテ（林内閣）

第四章　議　員

憲法第三十五条ニ依レバ「衆議院ハ選挙法ノ定ムル所ニ依リ公選セラレタル議員ヲ以テ組織ス」トア

ルカラ衆議院議員ガ衆議院ノ構成分子デアルコトハ明デアル。而シテ議院ノ意思決定ニ当リ議員ハ議決ノ本体ヲ為スモノデアルカラ、其ノ職能迄説明スレバ、議事全般ニ亙ル極メテ広範囲ニ及ブカラ、本章デハ単ニ議員ノ身分上ノ事項ニ付テノミ数点ヲ記述スルニ止メル。

第一節　応　召

議員ハ応召義務ガアル

議会ガ召集サレレバ議員ハ已ムヲ得ナイ事情ナキ限リ応召ノ義務アルコトハ言ヲ俟タナイ。総選挙後ノ議会ナラバ召集日ニ応召シタ議員ハ総テ当選証書ノ対照ヲ受ケテ集会スル。従ツテ召集日ニ応召出来ナカツタ議員ヤ、補充又ハ補欠当選ヲシタ議員ハ議会中初登院シタ者ハ、タトヘ停会中デモ其ノ際当選証書ノ対照ヲ受ケテ応召シタコトトナル（衆規二条）。偶〻当選証書ヲ持ツテキナイ場合ハ選出府県知事又ハ同僚議員ヨリ当選者タル証明ガアレバ当選証書ノ対照ニ代ヘテ応召出来ル。

議員ハ此ノ応召義務ノ為若シ召集日ニ応召出来ヌ場合ハ理由ヲ明記シテ応召延期ノ届出ヲ為スベキデアル。之ハ正当ノ理由ナクシテ召集ニ応ジナイ訳ニハ行カヌカラデアル（議九九条）。

第二節　請暇及欠席

請暇ト欠席トノ差異

議員ハ応召シタカラト謂ツテ爾後ノ本会議並ニ委員会ニ故ナク出席シナイコトハ許サレナイ。請暇ト欠席トノ区別ハ議員ガ継続シテ議院ニ出席シ得ザル場合ノ許可ヲ請フノヲ請暇ト称シ、其ノ日其ノ日ノ出席不能ノ場合ガ欠席デアル。換言スレバ二日以上ニ亘リ出席出来ヌ場合ハ請暇トナリ一日以内ノ出席不能ガ欠席デアル。連続的ニ一日宛欠席スレバ実質ハ請暇タルベキモノガ欠席デスム訳デ単ニ観念的区別トナルガ之ハ事実問題デアツテ、両者ハ厳ニ区別ノアルベキ性質ノモノデアル。

議員ニシテ会議ニ出席出来ヌ場合ハ請暇ノ許可ヲ受クルカ議長迄欠席届ヲ出サネバナラナイ。

一　請　暇

一週間以上ノ請暇ハ院議ヲ要スル例デアル

請暇ハ一週間ヲ超エナイモノハ議長ガ許可スルガ一週間以上ノモノハ院議デ許可ヲ与ヘル。期間ノナイヤウナ請暇ダト許可出来ナイ（議八一条、衆規一六三条）。但シ一週間以上ノ請暇デモ休会中デアレバ議院ニ諮ルコトガ出来ナイカラ議長ガ許可スル例デアル。

請暇ハ許可願サヘアレバ必ズ許可スベキモノデハナク其ノ理由ガ正当ト認メラレナイ場合ハ之ヲ許可シナイ。院議ニ諮ル場合ハ会議ノ始メカ又ハ散会間際デアル。

二　欠　席

欠席スル場合ハ欠席届ヲ要スル

欠席ノ場合ハ欠席届ヲ議長ニ提出スレバ其ノ理由ガ正当デアレバ其ノ儘之ヲ認メテキル。忌服ノ場合ハ之ヲ請暇ト同一ニ取扱フベキモノデハナイトシテ忌服届ガアレバ其ノ儘欠席ヲ認ル。

第三節　辞職及退職

一　辞　職

議員ガ辞職シヤウトスルトキハ辞表ヲ議長ニ差出ス（衆規一六七条）。議長ハ辞職ノ理由ニ依リ到底留職出来ヌト認メタ場合ハ別トシテ通常ハ其ノ議員ニ対シ書面又ハ口頭ヲ以テ一応留職勧告ヲスル。辞職ノ理由ハ任官スルトカ病気又ハ一身上ノ都合等ガ多イガ、時ニ依リテハ院議ヲ以テ処決ヲ迫ラレタヤウナ場合モアル（議八三条）。

閉会中ハ議長、開会中ハ院議デ決メル

辞職ハ閉会中デアレバ議長ガ其ノ許否ヲ決定スルガ、開会中ダト討論ヲ用ヰズシテ院議デ許可スルカ否カヲ決定スル（衆規一六八条）。従来カラ議事日程ニハ掲ゲズ会議ノ始メニ諮ツテヰル。

辞職ハ原則トシテ許可シテヰルガ其ノ議員ガ当選訴訟ノ被告デアツテ繫争中ノ故ヲ以テ不許可トシタコトモアリ（第一回議会）（議七九条）衆議院デ現ニ資格審査中デアツタ為許否ヲ延期シタコトモアル（第二十五回議会）。

二　退　職

衆議院議員ガ貴族院議員ニ任ゼラレ、又ハ法律ニ依リ議員タルコトヲ得ナイ職務ニ任ゼラレ、若ハ選挙法ニ規定セル被選資格ヲ失ヘバ其ノ日カラ当然退職者トナル。

第四節　資格審査

議員ノ資格ニ付異議ヲ申立テル議員ガアレバ先ヅ資格審査委員ヲ設ケテ之ガ審査ヲ為サシメル。議長ニ提出サレタ異議申立書ハ直ニ資格審査委員ニ交付スルト共ニ其ノ副本ヲ被申立議員ニ送達スル。此ノ場合被申立議員カラハ答弁書ヲ差出サシメルノデアルガ、其ノ差出期日ハ議長ニ於テ定メ、而カモ何月何日何時迄ト時間ヲ限ルノガ例デアル（衆規六九条）。

審査委員ニ対シテモ議長ハ何月何日迄ト審査期間ヲ指定スル（議七八条、衆規七〇条）。

審査委員ハ其ノ議員ノ被選資格ニ関シ審査ヲ為スモ、選挙手続及投票効力ニ関シテハ審査ハシナイ。

第一回議会以来資格審査ガ問題トナツタコトハ六回十件ニ及ンダガ、多クハ院議決定ニ至ラズ、唯第二十五回議会ニ一件某君ノ無資格ガ院議決定シタノミデアル。

第五節　補　欠

欠員アルモ其都度補欠選挙ヲ行ハナイ

議院法第八十四条ハ衆議院議員ニ欠員ヲ生ズレバ其ノ理由如何ヲ問ハズ議長ガ内務大臣ニ之ヲ通牒シ補欠選挙ヲ求ムベキ旨ヲ規定シテアルカラ従来此ノ通リ取扱ツテ来タガ、大正十四年ニ選挙法ガ改正サレテ、同一選挙区デ欠員ガ二人ニ達シナケレバ補欠選挙ハ行ハナイコトニナツタ為、欠員ヲ生ズル毎ニ内務大臣ニハ通牒ヲ発スルガ、其ノ選挙区デ二人ニ達シタ場合ダケ補欠選挙ヲ求ムルコトヲ付記シテヰル。此ノ意味カラスレバ、同一選挙区デ欠員ガ二人ニナツテモ議員ノ任期ノ終ル前六箇月以内ナラバ補欠選挙ヲ行ハナイコトニナツテヰルカラ、斯カル場合モ亦議長ハ補欠選挙ノ要求ハシナイ。

総選挙後デアツテ議長副議長ナキ時ニ欠員ガ出来レバ以上ノ通牒ハ書記官長ガスルコトハ勿論デアル。

欠員補充サレル場合

選挙訴訟ノ結果議員ガ選挙無効若ハ当選無効トナリ、又ハ選挙ノ罰則ニ依リ当選無効トナル場合ハ欠員ガ出来ルコトニナルガ之ハ選挙法ノ規定ニ依ツテ補充サレルモノデアルカラ欠員ノ通牒ヤ補欠選挙ノ請求ハシナイ。

第六節　逮　捕

議員ハ議会開会中ハ現行犯又ハ内乱外患罪以外ハ議院ノ許諾ナキ限リ逮捕出来ナイコトハ憲法ニ保障サレテヰル所デアル（憲五三条）。

閉会中ヨリ引続勾留スルニハ議院ノ許可ヲ要シナイ

然ルニ閉会中ニ逮捕サレタママ開会後モ引続キ勾留サレテヰル議員ニ付テハ議院ノ許諾ガ必要デアルカドウカガ第一回議会ニ問題トナリ、当時議院ノ意見トシテハ其ノ許諾ヲ必要トスルコトニ決定シタケレドモ司法省ハ憲法ノ明文ニ従ヒ已ニ司法権ノ発動ヲシタモノデアルカラ、刑事訴追ヲ停止スルコトハ出来ナイトノ見解ヲ採ツテ、議院ノ許諾ナクトモ勾留ヲ継続シ得ルコトニナツテヰル。

第七節　除　名

議員ノ除名ニ付テハ後ニ懲罰ノコトヲ説明スル際ニ述ベルコトニシテ、議員ガ除名ノ決議ヲ受ケレバ議長ハ即日該議員ニ対シテ其ノ決議ヲ通知スル。

第五章　議院ノ機関

議院ニ設ケラレル機関トシテハ先ヅ院内ノ秩序ヲ保持シ、議事ノ整理ヲ為シ、且ツ議院ヲ代表スル議長及其ノ代理機関タル副議長並議長副議長倶ニ故障アル場合ノ代行機関デアル仮議長ガアル。然シ仮議長ハ常置ノモノデナク議長副議長ノ故障アル場合ニノミ選定サレル臨時ノ機関デアル。尚議院ノ意思決定前ニ予備審査ニ当ルベキ各種ノ委員及全院委員長ガアリ、常任委員ノ選挙ヲ為スベキ部員ヲモ決定セネバナラヌ。

全院委員長、常任委員及部員ハ会期ヲ通ジテ必ズ設ケラルル常置ノモノデアルガ、毎会期数多ク設ケラレル特別委員ヤ両院意見ヲ異ニシタ際設ケラレル両院協議委員ハ、其ノ都度設ケラルルモノデ、特設ノモノデアル。各委員長及理事等ハ其ノ委員会ノ機関デアル。

（備　考）

議院ノ機関トシテノ委員及委員会ノ関係

議院ニハ各種ノ委員ガアリ又委員ニ依リ其ノ委員会ガ構成セラレテヰルガ此ノ場合議院ノ機関トシテハ委員デアルカ委員会デアルカニ付テハ委員ニ依ツテ構成サレタ委員会モ無論議院ノ機関タルニハ相違ナイガ、議院ハ直接ニハ委員ヲ選任シテヰルカラ其ノ関係ハ直接間接ノ関係トナリ、委員ガ議院ノ直接ノ機関デアリ、委員会ハ其ノ委員ニ依ツテ構成サレタ間接ノ機関ト見ルノガ妥当ト思フ。議院デ事件ノ審査ヲ付託スル場合デモ委員ニ付託シテヰル。付託ヲ受ケタ委員ハ委員会ニ於テ審査ヲ為スノデアルカラ委員付託ト謂ツテモ実ハ委員会ニ付託サレタコトト同義デアル。従ツテ議院ノ機関トシテ委員ト謂フ場合デモ個々ノ委員ヲ指スコトモアリ綜括的ノ委員ヲ指スコトモアル。後者ノ場合ハ観念的ニハ其ノ委員全体ヲ謂ヒ実際的ニハ委員会ヲ意味シテヰル。

此ノ意味ニ於テ議院ノ機関ハ委員会デアルト謂フコトモ出来ルガ其ノ間ノ区別ヲスレバ委員ガ直接機関デアリ、委員会ハ間接機関デアルト見ル方ガ穏当ノヨウニ思フ。

議院ノ機関　┌議長副議長
　　　　　　　└全院委員長

- 必置機関
  - 部員
  - 全院委員
  - 常任委員
  - 特別委員
- 特設機関
  - 仮議長
  - 両院協議委員

第一節　議長及副議長

副議長ハ議長ノ職務代行機関デアル

議長及副議長ノ性質ニ付テハ既ニ屢〻述べテアルカラ之ヲ略シ、唯一言シタイノハ往々副議長ハ議長ヲ輔佐スルモノト解サレテヰルガ、之ハ事実上又ハ政治上ノ事柄デアッテ制度上ハ輔佐ノ任ニアルモノデナク、議長ニ代ツテ議長ノ職務ヲ行フ代行機関デアルカラ、議長ト同様ノ立場ニ在ルモノデアル。

一　議長副議長ノ就職辞職

紹介サレタ際就任挨拶ヲスル

衆議院ニ於テハ議長副議長同時ニ勅任セラレタトキハ書記官長ガ其ノ翌日議院ニ紹介スル（衆規一四条）。解散後又ハ任期満了後ノ議会ガ此ノ場合ニ属スル。然シ議長ガ勅任セラレタトキハ副議長ガ紹介シ、副議長ガ勅任セラレタ場合ハ議長ガ紹介スル。紹介サレタ際新任ノ議長副議長ハ各就職ノ挨拶ヲ為シ之ニ対シ出席議員中ノ年長者ガ議員ヲ代表シテ祝辞ヲ述ベル。

辞表ノ奏上

議長副議長ガ公務、疾病又ハ一身上ノ都合ニ依リ辞職ヲスルヤウナトキハ、議長ノ場合ダト副議長ヨリ又副議長ノ場合ダト議長ヨリ辞表ヲ奏上スル。正副議長倶ニ辞表ヲ提出スルヤウナコトガアレバ先例ハ議長ノ辞表ハ副議長、副議長ノ辞表ハ書記官長ヨリ奏上シテヰル。

退職ノ挨拶

議長副議長辞職シ又ハ任期満限ニ達シタトキハ各在職中ノ挨拶ヲ為シ議員ノ方ハ出席年長者ガ代表シテ謝辞ヲ述ベル例デアル。

二　議長ノ職権

議長ノ職務ハ極メテ範囲ガ広イガ其ノ主要ナモノヲ大別スレバ左ノ三ツトナル（議一〇条）。

(1)　議院ノ秩序保持権

(2)　議事ノ整理権

(3)　院外ニ対スル議院代表権

今之ニ属スルモノヲ全部挙ゲレバ極メテ広汎ナモノニナルカラ其ノ中主要ナモノヲ拾ツテミル。

(1)　議院ノ秩序保持権ニ基ク主要ナモノ

(イ)　議長ハ議会開会中守衛及警察官吏ヲ指揮シテ議院内部ノ警察権ヲ行フ（衆規一七一条及一七二条）。衆議院ニハ院内ノ秩序維持ニ当ル為ニ守衛長以下多クノ守衛ヲ置クガ、議会中ハ議長ハ必要ト思ハレル丈ノ警察官吏ヲ政府ニ要求シテ派遣セシメ、守衛ト共ニ院内警察ノ執行ニ当ラシメテヰル（議八五条及議八六条）。

(ロ)　会議中議員ガ議場ノ秩序ヲ紊ルトキハ議長ハ其ノ議員ニ対シ警戒、制止又ハ発言ノ取消、禁止等ヲ為シ、時ニ依リ退場サセル（議八七条）。

(ハ)　議場ノ整理困難ナ場合ハ其ノ日ノ会議ヲ中止又ハ会議ヲ閉ヅル（議八八条）。

(ニ)　尚議員ヲ懲罰委員ニ付スル権ガアル（衆規二〇一条）。

(ホ)　議長ハ傍聴人ニ対シ一切ノ取締ヲスル（議八九条、衆規一四条）。

(2)　議事整理権ニ基ク主要ナモノ

(イ)　議案ノ受理
(ロ)　議事日程作成
(ハ)　開議散会延会休憩等
(ニ)　発言ノ許可
(ホ)　討論質疑ノ終局
(ヘ)　表決
(ト)　決裁権
(チ)　秘密会ノ発議
(リ)　議事規則ノ解釈権

等ガアル。

(3)　院外ニ対スル議院代表権

上奏書ハ議長ノ名ヲ以テシ、建議書ヲ政府ニ送付スル場合モ議案ヲ他院ニ移ス時モ其ノ他議院ノ名ニ於テ外部ニ交渉スルニモ、総テ議長ノ名義ヲ以テスル。

三　閉会中ノ議長ノ職権

議院ノ議会事務ヲ指揮スル

議長ノ職務トシテ以上ニ述ベタ職権ハ凡テ議会開会中ノ事デアル。閉会中モ議院ノ事務ヲ議長ガ指揮スルコトハ議院法第十一条ニ規定セラレテヰルガ、此ノ閉会中ノ議長ノ指揮権ノ範囲ハ議院ノ事務局ノ総テノ事務（事務局ニハ議会事務ノ外ニ行政事務モアル）ヲ指スモノデハナク、議会事務ニ限ルモノト解スベキガ当然デアラウ。

伊東巳代治伯ノ議院法義解ニ於ケル第十一条ノ説明ニモ「議会閉期ノ間ハ各議員ハ各郷里ニ散帰シ議院アルコトナシ、但議長ハ或ハ既ニ終ルノ余事ヲ完結スル為ニ或ハ将ニ始ラントスルノ来事ヲ準備スル為ニ或ハ継続委員ノ調査ノ事ヲ指導スル為ニ閉期ノ間猶其ノ職務ヲ取ラサルコトヲ得ス」トアルヲ見テモ推測出来ル。

四　任期満了後ノ議長ノ権限

後任者ノ勅任アル迄其ノ職ヲ継続スル

議長ノ任期満了後次ノ議長ノ勅任セラルル迄議長ノ職務ハ誰レガ行フカト謂ヘバ、議長及副議長ハ任期ガ同一デアルカラ、議長ノ任期満限ニ達シタ時ハ副議長モ亦任期ガ満ツル。其レ故特ニ此ノ場合ノ規定ヲ設ケ、後任ノ議長副議長勅任アル迄、仍任期ヲ終ツタ議長及副議長ガ其ノ職務ヲ継続スル（議一五条）。然シ衆議院ガ解散ヲ命ゼラレタ場合ハ議長副議長モ議員タル資格ヲ失ヒ且ツ任期満了ノ場合トハ全然意味ガ違フカラ、書記官長ガ議長ノ職務ヲ代行スルコトニナル。

五　衆議院議長副議長ノ党籍離脱

議長ノ職務タルヤ以上ノ如ク極メテ重要ナモノデアルカラ、事ニ当ルヤ、公平無私何人カラモ非議セラレルヤウナコトハ避ケネバナラヌ。元ヨリ議長ハ誰シモ不偏不党公正ヲ期シテヰルニ違ヒハナイガ、党籍アルガ為ニ動モスルト之ニ反スルガ如キ疑ヲ持ツ者ガナイトモ限ラヌ。故ニ議長ノ権威ヲ保持シ議会ノ神聖ヲ維持スルガ為ニ、在職中ハ議長及副議長ハ党籍ヲ離脱スベキモノデアルトノ議ガ第五十回議会（大正十四年）ニ起リ決議案並希望決議トナツテ可決サレタ時ノ議長副議長ハ先ヅ党籍ヲ脱シタ。爾来第六十一回（昭和六年）及第六十七回議会（昭和九年）ニ例外ガアツタノミデ総テ議長副議長共党籍ヲ離脱シテヰル。

第二節　仮議長

仮議長ヲ置ク場合

議長副議長倶ニ故障ガアツテ其ノ職務ヲ執ルコトガ出来ヌ場合ハ、仮議長ヲ選挙シテ議長ノ職務ヲ行ハシメネバナラヌト謂フノガ議院法第十四条ノ規定スル所デアル。

仮議長ハ貴衆両院共選挙ニ依ルコトニナツテヲリ、当選スレバ直ニ仮議長トナルノデアツテ別ニ任命ハ要シナイ。

一　仮議長ノ選挙

議長候補者選挙ニ準ズル

仮議長ノ置カレタ事例ハ貴族院デハ第一回議会（明治二十四年）、第四十一回議会（大正八年）、第四十五回議会（大正十年及十一年）ニ二回及第七十六回議会（昭和十六年）ノ合計五回アリ衆議院デハ第五十二回議会（昭和二年）ニ一回アルノミデアル。仮議長ノ選挙ハ議長ニ委任スルコトヲ得ルヲ以テ貴族院デハ第一回議会以来之ヲ議長ニ委任スル先例デアル。衆議院ハ第五十回議会（大正十四年）ニ衆議院規則ヲ改正シテ全院委員長ガ議長ノ職務ヲ執ツテ仮議長ノ選挙ヲ行フコトトシ、全院委員長故障アル時又ハ未ダ選任サレテヰナケレバ出席年長議員ガ議長ノ職務ヲ行フコトノ規定ヲ設ケタ（衆規二六条）。而シテ選挙手続等ニ付テハ議長候補者ノ選挙ノ例ニ準拠シテヰル。従ツテ第五十二回議会ノ衆議院ノ場合ニハ全院委員長欠席シタ為出席年長議員ガ此ノ選挙ヲ行ツタ。

註　貴族院ノ場合ハ第四十一回議会ニハ議長副議長倶ニ故障ガアツタガ其ノ他ハ何レモ議長副議長ノ何レカ一方ニ故

障ガアツタ為、将来ノ故障ヲ見越シテ前以テ議長ニ仮議長ノ選任ヲ委任シタモノデアル。

二　会期中議長副議長ノ退職ト仮議長

第五十二回議会（昭和二年）ニ於テ衆議院議長副議長故障アリタル為仮議長ヲ設ケタ場合正副議長ノ辞職ガ勅許セラレタ。其ノ際議長副議長候補者選挙ハ仮議長ノ許デ行ハレタ。之ハ議長副議長ガ会期中ニ退職トナツタガ既ニ選任サレテヰタ仮議長ガ存在シテヰタカラ、其ノ許ニ候補者選挙ヲ行ツタノデアル。

（備　考）

議長副議長ノ故障ト仮議長トノ関係

(1)　故障ノ意義

議院ニ於テ議長副議長倶ニ故障アルトキハ仮議長ヲ選挙シテ議長ノ職務ヲ行ハシメルコトハ議院法第十四条ニ規定サレテヰル所デアルガ、其ノ故障ニハ欠位ノ場合ヲモ含マレルカト謂フニ、従来カラ衆議院ノ取扱ハ之ヲ含ムト解釈シテヰル。即チ議院法第十三条ニハ「議長故障アルトキ」副議長ガ議長ヲ代理スベキ旨規定セラレテヰルガ、議長ガ欠位トナリ、其ノ候補者選挙ヲ終ツテ後議長ノ勅任セラルル迄副議長ガ議事ヲ整理シテヰル。又第五十二回議会（昭和二年）ニ於テハ正副議長故障アリタル為仮議長ヲ設ケタトキ議長副議長ノ辞職ガ勅許セラレ倶ニ欠位トナツタノニ拘ラズ、此ノ場合議長副議長候補者選挙ハ其ノ仮議長ガ行ツタ。之等ノ事例ハ欠位ノ場合モ亦故障ト見タカラデアル。以上ノ如ク故障ノ意味ヲ広ク解シ欠位モ亦故障デアルトスレバ此ノ取扱ハ当然ノコトト謂ハネバナラヌ。

(2)　**会期中議長副議長欠位トナリタル場合**

会期中ニ正副議長ガ同時ニ欠位トナツタ場合ハ故障ニ欠位ヲ含ムモノトスル限リ、議院法第十四条ニ従ヒ先ヅ仮議長ヲ選挙シテ其ノ許ニ議長副議長候補者選挙ヲ行ヒ後任議長副議長ノ勅任アル迄ハ仮議長ガ議長ノ職務ヲ行フベキモノトスルノガ推論上当然デアル。

(3)　**閉会後議長副議長欠位トナリタル場合**

解散後ノ議会召集日ニ於テ初メテ議長副議長候補者選挙ヲ行フ場合ハ議院法第三条ニ依リ書記官長ガ之ニ当ルコトハ異論ノナイコトデアルガ、既ニ議長副議長勅任後閉会中ニ倶ニ欠位トナリテ召集日ヲ迎ヘタ場合ハ其ノ候補者選挙ハ誰レガ行フベキカ。即チ書記官長ナリヤ仮議長ナリヤハ故障ニ欠位ヲ含ムトスル限リ当然仮議長ト為スベキモノト思ハルルガ曾テ第六十回議会（昭和六年）ノ召集ニ当リ論議ノアツタ問題デアル。

議論ノ中心ハ（一）議院成立手続ノ場合ハ解散後ノ議会ナルト此ノ場合タルトヲ問ハズ議院法第三条ニ該当シテキルカラ書記官長ガ議長ノ職務ヲ行フテ可ナリトノ論ト、（二）故障ニ欠位ヲ含ムナラバ議院法第十三条及第十四条ガ議院成立以後ノ規定ト為サザル限リ、此ノ場合ハ第十四条ヲ適用シテ仮議長ガ議長ノ職務ヲ行フベキモノデアルトノ論ガアツタ（田口書記官長第三条適用論）。当時法制局側及学者ノ意見ヲ非公式ニ徴シテ見タ所法制局内部ニモ両論（第三条適用論森山、樋貝、佐藤参事官、第十四条適用論金森、村瀬、黒崎参事官）ガアツタ。美濃部、清水両博士ハ第三条ヲ適用シテ可ナルベシトノ議論デアリ、森内閣書記官長ハ第十四条適用論、島田法制局長官ハ第三条適用論デアツタ。ソコデ各派交渉会ニ諮リ意見ガ一致セネバ法制局ノ法律解釈ニ従フ外ナシトシテ召集当日各派交渉会ニ諮リタルニ第三条ヲ適用シテ書記官長ガ正副議長候補者選挙ヲ行フコトニ異議ナク決定シタ。

然シ乍ラ問題ハ欠位ガ故障デアルカ否カデアツテ、従来ノヤウニ故障デアルトスルナラバ、何処マデモ第十四条適用論ガ成リ立チ得ルノデアル。第三条ヲ適用スル為ニハ寧ロ欠位ハ故障ニ非ズト解釈スベキモノデハアルマイカ。

(4) 欠位ハ故障ニ非ズトスレバ如何

純理論カラスレバ欠位ト故障トハ明ニ区別セラルベキモノデアル。議院法上欠位モ亦故障ナリトスレバ同第十三条ニ依レバ議長ノ欠位ノ場合副議長ガ議長ノ代理権ヲ有シ同第十四条ニ依リ議長副議長欠位ノ場合仮議長ガ議長ノ職務代行権アルヲ以テ、此ノ解釈ヲ貫ケバ議長又ハ正副議長欠位デアツテモ之等代行機関ニ依リ議事整理ヲ為シ、必ズシモ補欠ヲ要シナイコトモ出来得ルコトトナル。然ルニ議長ヤ副議長候補者ノ選挙ヲ直ニ行ツテ其ノ任命ヲ俟ツノハ議長副議長ノ議院ニ於ケル性質上ノ必要性若ハ政治的必要性ニ基クモノデアツテ議院法ガ直ニ要求スル法律行為デハナイトノ結論ガ生レル。

ソコデ同第十三条及第十四条ハ所謂故障ノ場合ニ限リ欠位ノ場合ハ含マヌトスレバ議院法上モ直ニ議長ヤ副議長ノ補欠ヲ要スルコトハ法律論トシテ必要欠クべカラザルコトトナル。故障ト欠位トハ厳ニ区別スル方ガ妥当デハナイダラウカ。

内閣官制第八条ニ「内閣総理大臣故障アルトキハ他ノ大臣臨時命ヲ承ケ其ノ事務ヲ代理スヘシ」トアリ同第九条ニモ之ニ類スル規定ガアルガ、総理大臣故障ノ場合ハ他ノ大臣ニ内閣総理大臣臨時代理ヲ仰付ケラレ（明治二五、一一、二八、同二九、五、二一、同二九、六、五、同三三、一〇、二七、大正一五、一、二六、昭和五、一一、一五、同一一、二、二六）総理大臣欠位トナリタルトキハ臨時内閣総理大臣ノ任命ガアル（明治二九、八、三一、同三四、五、一〇、大正一〇、一一、四、同一二、八、二五、同一五、一、二八、昭和七、五、一六）。

即チ欠位ノ場合ハ総理大臣ノ代理ニ非ズ臨時ノ内閣総理大臣ガ出来ルノデアル。之レ明ニ故障ト欠位トヲ区別シテヰル所以デアラウ。

両者ニ区別アリトスレバ、従来議長候補者選挙ヲ副議長ノ許ニ行ヒタル後其ノ勅任アル迄引続キ副議長ガ議事ヲ整理シタノハ故障デナイノニ代理権ヲ行使シタコトニナルガ、之ハ第五回議会ニ於テ明治二十六年十二月十五日ノ議事ヲ副議長ガ整理シタ最初ノトキニ既ニ議院ノ問題トナツタガ（速記録一九八頁）其ノ当時ハ議院法第十三条ノ解釈ガ議論トハナラナカツタ。其ノ為故障ノ意義ヲ先例ニ依リ決定シタト見ル訳ニハユカヌ。

副議長ハ議長ノ故障アル場合ノ代行者ナルガ故ニ本条ヲ類推適用シテ議長欠位ノ場合ニモ其ノ候補者選挙ヲ行ヒ且ツ其ノ勅任前ト雖モ其ノ勅任アル迄ノ暫定的期間ハ議長故障ノ場合ノ代行機関タル副議長ガ議事ヲ進メ得ルコトヲ衆議院ノ先例デ認メタモノト見ルコトハ出来ナイダラウカ、勿論純理上ハ法律ニ反スル所ガアルトノ非難ハ免レナイ。

（イ）　議長欠位ノ場合其ノ候補者選挙ヲ行フ者

会期中議長欠位トナレバ直ニ議長候補者選挙ヲ行フノデアルガ、此ノ場合欠位モ故障ニ入ラヌトキハ厳格ニ謂ヘバ副議長ガ議長ノ職務ヲ行フ訳ニ行カヌデハナイカトノ議論モ有リ得ルガ、之ハ議長故障ノ為議事整理ヲ為ス能ハザル場合代行権アル副議長ガ議長欠位ノ場合ニモ其ノ候補者選挙ヲ行フノハ議院法第十三条ノ当然解釈カラ可能ト信ズル。此ノ事実ヲ以テ欠位ガ故障ニ含マレルカラダトスルノハ論理転倒ノ解釈ノヤウニ思ハレル。従ツテ閉会中議長欠位トナレバ閉会中ノ議長ノ議院事務指揮権モ亦同条ノ当然解釈ニ依リ副議長ガ代行スベキモノデアル。

（ロ）　会期中議長副議長倶ニ欠位トナリタル場合

故障ニハ広ク欠位ヲ含ムトスレバ当然仮議長ヲ選挙シテ其ノ許ニ正副議長ノ候補者選挙ヲ行フベキデアルガ、前段ノ如ク欠位ト故障トヲ区別スレバ、仮議長ハ常ニ議長副議長ノ存在ヲ前提ト為スモノデアツテ、此ノ場合ハ仮議長ヲ選定スベキデハナク（第一）議院法第三条ニ依リ書記官長ガ議長ノ職務ヲ執ルカ（第二）衆議院規則第二十六条ニ準ジテ全院委員長又ハ出席年長議員ガ其ノ選挙ヲ行フカノ問題ガアル。

後記ニ依レバ書記官長ガ議長副議長候補者選挙ヲ行フノハ議院成立集会ノ際ニ限リ苟クモ成立後ハ議院ノ自治ニ依ルベキモノデ、議院法第三条第二項ノ適用ハナク、従ツテ他ニ何等拠ルベキ規定ナキヲ以テ仮議長ヲ選挙シナイトスレバ衆議院規則第二十六条ニ準ジ全院委員長又ハ出席年長議員ガ其ノ選挙ヲ行フベキモノトスル。

然シ乍ラ書記官長ハ解散後ノ議会又ハ其ノ第二会期後ト雖モ（第六十回及第七十九回議会）召集ノ際ハ議長副議長ノ候補者選挙ヲ行ヒ得ルノデアルカラ候補者選挙ナル同一事項ヲ議院成立後ハ不能デアルトノ理由ハ此ノ場合モ故障デアルカラ仮議長ヲ選挙スベシトシナイ限リ成リ立タナイ。而モ書記官長ガ議長副議長候補者ヲ選挙スルノハ議院法第三条ニ明ニ認メラレタ権能デアリ、規則第二十六条ハ第二十五条ノ仮議長ノ選挙ノ為ニ特ニ第五十回議会ニ挿入シタ規定デアツテ、初メヨリ規定セラレタ議院法上ノ権利ヲ仮議長ノ場合ノ規則ニ譲ラネバナラヌトイフ論拠ハ乏シイト思ハレル。此ノ場合ハ第一説即チ書記官長ガ候補者選挙ヲ行ヒ得ルモノト思フ。而シテ議院法第三条ニハ「勅任セラルルマテハ議長ノ職務ヲ行フヘシ」トアツテ選挙ヲ行フベシト〔ハサレテイ〕ナイカラ議長副議長勅任迄議事ヲ進メルコトモ出来ルカト謂ヘバ此ノ場合ハ選挙ニ限ルモノト解スル。何トナレバ本条第一項トノ関係並ニ衆議院規則第五条乃至第七条ノ規定ヨリ推シテ書記官長ハ議長副議長候補者選挙ヲ行フコトヲ得ルモ他ノ事項ニ及ブコトヲ得ナイノハ尚議院成立ノ際議席及部属ノ決定ヲ為シ得ナイノト同様デアル。

然ラバ何故ニ「議長ノ職務ヲ行フヘシ」トアルカト謂フニ閉会中議長副議長欠位トナツタ場合議院法第十一条ノ閉会中議長ノ指揮スベキ議院事務ヲ書記官長ガ見ネバナラヌカラデアラウ。此ノ点カラモ第三条ガ議院成立ノ際ニ限ルモノトハ認メラレナイ。

（ハ） 閉会中議長欠位トナリ召集日ニ副議長故障アル場合

右ノ場合召集日ニ議長候補者選挙ヲ行フニ当リテハ誰レガ議長ノ職務ヲ行フカニ付テハ大イニ議論ガアラウ。

議長副議長倶ニ故障アルニモ非ズ、議長副議長倶ニ欠位デモナイカラデアル。欠位ヲ故障ト見レバ至極簡単デ議院法第十四条ニ依レバ宜シイ。然ルニ仮議長ハ正副議長ノ存在ヲ前提ト為スニ於テハ本条直接ノ適用ノ場合トハ異ナル。而シテ議院法第三条ニ依リ書記官長ガ議長ノ職務ヲ行フニハ、両議長ノ欠位ノ場合ニ限リ、此ノ場合ノ如ク副議長故障ノ場合ハ、全然不可能デアル。従ツテ議長既ニ無ク副議長亦故障デアレバ、議長副議長倶ニ故障アル場合ト事実上同様デアルカラ第十四条ニ準拠シテ仮議長ヲ選挙シ其ノ仮議長ノ許ニ議長候補者選挙ヲ行フベキデハアルマイカ。此ノ場合ハ欠位モ亦故障ナリト為スニ非ズ、他ニ拠ルベキ規定ガ全ク無イカラデアツテ、解釈上カラ来ル帰結デアル。以上ノヤウニ解スレバ第六十回議会ノ召集日ニ於テ書記官長ガ正副議長候補者選挙ヲ行ヒタル衆議院ノ先例ハ法律解釈ノ当然ノ結論デアツテ議院成立ニ際シタルガ為デハナクナル。議院成立以後ト雖モ正副議長欠位トナッタ場合ハ仮議長ノ選定ヲ要セズ書記官長ガ議長ノ職務ヲ執ルコトトナル。欠位ガ故障ナリトスレバ議院成立以前ナラバ書記官長ガ議長ノ職務ヲトリ成立以後ナラバ仮議長ヲ選定スルト云フ一貫セヌ理論迄生ズルノデアル。

仮議長解任ノ時期

議長副議長故障ノ為一旦仮議長ガ選任セラレタトキノ仮議長ノ解任時期ノ問題デアルガ議長ナリ副議長ナリ孰レカ其ノ故障ガ解ケテ出席スレバ其レヲ以テ仮議長ノ任ハ解ケタモノト為スカドウカノ問題ガアル。

之ニ付テハ規定ノ依ルベキモノハナイ。従テ一時デモ議長副議長ノ故障解消ニ依リ直ニ仮議長ガ解任サレタモノト為スヲ純理上ハ正シイト思ハレルガ然ラバ同会期中再ビ故障ヲ生ジタ時ハ改メテ仮議長ノ選挙ヲ為サネバナラヌ。抑モ当選シタ仮議長ハ正副議長故障アル間之ニ代リテ議長ノ職ヲ執ラシムル機関トシテ議院ハ選定シタモノデアルカラ一旦選任サレタ仮議長ハ同一条件ノ下ニ於テハ其ノ会期中ハ仮議長タル身分ヲ失ハヌモノトスル議論モ成リ立ツ余地ハナイデアラウカ。

実例トシテハ貴族院デハ第四十五回議会ニ仮議長ヲ二回選定シタコトガアルガ第一回目ハ議長不在中ヲ条件トシタモノデアルカラ議長ノ帰朝ニ依リ解任セラレタモノト見ルベク第二回目ハ副議長ノ旅行中ヲ条件トシタモノデアツタカラコノ事例ノミデ此問題ガ解決サレタトハ云ハレヌ。然シ仮議長解任ノ時期ニ付テハ解釈モ色々ニ考ヘラレルノデ同一会期中在任スルモノトシテモ正副議長ノ孰レカ故障ナキニ至レバ仮議長ノ権限ハ為ニ停止セラレルコトハ言ヲ俟タヌ所デアル。

第五十二回議会ノ取扱

衆議院ニ於テ第五十二回議会（昭和二年）ニ正副議長故障アリタル為仮議長ヲ設ケタ場合正副議長ノ辞職ガ勅許セラレタ。其ノ際議長副議長候補者選挙ハ仮議長ノ許デ行ハレタ。

之ハ議長副議長ノ欠位モ亦故障デアルト解スルガ然ラザレバ既ニ選任セラレタ仮議長ハ議長副議長欠位トナツタ際モ尚解任セラレテキナイト解サネバナラヌ。仮議長ガ未ダ在任シテキタカラ議長副議長候補者選挙ヲ行ヒ得タノデアル。

此ノ場合一般ニハ欠位モ亦故障ナリトシテキルヤウデアルガ故障ニ欠位ヲ含マズトノ論カラスレバ欠位ト同時ニ仮議長ハ存在ヲ失ヒ此ノ場合ハ書記官長ガ候補者選挙ヲ為スノガ純理上正当ト思ハレルガ会期中書記官長ガ議長候補者選挙ヲ為シタ事例モナク議論モ前述ノ通リ定ツテオラナカツタカラ正副議長ハ故障ノママ退任トナリ故障ノ解消ナク連続デアルト見テ仮議長ガ正副議長候補者選挙ヲ行ツタモノト思フ。

第三節　委　員

委員ノ種類

議院ノ機関デアル委員ハ全院委員、常任委員及特別委員ノ三種類デアルコトハ議院法第二十条ニ規定サレテヰル。之ハ其ノ院ノ委員ノミデ委員会ヲ構成シテ付託サレタ事件ノ審査ニ当ル本来ノモノヲ指シタノデアル。然ルニ両院協議委員モ亦其ノ院ノ機関トシテノ委員デアルガ、其ノ審査ニ当ツテハ他ノ院ノ委員ト合同シテ両院協議会ト謂フ両院ノ委員混合ノ特殊ノ委員会ヲ構成スルモノデアリ、稀ニ設ケラレルモノデアルカラ、毎会期必ズ設ケラレル各議院本来ノ委員トハ区別サレテヰル。然シ議院ノ委員タルニ違ヒハナイカラ、広ク議院ノ委員ト謂ヘバ之ヲモ入レテ四種類アルコトニナル。議院法上ハ全然性質ヲ異ニスル此ノ両院協議委員ハ別個ノモノトシテ扱ヒ委員ノ種類ヲ三種トスルト謂ツタノデアル。

以上各種ノ委員ハ各付託サレタ事件ニ付委員会ヲ開イテ其ノ会議デ審査スルカラ委員会ニ関スル事ハ省略シ、本会議ニ於テハ各種委員ノ選定ヲ為サネバナラヌ為之ヲ中心ニ以下略述スル。

一　全院委員

全院委員ハ議員全部ガ委員トナルノデアルカラ特ニ委員ノ選定ハ要シナイ。議員ガ当然ニ委員トナルガ、全院委員長ハ議院ガ選挙セネバナラヌ。

二　全院委員長

全院委員長選挙ハ開院式翌日午前十時ヨリ行フヲ例トスル

全院委員長ハ会期毎ニ開会ノ始メニ選挙スルコトニ議院法ノ規定ガアルノデ（議二一条）第二十五回議会（明治四十一年）迄ハ緊急議事又ハ年末年始ノ休会ノ為ニ延期シタリ開院式当日選挙ヲ行ツタヤウナ特例ヲ除イテハ開院式翌日午後一時カラ選挙ヲスル例デアツタガ、第二十六回議会（明治四十二年）カラハ開院式翌日午前十時ヨリ選挙スル例トナツタ。

仮議長選挙ニ倣フ

他ノ委員ノ委員長ハ総テ委員会デ互選シテキルガ全院委員長ニ限リ本会議ニ於テ之ヲ選挙シ其ノ選挙手続ハ仮議長選挙ノ規定ニ依ルノデ（衆規三二条）従ツテ議長候補者選挙ノ例ニ準ズル訳デアル。即チ無名投票デ過半数ヲ以テ当選ガ決定サレル。選挙ノ定足数ハ総議員ノ三分ノ一デアル。同一投票ヲ合算シテ点検スルコトモ同様デアル。

全院委員長ガ欠位トナリタルトキハ直ニ補欠選挙ヲ行フ。

全院委員長ハ毎会期之ヲ選挙スベキモノデアルガ臨時議会デ前議会ノ全院委員長ヲ選挙サレタモノト認メテ選挙ノ手続ヲ省略シタコトモアル（第三十二回、第三十四回及第七十八回議会）。

全院委員長カラ辞職ノ申出ガアレバ院議ニ諮ツテ之ヲ許可スル。

（付）　全院委員会

全院委員会ハ之ヲ公開スル

全院委員会ハ議員全体ガ委員デアル為委員ノ数ハ本会議ノ場合ト同ジデアリ、会議場所モ議場ヲ使用スル。他ノ委員会ハ本会議ト違ヒ議事ヲ公開シナイガ、全院委員会ニ付テハ特ニ規定ガナイ為院議ヲ以テ秘密会トシタ場合（第十三回議会）ヲ除キ凡テ公開シテヰル。

本会議トノ差

定足数モ本会議ト変リガナイ。唯本会議ト違ツテヰル点ハ議長ノ代リニ全院委員長ガ書記官長席ニ著イテ会議ヲ整理シテヰル丈デアル。形ノ上デハ本会議ト殆ンド変リガナイガ、委員会デアルカラ本会議ノヤウニ質疑討論等ノ場合ノ種々ナル制限モナク、手続モ簡単デアルカラ自由討議ガ為シ易イ訳デアル。衆議院デ全院委員会ヲ開イタノハ第一回議会ニ十二回、第三回（明治二十四年）、第四回（明治二十五年）及第十三回議会（明治三十一年）ニ各一回宛合計四議会ニ十五回デアツテ総テ予算案ニ付イテデアル。

議長又ハ議員二十人以上ノ発議ニ基ク

全院委員会ハ議長又ハ議院二十人以上カラ発議ガアツテ院議開会ノ議決ガアレバ、議長ハ直ニ是ヨリ全院委員会開会ノ旨ヲ告ゲ書記官長ヲ伴ヒ議長席ヲ退キ、全院委員長ガ代ツテ会議ヲ整理スルコトニナル。

会議ヲ閉ヅルトキハドウスルカ

全院委員会ハ自ラ延会スルコトガ出来ナイ（衆規四〇条）。其レ故審査ガ終ツタトキ、又ハ終ラズシテ全院委員会ヲ閉ジネバナラヌ場合ハ全院委員長ハ之デ全院委員会ヲ閉ヅル旨ヲ述べテ議長ノ出席ヲ請ヒ、議長復席シタル後審査ノ経過及結果ヲ報告スル（衆規三九条）。議長ハ其ノ報告ニ基イテ審査ヲ終ツタ事件ニ付テハ、院議ニ諮リ、審査未了ノ事件ニ付更ニ全院委員会ヲ開ク必要ガアレバ、次ノ開会日時ヲ指定スル。

議長ガ全院委員会開会日時ヲ指定スルニ際シ、イツ迄ト審査時間ヲ限定スルコトモ出来ル（第三回及第四回議会）。

三　常任委員

常任委員ハ予メ審査事件ガ定メラレテキテ委員ハ会期ノ始ニ選任サレ会期中継続シテ其ノ任ニ在ルモノデアル。其レ故現ニ提出サレタ議案等ノ審査ヲ終ツテモ、其ノ常任委員ガ無クナルモノデハナク、議会閉会迄存在シテ後日担任ノ事件ガ出テ来レバ更ニ其ノ審査ヲスル。

(1)　常任委員ノ種類

衆議院ニ於ケル常任委員ハ

予算委員　六十三人

決算委員　四十五人
請願委員　四十五人
懲罰委員　二十七人（貴族院ハ九人）
建議委員　（二十七人）（法定数ニ非ズ初ハ四十五人デアッタ）
ノ五種ガアル（衆規四四条）。其ノ中建議委員ハ法定ノ常任委員トシテ列挙サレテヰナイガ第六十三回議会（昭和七年）以来院議ニ依リ之ヲ設ケヰル。
尚貴族院ハ建議委員ヲ置カズ常任委員トシテ資格審査委員（九人）ガアル。其ノ他ハ衆議院ト同様デアルカラ数ノ上デハ矢張リ五種類トナル。

(2)　常任委員ノ選挙

開院式翌日行ハルルヲ例トスル
常任委員ノ選挙ハ開院式ノ翌日全院委員長選挙ニ次デ行ハレル例トナッテヰル。議院法ニ依ルト各部カラ選挙サレルコトニ規定サレ而カモ同数宛ノ委員ヲ総議員ノ中カラ選挙スルノデアル（議二〇条）。而シテ実際ノ選挙ハ従来ハ交渉団体タル各派ノ所属議員数ニ応ジテ按分率デ各常任委員ヲ割当テ、予メ其ノ候補者ヲ申出デシメ之ヲ各部ニ割当テ選出シテヰル。従ツテ補欠選挙モ其ノ選出ノ部デ前任者ノ所属ノ派カラ申出デタ代リノ候補者ヲ選挙スル。

（イ）　選挙ノ結果

常任委員会選挙ノ結果ハ議長当日ノ議院ニ報告スル。而シテ常任委員長及理事ノ互選ハ常任委員選挙当日即チ通常開院式翌日本会議散会後ニ行ハレル為当日ノ衆議院公報デ報告スル。

（ロ）　選挙手続ノ省略

臨時議会ニ於テハ議席及部属ハ前議会通リ継続スベキモノデアルガ（衆規一八条）常任委員ニ付テハ臨時議会ト雖モ選挙スベキモノデアル。然ルニ第三十二回（大正三年）及第七十八回議会（昭和十六年）デハ院議ヲ以テ常任委員及委員長、理事ノ選挙手続ヲ省略シテ前議会通リ選挙セラレタモノト看做シ又第三十四回議会（大正三年）デハ常任委員ノ選挙ヲ省略シ前議会通リトシ、委員長及理事ノミ互選シタ事モアル。

(3)　常任委員ノ辞任及補欠

辞任ハ院議ニ諮ルヲ例トスル

常任委員ガ病気其ノ他ノ事由デ辞任ノ申出ガアレバ院議ニ諮ツテ許可スルノガ例デアルガ、院議ニ諮ル暇ナキ場合ハ議長限リデ許可スル。

補欠選挙ハ公報掲載後行ハレル

補欠選挙ハ委員ガ欠ケタカラトテ直ニ選挙ハセズ一応其ノ補欠選挙ノ件ヲ衆議院公報ニ掲載シタ後ニ行フカラ欠員トナツタ当日ハ補欠ガ出来ズ早クトモ其ノ翌日トナル。

四　特別委員

特別委員ハ一事件ヲ審査スル為ニ設ケラレルモノデアル。政府及貴族院提出ノ議案ハ委員ニ付託スルノガ原則デアルカラ（議二八条、衆規九四条）常任委員ノ審査事件以外ノモノハ皆此ノ特別委員ニ付託サレル。議員発議ノ案ハ委員ニ付託セネバナラヌ規定ハナイガ大部分ハ特別委員ニ付託サレル。

特別委員ニハ他ノ事件ヲ併託スルコトガ出来ルノデ（衆規六六条）関連シタ数件ガ同時ニ又ハ後カラ付託サレテ時ニ十数件数十件ニ上ルコトガアル。

特別委員ハ常任委員ト違ヒ付託サレタ事件ノ審査ガ終リ之ガ本会議デ議決サレレバソレデ委員ノ任務ハ終リ解任サレル。

(1)　特別委員ノ選挙

議長ノ指名ニ依ル

特別委員ノ選挙ハ議場デ無名連記投票デ行フノガ原則トナツテキルガ（衆規六四条）第一回及第二回議会ニハ議場選挙ヲ行ツタガ長時間ヲ要スルヲ以テ第三回議会（明治二十五年）以来議長ノ指名ニ依ルコトトナツタ。

特別委員ニ付託サレルコトニ決定スレバ当日議長ガ委員ヲ指名シ衆議院公報デ報告スルノガ第十四回議会（明治三十二年）以来ノ例デアツテ、特ニ急ヲ要スル場合ノミ直ニ議場デ指名シテキル。

議長ハ各派所属議員数ニ応ジテ按分シタ員数ヲ各派ニ割当テ予メ其ノ候補者ヲ申出サセテ置キ之ヲ指

名シテヰル。

員数ハ総テ九ノ倍数デアル

特別委員ノ数ハ衆議院規則上デハ（衆規六三条）九名ガ原則デアツテ必要ノ場合ニ員数ヲ増加スルコトガ出来ルヤウニナツテヰル。

此ノ増加員数ハ衆議院デハ九ノ倍数ヲ以テシテヰル為、九名デ不足ノ場合ハ始メカラ九ノ倍数ノ特別委員ヲ設ケテヰル。従ツテ十八名二十七名等ノ特別委員ヲ作ル訳デアル。

(2) 特別委員ノ辞任及補欠

辞任ハ議長之ヲ許可スル

特別委員ノ辞任ハ昔ハ院議ニ諮ツテ許可シ特ニ院議ニ諮ル暇ナキ場合ニ議長ガ許可シタ後議院ノ承認ヲ経テヰタガ第二十七回議会（明治四十三年）以来本会議散会後又ハ休会中ニ辞任ヲ申出タ分ニ限リ議長ガ許可スルコトトナリ、其ノ後第三十回議会（大正二年）以降ハ総テ院議ニ諮ルコトナク議長ガ許可スル例トナツタ。

補欠モ議長ガ指名ス

補欠ニ付テハ特別委員ガ議長指名トナツテヨリ選挙ヲ行ハズ議長ガ補欠ヲ指名スル。従ツテ辞任ノ許可ヲ与ヘルト同時ニ補欠ノ指名ヲシテ衆議院公報デ報告シテヰル。

（付）　常任委員会及特別委員会

本会議中ノ開会ハ議院ノ許可ヲ要スル

本会議中委員会ヲ開会シヨウトスルトキハ其ノ都度議院ノ許可ヲ必要トスル。従ツテ予算委員会ノ如ク審査期間ノアルモノヤ其ノ他緊急ヲ要シ又ハ主要議案ノ委員会デ連日開会ヲ必要トスルモノハ予メ総括的ニ議院ノ許可ヲ得テ本会議中之ヲ開クノガ例デアル。

会期三分ノ二以後ハ議長ガ許可スル

第二十七回議会（明治四十四年）以来会期三分ノ二ヲ経過スルト本会議中ノ委員会開会許可ハ院議ニ依ラズ議長ノ許可デ宜シイコトニナツテヰル。

尤モ臨時議会ハ会期ガ短イノデ会期ノ始メニ随時開会シ得ルコトノ議決ヲ為シ、本会議中ニ委員会ヲ開キ得ルヤウニシテヰル。

各委員会ハ議長ヲ経由シテ政府委員ノ出席要求ヲシテヰルガ（議四四条）国務大臣ニ対シテハ何等規定ガナイ為委員長カラノ申出ガアレバ議長ハ其ノ国務大臣ノ委員会出席ヲ要求シタリ、国務大臣及政府委員ニ対シ議員ノ希望ニ依リ委員会出席ニ関シ注意ヲ為スコトガアル。

五　両院協議委員

両院協議会ガ開カレルコトニナルト、両院協議委員ヲ選挙セネバナラヌ。其ノ協議委員ノ数ハ十名宛デアツテ、衆議院デハ第六十三回議会（昭和七年）以来凡テ議長ガ指名シテヰル。両院協議会ニ付テハ本書ノ終リデ説明スル。

六　部　員

議会ガ召集サレレバ先ヅ議長ハ抽籤ノ結果集会議員ノ部属ヲ決定スル。即チ之ニ依ツテ各部員ガ定マリ、常任委員ノ選挙ヲ為スコトガ出来ルノデアル。

第六章　議　案

一　議案ノ意義

議院法第三十一条ニハ「凡テ議案ハ最後ニ議決シタル議院ノ議長ヨリ国務大臣ヲ経由シテ之ヲ奏上スヘシ」並同第三十二条ニハ「両議院ノ議決ヲ経テ奏上シタル議案ニシテ裁可セラルルモノハ次ノ会期マデニ公布セラルベシ」ト規定シ尚「議案建議請願」（議三五条）ノヤウニ議案ト他ノモノトヲ並記シ又「修正ノ動議」（議二九条）「上奏又ハ建議ノ動議」（議五二条）ノ如ク修正、上奏建議ノ動議ト用ヒテアル点等カラ議院法上ノ議案ト謂フノハ両院ノ協賛ヲ経ベキモノデアルト狭義ニ見ル者モアリ、之ニ対シ貴族院ノ議決ノミデ足ル貴族院令ノ改正案モ亦議案ト謂ハネバナラヌカラ、此ノヤウニ狭義ニ解セズ、議案ハ議院ノ議決ヲ要スル為会議ニ付セラレル事項デアル、或ハ会議ノ目的物ニシテ決議ノ内容ヲ為スモノデアルト極メテ広義ニ解シテキル学者モアル。

後説ダト議案ト動議トノ区別ガ判ラナクナリ前説ニ従ヘバ修正案ヤ上奏案建議案等ハ議院法上動議デアッテ議案デハナイコトニナル。然ルニ衆議院規則ノ上デモ修正ノ動議ト修正案（衆規九七条）、上奏建議ノ動議ト上奏案、建議案（衆規八八条）等動議ト何々案トハ区別シテ用ヒラレテヰル為修正案ヤ上奏案決議案等ガ議案デナイトハ断定モ困難デアル、ソコデ従来カラ衆議院ノ取扱上ハ政府及貴族院提出ノ法律案ヲ初メ予算案デモ議員発議ノ法律案、建議案、上奏案、決議案及修正案等ハ総テ議案トシテヰル。従ツテ「議案トハ議院ニ提出又ハ発議セラレ議院ニ於テ議決ヲ要スベキ事件ニシテ、案ヲ具ヘルコトヲ必要トスルモノ」ヲ指シテヰルヤウニ思ハレル。

此ノヤウニ議案ハ議決ノ目的トナルモノトスレバ未ダ確定シナイモノデナケレバナラナイ。処ガ政府ヨリ提出サレル承諾議案ノ中デ予備金支出ノ件、財政上ノ緊急処分ノ件及責任支出ノ件等ハ既ニ確定シタ事件デアルカラ議案デハナイコトニナルガ、之モ衆議院デハ議案中ニ入レテ取扱ツテヰルガ、之ハ其ノ件ニ付衆議院ガ承諾ヲ与フルヤ否ヤノ委員長報告ガ議案トナルカラ、其ノ報告ノ内容デアル之等ノ件ヲ便宜議案ノ中ニ入レテヰルモノデハアルマイカ。決算ガ議案デナイコトハ明カト思フガ之ヲモ議院デ議案ノ中ニ入レテヰルノモ此ノ理由カラト思フ。

而シテ事後承諾ヲ求ムルモノノ中緊急勅令ニ付テハ議論ガアルヤウダガ議案ナリトスルヲ穏当ト思フ。成ル程見方ニ依レバ確定ノモノデ、既ニ効力ヲ有シテヰルカラ議案デナイトモ謂ヘルヤウダガ、此ノ効力ハ解除条件付ノモノデ議会ノ諾否如何ニ依リ将来ノ効力ハ左右サレル。従ツテ将来ニ属スル分ノ効力ハ解除サレルカ否カ未決定デアルカラ議会ニ於テ承諾以前ノ緊急勅令ハ此ノ意味ニ於テ将来ニ向ツテノ効力ハ未確定デアル。其レ故緊急勅令ハ憲法第八条ニ依リ議会ニ提出セラルべキ此ノ意味ノ議案デアルト謂ツテ差支ナイヤウニ思フ。

之レガ為或ル法律廃止ノ緊急勅令ノ如ク将来ニ効力ノ懸ツテヰナイモノハ性質上議案トハナラナイカラ従来カラ其ノ承諾ヲ求メル為議会ニハ提出サレナイノガ例デアル。只一回第七十回議会（昭和十一年）ニ於テ提出サレタコトハアル。

（備　考）

議案ノ意義ニ付テ

議院ノ議決事項ニ議案ト動議トガアルガ、其ノ区別ハ大イニ議論ノ余地ガアル。学者ノ著書ニ於テモ明確ニ之ガ説明ヲ為シタルモノ少ク定論ト認ムべキ定義ハ困難デアルガ一応ノ検討ヲ試ミヨウ。

第一説　議案ニハ広イ意味ニ用ヒラレルコトハアルガ議院法上ノ厳格ナ意味ニ於ケル議案ハ「議会ノ協賛ヲ経ヘキモノ」即チ両院ノ議決ヲ要スルモノデアルトスル者ガアル（田口弼一博士委員会制度ノ研究）之ガ論拠トシテハ議院法第三十一条ノ「凡テ議案ハ最後ニ議決シタル議長ヨリ」之ヲ奏上スべキ規定同第三十二条ノ「両議院ノ議決ヲ経テ奏上シタル議案ニシテ裁可セラルルモノハ次ノ会期マテニ公布セラルヘシ」トノ規定及同第三十五条ニ「議案建議請願」ノ如ク議案ト他ノモノトヲ区別シテアル点ヲ挙ゲテヰル。

第二説　然ルニ貴族院ノ議決ノミデ足ル貴族院令ノ改正案モ亦議案デアルカラ、極メテ広義ニ解シ「議案ハ議院ノ議決ヲ要スル為会議ニ付セラルル事項ナリ」（佐々木惣一博士日本憲法論）又ハ「議案ハ会議ノ目的物ニシテ決議ノ内容ヲ為スモノナリ」（清水澄博士国法学）ト定義スルモノガアル。

田口博士ハ貴族院令ノ改正案ハ厳格ニハ除外サレルベキデアルガ多クノ学者ガ貴族院ノ議決ヲ協賛ト謂ツテヰルノト、同一意味デ議案ト内容ガ同ジデアルカラ之ヲ議案トシテ取扱フト説明シテヰル。

議論ノ分ルル所ハ議院法第二十九条及第五十二条ニアル「修正ノ動議」「上奏又ハ建議ノ動議」衆議院規則第八十九条ノ「決議ノ動議」等ハ其ノ内容タル修正案、上奏案、建議案及決議案ガ動議デアルトノ意味デ……ノ動議ナル語ヲ用ヒタルヤ否ヤニ存スル。

今衆議院規則第九十一条ニハ「議員ノ発議ニ係ル議案及動議」ト規定シテアルカラ議員ヨリ発議サレタ議案ノアルコト明瞭デ田口博士ノ説ニ従ヘバ之ハ議員発議ノ法律案ノミトナル訳デアル。然ルニ衆議院規則第八十六条ヲ見レバ「貴族院ニ於テ既ニ会議ニ付シタル議案ト同一ナル事件ヲ議事日程ニ記載スルコトヲ得ス但シ両議院ノ議決ヲ要セサルモノハ此ノ限ニ在ラス」トアルカラ此ノ議論ニ依レバ但書ノ意味ハ政府提出ノ議案及貴族院議員発議ノ法律案ト同一事件デアツテモ両院ノ議決ヲ要セザルモノ即チ上奏案、決議案又ハ建議案ナラバ宜シイト謂フコトニナリ全ク無意味ノモノトナル。元来本条ハ一事不再議ノ原則カラ来ル規定デ貴族院デ既ニ会議ニ付セラレタ議案デ衆議院ニ送付セラレルモノニ付予メ会議ニ付セラレルトキハ送付セラレタ際ハ一事不再議トナツテ困ルカラ一院ダケノ議決ノモノ以外ハ日程ニモ掲載スベカラズトノ規定ト解セラレテキル。本条但書ニ依リ寧ロ一院ノミノ議案アルコトヲ予定シタモノデハアルマイカ、例へバ建議案ヤ上奏案決議案等ハ内容同一ノモノデモ各院デ随時議決シ得ルコトノ規定ト見ルベキモノト思フ。

ソコデ「上奏、建議、修正等ノ動議」ト謂フノハ之等ノ内容ガ動議ナリトノ意味デハナク「上奏、建議、修正等ヲ為サムトスルノ動議」ノ意味デ其ノ内容タル案ハ議案ト認ムベキモノデハナイダラウカ、衆議院規則第八十八条デハ議員ニ法律案ト並ンデ上奏案建議案ノ発案権ヲ認メ同第九十条ニ一般動議ノ発議ヲ規定シ（第八十九条ノ決議ノ動議ニ関スル規定ハ第四十五回議会大正十年ニ挿入セルモノデアル）而シテ第九十一条ニ議員発議ノ議案及動議トアルカラ之ハ第八十八条及第九十条ヲ受ケタ条文デ此ノ議案中ニハ法律案ノミナラズ上奏案建議案等ヲ含ムモノト見ルノガ穏当ト思ハレル。

而シテ第二説ニ従へバ凡テノ動議モ亦議案トナツテ議案ト動議トノ区別ガナクナル。従ツテ休憩ノ動議デモ散会ノ動議デモ凡テ議案トナリ、「休憩スヘシ」「散会スヘシ」ト謂フ其ノ内容ガ議案デアルカラ之ヲ修正スルコトモ出来ルコトニナリ、議案ト動議ト分ケタ法意ニ反シ又実際ニモ合致シナイ。其ノ上動議ノ説明ガ困難トナリ広義ニ過ギテ無理デアラウ斯ノヤウニ観察スレバ議案トハ「議院ニ於ケル議決事項ニシテ案ヲ具フヘキモノナリ」トスルコトガ出来ル。従ツテ何々案トシテ議院ニ提出サレタモノハ凡テ議案デアルト謂フコトニナル。

議案ヲ上記ノヤウニ解スレバ動議ハ議員ガ成規ノ賛成ヲ以テ議院ニ提議シタモノデ案ヲ具ヘルコトヲ要セザル議決事項デアル。

二　動議ト発議

例ヘバ「日程ヲ変更スヘシ」「散会スヘシ」等ノ発議ガアリ之ニ賛成者アル場合ハ動議トシテ成立シタモノデアル。又修正シタイトカ、上奏シタイトカ、建議シタイト謂フヤウナ提議モ修正ノ動議、上奏ノ動議又ハ建議ノ動議デアリ、其ノ修正、上奏、建議ノ内容タル案ハ議案デアルト思フ。

然シ或ル動議例ヘバ「質疑ハ此ノ程度ヲ以テ終局ト為シ何名ノ委員ニ付託スヘシ」ト文書ヲ以テ提出シテモ之ハ単ニ動議ノ内容ヲ文面ハ表ハシタニ過ギナイカラ議案トハ謂ハレナイ。従ツテ動議ハ主トシテ議事進行ニ関スルモノ又ハ儀礼ニ関スルモノガ多イ。

発議トハ提議ト同意味ナリ

発議トハ議員ガ其ノ所属ノ議院ニ議案又ハ動議ヲ提起スルコトデアル。発議ナル特別ノモノガアル訳デハナイ。何々案ノ発議若ハ議長発議ノ動議等謂フ場合発議ノ意味ハ提議又ハ提起ト謂フト同ジデアル。

三　議案又ハ動議ニ非ルモノ

此処ニ問題トナルモノニ質問ト選挙ト決算ト請願トガアル。

(1)　質問及選挙

質問ハ議員ガ政府ニ事実ヲ確メ、所見ヲ質ス手段デアリ、選挙ハ議院ノ機関ヲ選定スル方法デアル。従ツテ孰レモ議決事項デハナク、議案デモ動議デモナイ。

(2)　決　算

決算ハ憲法第七十二条ニ依リ政府ヨリ議会ニ提出サレルモノデアルガ、之ハ政府ノ報告ト見ルベキモノデアル。議会ニハ会計監督ノ任務ガアルカラ予算ノ協賛権ニ依リ事前ノ監督ヲ為スト共ニ事後ノ監督ヲモ為ス為、経過年度ノ決算ヲ政府ヲシテ議会ニ提出セシムル義務ヲ課シ、議院ハ之ガ審査ヲ為スノデアル。従ツテ議院ニ於テハ決算ニ付会計検査院ノ検査報告ニハ拘ラズ、是認スベキモノハ是認シ、是認スベカラズト認ムレバ不法又ハ不当ノ支出ナリト認定シ政府ヲシテ反省セシムルモノデアル。決算自体ハ議案デハナイガ之ヲ審査シテ態度ヲ決定シタ委員会ノ報告書ハ議案トナル。議院ノ意思決定ニ際シ決算ハ単ニ議題トナツテ審議ノ対象物トナルガ議決ノ目的トハナラヌ。之ガ為ニ決算ハ両院ニ別々ニ提出サレ而カモ会期不継続ノ原則アルニモ係ハラズ審議未了ノモノヲ後ノ議会デ引続キ審議シテヰル。議案デアレバ之ハ出来ナイ（議三五条）。

(3)　請　願

請願ハ議員ノ提出スルモノデナク議員ノ紹介ニ依リ国民ヨリ議院ニ呈出セラレタル歎願デアル。議院デハ之ヲ議題ト為シ審議ノ対象トシテ委員会ノ採択不採択ノ報告ヲ議決スル。之等ヲ議案ノ中ニ入レテヰルノハ前述ノヤウニ委員会報告ヲ議決スル為其ノ対象トナツタ議題ヲモ便宜上之ニ入レテヲルノデハアルマイカ。

第一節　議案ノ提出

法律案ノ提出ト発議トノ関係

憲法第三十八条ニハ法律案ノ提出権ヲ定メ、法律案ハ政府ガ議院ニ提出スルカ、各院ガ他ノ院ニ提出スルカデアツテ、議員ガ其ノ所属ノ院ニ法律案ヲ出ス場合ハ法律案ノ発議デアル。法律案ノ発議ト謂フハ其ノ院ノ法律案トシテ議決セラレタキコトヲ要求スル行為デアル。

言換レバ議院提出ノ法律案タラシムル提議ヲ為スコトデアル。而シテ実際ニハ議員ノ発議ノ場合モ提出ト称シテ厳格ニハ言葉ノ区別ヲシテヰナイ。衆議院規則デモ「議員ヨリ提出シタル議案」（衆規九四条）「議員ノ提出シタル修正案」（衆規一二三条）等ト規定シ議員発議ノ法律案モ普通議院デハ議員提出法律案ト謂ツテ法律用語ノ提出ト事実上ノ提出（衆規八八条）トヲ含メテ広ク提出ト称シテヰル。然シ厳格ナ用語カラスレバ議員ガ其ノ所属ノ議院ニ法律案ヲ提議スル場合ハ発議デアリ甲院カラ乙院ニ甲院ノ法律案ヲ送付シタ場合ガ提出トナル。

一　提出ノ時期

開院式後ハ何時デモ提出デキル

議案提出ノ時期ニ関シテハ別ニ規定ガナイガ政府又ハ議員提出ノ議案ハ開院式後ハ何時デモ提出シテ差支ナイ。但シ停会中ハ議院ハ議案ヲ受理シナイカラ提出モ出来ヌ。

予算案ノ提出

本予算案ハ年末年始ノ休会明ノ始ニ提出サレル例デアル（憲六五条、議四〇条）。

会計法第七条ニハ「歳入歳出ノ総予算ハ前年ノ帝国議会集会ノ始ニ於テ之ヲ提出スヘシ」トアツテ、議会開設当初ハ総予算案ヲ始メ特別会計予算案及予算外国庫負担ノ契約ヲ為スヲ要スル件（以上ヲ追加予算ニ対シテ本予算ト称シテヰルガ之ハ法律上ノ言葉デハナイ）ハ毎会期ノ始メ即チ開院式後三日以内ニ提出サレテヰタガ、第八回議会（明治二十七年）以来通常議会ハ概ネ十二月下旬ニ召集サレ議院デハ年末年始ノ休会ヲ為ス為実際ノ審査ハ休会明カラ著手セラレル。此ノ為一面審査期間ノ関係ト他面政府デモ尨大ナ予算案ノ印刷ガ間ニ合ハヌノデ本予算案ハ年末年始ノ休会明ヲ俟ツテ提出サレル例トナツタ。

次年度ノ追加予算案ハ或ハ本予算案ト共ニ若ハ其後提出サレルガ、現在年度ニ属スル追加予算案ハ場合ニ依リ本予算案ニ先チ提出サレルコトモアル。

予算ニ関係アル法律案ノ提出

予算ニ関係アル法律案ハ概ネ予算案ト同時ニ提出サレル。然シ多少遅レテ提出サレルコトハ屢〻アル。又議案ノ都合上貴族院ニ先ニ提出サレタコトモアルガ之ハ異例タルベキモノデアル。

法律案ニ関係アル追加予算案

法律案ニ関係アル追加予算案ハ法律案議決ノ前後ヲ問ハズ提出サレル。

元来カカル追加予算ハ法律案ト運命ヲ共ニスベキデアル為、法律案ト同時カ又ハ法律案審査中ニ提出サレルノガ本則デアラウガ、法律案ノ審査モ場合ニ依リ遅速アリ、追加予算ノ編成モ早ク出来上ツタリ遅レル事モアルノデ、法律案提出以前又ハ貴族院ニ送付シタ後、場合ニ依ツテハ法律案ガ両院ヲ通過シタ後ニ提出サレタコトモアル。尚法律案ヲ貴族院ニ提出シタ為貴族院デ審査中又ハ衆議院ニ送付サレタ後ニ追加予算案ガ衆議院ニ提出サレタコトモアツテ一定シテヰナイ。

二　提出ノ様式

提出文ガ要ル

議案提出ノ様式ニ付テハ、特別ノ規定ハナイガ従来カラ一ツノ型ガ出来テ先例トナツテヰル。即チ政府及議員提出ノ議案ニハ一定ノ提出文ヲ添付スル。

政府提出ノ議案ニハ第一回議会以来「勅旨ヲ奉シ帝国議会ニ提出ス」トノ提出文ヲ添エ内閣総理大臣及関係大臣ガ連署花押スルコトニナツテヲリ、政府ヨリ修正ノ場合モ前記ノ連署花押ヲ為シ「議院法第三十条ニ依リ修正ス」トノ提出文ヲ添付スル。

議員提出案ノ場合ハ区々デアツタカラ第五回議会ノ始メ提出文ニ一定ノ様式ヲ定メ議案及修正案ニハ「成規ニ拠リ提出候也」トノ提出文ヲ添エ提出者及成規ノ賛成者ガ連署スルコトニナツタ（衆規八八条）。

提出者ノ員数ニハ制限ガナイ

此ノ議案提出者ノ員数ハ制限ガナイカラ一名ヲ以テ足リルガ往々数十名ニ及ブコトガアル。賛成者ニ付テハ議案ノ種類ニ依リ異ナリ、法律案、決議案ハ二十人以上、上奏案建議案ハ三十人以上ヲ要スル（議二九条、議五二条、衆規八九条）。

未応召議員ガ議案提出者又ハ賛成者トナルコトガ出来ナクナツタノハ第十四回議会（明治三十二年）以来ノコトデアルガ、之ハ当然ノコトト謂ハネバナラヌ。国務大臣又ハ政府委員タル議員モ其ノ立場上儀礼ニ関スルモノニ付時ニ賛成者トナルコトアル以外ハ提出者ハ勿論賛成者ニモナラヌ。

提出者及賛成者ノ追加、取消ハ出来ルカ

議案ノ提出者又ハ賛成者ノ追加若ハ取消ハ何時デモ出来ルカドウカハ議論モアルガ、第十五回議会以来其ノ議案ノ配付後ハ誤謬ヲ訂正スル以外許サナイコトニナツタ。但シ賛成者ノ死亡ニ依リ成規ノ賛成者ヲ欠クヤウナ場合ニ限リ補充スルコトヲ許ス。

用文用字例ニ準拠スル

法律案ニ付テハ用字用文ガ区々ニ渉ラヌヤウ、第十四回議会ノ始メ政府及両院事務局協議ノ結果用文用字例ヲ作製シ爾来議員発議ノ法律案其ノ他ノ議案モ之ニ準拠シテヰル。従ツテ議員案ノ様式用字等ノ整理ハ議長ニ於テ之ヲ行フコトトナツタ。

議員発議ノ法律案、上奏案及建議案ニハ提出理由書ヲ付セネバナラナイガ（衆規八八条）、決議案ヤ修正案ニ対シテハ特ニ規定ガナイカラ理由書ヲ付スルヤ否ヤハ自由デアル（衆規八九条）。

三　緊急議決ノ要求及正誤

政府提出ノ法律案ハ三読会ヲ経ネバナラヌシ、政府提出ノ凡テノ議案ハ委員ノ審査ヲ経ネバナラナイ。然ルニ政府ハ特ニ緊急ヲ要スル場合ニ読会省略又ハ委員審査ノ省略ヲ為ス為緊急議決ヲ要求スル場合（議院法第二十七条又ハ第二十八条但書若ハ両条但書ニ依リ或ハ単ニ緊急事件トシテ之ヲ要求スルコトアリ）、又ハ議案ノ正誤ヲ為サムトスル場合ハ書面ヲ以テ之ヲ為ス。

議員案ノ正誤ハ書面又ハ口頭デスルノガ例デアル。

第二節　議案ノ印刷及配付

総テ議案ハ政府案デモ貴族院案デモ議員案デモ成ルベク速カニ印刷シテ議員ニ配付シ、其ノ内容ヲ慎重ニ検討セシムベキモノデアルハ言ヲ俟タナイ。今之ガ実際ヲ見ルニ政府案ハ提出後議院デ印刷ヲセズ「議院ノ依託ニ依リ予メ政府デ印刷スルカラ」衆議院ニ政府案ガ提出サレル場合ハ其ノ提出文ノミヲ直ニ印刷シ、貴族院カラ政府案ガ可決ノ上送付サレテ来レバ、其ノ送付文及提出文ノミヲ印刷シ、修正議決シテ送付サレレバ併セテ修正ノ部分ヲ直ニ印刷スレバ議案其ノモノハ政府デ印刷シタモノヲ受取レバヨイコトニナル。

貴族院案ハ提出ト同時ニ其ノ全部ヲ直ニ印刷セネバナラヌ。

尚政府案ヲ政府デ修正シテ来タトキハ其ノ修正ノ部分ト提出文ノ全部ヲ直ニ印刷スルコトニナル。

議員案及議員ノ修正案ハ提出後直ニ之ヲ印刷ニ付スル。

然ルニ貴族院ノ回付案、議員案、委員会報告両院協議会成案請願特別報告等デ特別ノ事由デ緊急上程ヲセネバナラヌ場合トカ、会期切迫ノ際印刷ヲシテヰテハ間ニ合ハヌヤウナトキハ、会議ニ付シタ後又ハ議了後之ヲ印刷ニ付スルコトモアル。

斯クノ如ク印刷済ノ議案ハ出来ルダケ早ク議員ニ知ラシメル為、議員控室備付ノ各自ノ文書函ニ之ヲ配付スル。急ヲ要スル場合ハ議場デ議席ニ配付スルコトサヘアル。
停会中ハ議案ハ印刷ハシテモ配付ハセズ、停会明ヲ俟ツテ配付シテヰル。

第三節　議案ノ撤回

一旦提出シタ議案ヲ撤回セムトスル場合ハ書面又ハ口頭デスル（議三〇条、衆規九一条）。

政府案ノ撤回ハ何時デモデキル

政府案撤回ノ請求ハ書面ヲ以テ内閣総理大臣及関係大臣カラスルノガ例デアル。

政府ハ議案ヲ何時デモ撤回出来ルノデ上記ノ手続ニ依リ政府案ガ撤回サレルト他院ニ其ノ旨通知セネバナラヌ。

議員案ノ撤回ハ議題トナレバ院議ヲ要ス

議員案ヲ撤回セムトスル場合ハ提出者全部ノ請求ガ必要デアル。然シ賛成者ノ同意ハ必要デナイ。

議員案ノ撤回ハ議題トナル以前ナラバ何時デモ撤回ガ出来ルガ、一度議題トナレバ議院ノ許可ガ必要デアルガ、之トテモ概ネ許可スル。

再提出ハ妨ゲナイ

政府及議員提出ノ議案ヲ撤回シタ後再ビ之ヲ提出スルコトハ妨ゲナイ。撤回シタモノヲ再ビ提出スルノハ如何ニモ不合理ノヤウデハアルガ、例ヘバ予算案ノ如キハ一定ノ審査期間ガアルノニ審査中ニ内閣デモ更迭シテ、組閣ニ相当ノ日ヲ費ヤセバ、ソレダケ審査期間ハ空費サレタコトニモナルシ、新内閣ノ施政方針モ前内閣ト異ナルモノモアルカラ、一度撤回シテ、更ニ提出スルト謂フコトモアリ得ルノデアル。

第四節　議案ノ送付、回付及通知

議案ノ送付、回付若ハ議案ヲ議決シタ通知ハ、議案ノ議決後直ニ其ノ手続ヲスル（議五四条、議五五条）。勿論之ニハ一定ノ様式ガ出来テヰルカラ其ノ旨ヲ記載シタ定式ノ書面ヲ付スル。

政府案送付ノ場合

政府提出案ヲ貴族院ニ送付スル場合ハ政府カラ提出サレタ本書ヲ用ヒ、修正ガアレバ本書ノ外其ノ議案ノ印本ニ修正ヲ記入シタモノヲ添付シ、又貴族院ニ回付スル場合モ貴族院送付ノ本書ノ外該議案ノ印本ニ修正ヲ記入シタモノヲ添付スル。

衆議院案ノ場合

議員案可決セラレ衆議院案トシテ貴族院ニ提出スル場合ハ衆議院ヘ発議ノ際ノ提出文ト理由書ヲ除イタ印本ヲ用ユル。之ガ修正サレタ場合ハ簡単デアレバ修正ト印本トヲ送付シ、修正ガ複雑デアレバ印本ニ修正ヲ記入シタモノヲ送付スル。

議案ノ送付回付及通知ハ凡テ議長名ヲ以テシ書記官長ガ文書ノ末尾ニ署名スルコトニナツテヰル。

第五節　議案ノ奏上

議案ハ議長ガ奏上スル

総テ議案ハ最後ニ議決シタ議院ノ議長ガ奏上スルコトニ規定セラレテアル為、衆議院ガ最後ニ議決シタ場合ハ議長ハ整理ノ上即日内閣総理大臣ヲ経由シテ之ヲ奏上シ、同時ニ貴族院ニ其ノ旨通知ヲスル（議三一条、衆規一五〇条）。

衆議院デ議案ヲ否決シ若ハ承諾ヲ与ヘザル場合モ議長ハ内閣総理大臣ヲ経由シテ奏上シ同時ニ其ノ旨貴族院ニ通知スル。

議案奏上ノ場合ハ一定ノ文例ニ従ヒ奏上書ニ議長及書記官長署名スル。且別ニ内閣総理大臣宛添書ヲ用ヒ議長書記官長署名捺印スル（議一七条）。奏上ノ議案ハ初期ノ内ハ浄書シタモノヲモツテシタガ、第十二回議会カラハ印本ヲ用ユルコトニナツタ。

予備金支出ノ一部分ニ対シ承諾ヲ与ヘナイトキハ、先ヅ承諾ヲ与ヘタ部分ハ之ヲ貴族院ニ送付シ、承諾ヲ与ヘナイ部分ニ付テハ内閣総理大臣ヲ経由シテ奏上シテヰルガ、之モ上ニ説明シタ当然ノ帰結デアル。

第二編　会議総論

第一章　会議原則

議院ノ会議ハ憲法、議院法及ビ議院規則ニ従ツテ行ハレ、之等ノ規定ニ定メナキ場合ハ先例ニ依ツテ取扱ハレル。而シテ議院ノ会議ニハ各国共通ノ原則ガアリ、先例モ亦此ノ原則ノ支配ヲ受ケテ居ル場合ガ多イ。之等ノ原則ハ議会ノ本質カラ来タモノデアツテ名付ケテ会議原則ト謂フコトガ出来ル。

此会議ノ原則モ種々挙ゲルコトガ出来ルガ其内最モ主要ナモノトシテ一般ニ説カレテヰル左ノ五原則ニ付簡単ナル説明ヲ加ヘヤウ。

(1)　議事公開ノ原則
(2)　定足数ノ原則
(3)　過半数ノ原則
(4)　一事不再議ノ原則
(5)　発言自由ノ原則

第一節　議事公開ノ原則

議会ハ国民代表ノ機関デアルカラ、秘密裡ニ議事ガ行ハレルコトハ議会政治ノ本質上相容レナイ所デアツテ、議事ハ国民環視ノ下デ公然行ハルベキモノトスルノガ各国共通ノ原則デアル。我ガ国ノ憲法モ第四十八条ニ此ノ主義ヲ明瞭ニシ「両議院ノ会議ハ公開ス」ト定メテヰル。憲法義解デハ之ヲ説明シテ「議院ハ衆庶ヲ代表ス故ニ討論可否之ヲ衆目ノ前ニ公ニス」ト謂ツテヰル。

而シテ議事公開ノ方法トシテハ会議ノ傍聴ヲ許スト共ニ其ノ記事ガ各新聞紙ニ報道サレルノミナラズ、会議ノ速記録ヲ官報付録トシテ公刊シ国民一般ニ公表シテヰル。

秘密会議トスル場合

然シ此ノ原則ハ絶対的ノモノデハナイ。場合ニ依ツテハ国家及国民ニ重大ナ利害ヲ有シ、且機密ノ間ニ処理セネバナラヌモノガアル。例ヘバ軍事上ノ問題トカ外交上ノ問題トカヾ其レデアル。若シ之ヲ悉ク公開セネバナラヌトスレバソレコソ百害ヲ無視スル結果トナルカラ、茲ニ例外トシテ秘密会議ト為スベキ途ヲ設ケテヰル。即チ憲法同条但書ニ規定セル所デアル。

一　秘　密　会

秘密会ハ傍聴ヲ禁ズルハ勿論速記録モ公刊シナイ。而シテ秘密会ト為スニハ政府ヨリ要求ガアルカ又ハ議長ノ発議若ハ動議ニ依リ秘密会ト為スベシトノ院議決定セル場合デアル。此ノ外懲罰事犯ノ会議ハ規則上（衆規二〇六条）秘密会ニスル。

二　議事公開ノ原則ト委員会

議事公開ノ原則ハ本会議ニ適用サレルコトデ、委員会ニハ適用サレナイ。議院法ハ常任委員会、特別委員会及両院協議会ニ付非公開主義ヲ採ツテキル。然シ法ニ禁止ナキ限リ成ルベク国民ニ事実ヲ知ラシメル精神カラ、全院委員会ハ之ヲ公開シ、他ノ委員会モ一般公衆ニハ傍聴ヲ許サズ又会議録ノ公刊コソシナイガ、衆議院ダケハ新聞通信記者ガ委員室ニ出入シテ新聞ヲ通ジテ国民ニ会議ノ情況ヲ知ラシムルコトヲ許シテキル。

第二節　定足数ノ原則

議員総数ノ三分ノ一ヲ定足数トスル

凡テ合議体ニハ議事及議決ニ必要ナル一定数ノ定メガナケレバナラヌ。之ガ即チ定足数デアツテ議院ノ会議ニ於テモ必要ナル議員ノ定数ヲ規定シテヰル。何レノ国デモ定足数ノ規定ハアルガ我ガ国ノ憲法デハ本会議ハ総議員ノ三分ノ一以上出席シナケレバ議事ヲ開キ議決ヲ為スコトガ出来ナイ（憲四六条）。理想ヲ謂ヘバ会議ニ全議員ガ出席スルノガ最モ望マシキコトタルハ言ヲ俟タヌノデアル。然シ議院ノ如ク多数ノ議員ヲ有スルモノデハ、或ハ病気其ノ他已ムヲ得ナイ事故ノ為ニ出席シ兼ネル者モ何名カハ生ヅベキヲ以ツテ、全員出席ヲ期待スルコトモ出来ズ、ソレカト謂ツテ極メテ少数デ会議ヲ開クノハ民意代表ノ機関トシテハ穏当ヲ欠ク点カラ、或ル程度ノ欠席ハ已ムヲ得ナイトシテ、茲ニ総議員ノ三分ノ一ト謂フ定足数ガ設ケラレタモノデアル。

総議員トハ法定数ヲ指ス

而シテ総議員トハ法律上ノ定員数ヲ指スカ、欠員ヲ除イタ現在議員数ヲ指スカハ議論ガアルガ、議員ノ法定数ヲ指スモノトスルノガ定説デアリ議会ノ先例亦之ニ従フ。憲法義解ニモ「総議員トハ選挙法ニ定メタル議員ノ総数ヲ謂フ」トアル（美濃部博士ハ現員数説ヲ採ル憲法精義四七九頁）。

第三節　過半数ノ原則

過半数ノ原則ト謂フノハ問題ノ可否ヲ出席議員ノ$\frac{1}{2}+1$以上即チ半数ヲ超ヘタモノデ決定スルコ

トデアル。此ノ原則ハ我ガ国ノミデナク各国ノ認ムル所デアル。純理論カラスレバ凡百ノ意見必ズシモ一卓見ニ若カザル場合ナキヲ保セズ、多数ノ意見必ズ可ナリトハ謂ヒ得ナイガ議員ハ皆平等デアッテ（議員平等ノ原則トシテ会議原則中ニ入レテヰル者モアル）、何レヲ賢何レヲ庸ト為シ難ク其ノ間軽重ノ差アルベキデナイカラ多数ノ意見ヲ以ツテ善ナリト為サネバナラヌ。合議体ニ於ケル議論ノ可否ハ数ノ多少ニ依ツテ之ヲ定メル以外ニ方法ハナイ。茲ニ於テカ憲法第四十七条ハ本会議ノ議事ハ過半数ヲ以ツテ決スルコトニ規定シテヰル。

此ノ原則ニ対シテ一ツノ例外ガアル、即チ可否同数トナツタ場合ノ処置デアル。

議長ノ決裁権

憲法第四十七条ニ依レバ可否同数トナツタ場合ニハ議長ノ決スル所ニ依ル。

之ニ付テハ議論ガアツテ議長モ議員トシテノ表決権ヲ有シ、其ノ上決裁権ヲ有スルトノ説ニ対シ、表決権ト謂フモ決裁権ト謂フモ等シク問題ニ対スル議長ノ意思表示デアルカラ、同一人ガ二度同一問題ニ対シテ意思ノ表示ヲ為スコトハ出来ナイトスル説デアル。法律論トシテハ前説即チ議長ハ表決権ノ外ニ決裁権ヲモ有ストスルノガ正シイト信ズルガ、政治論トシテハ表決権ハ行ハズシテ決裁権ノミヲ行使スル方ガ穏当デアル。

議長ハ表決権ヲ行ハナイ

ソコデ実際ニ於テハ従来カラ議長ハ表決権ヲ行ツタコトガナク、決裁権ノミヲ行ツテヰルガ而カモ決裁ノ場合ハ皆否トスル方ニ決シテヰル。

之ハ法デ許サレテヰル権利トハ謂ヘ、既ニ否トスル者半数ニモ及ンダ際議長一個ノ意見ニ依ツテ現状ヲ変更スルヨリハ現状維持ノ儘ニシテ置ク方ガ穏当デアルト為ス保守的観念ニ出デタモノト思ハレル。所謂衆議統裁ノ観念トハ全クカケ離レタモノデアル。孰レニシテモ議事ハ過半数デ決スル原則ニ対シ、可否同数ナル為、議長ガ孰レカニ決スルト謂フ例外ノ場合デアル。

第四節　一事不再議ノ原則

一事不再議ノ原則ト謂フノハ裁判上ノ一事不再理ノ原則ト同様ノ趣旨ニ基クモノデ、一度議決シタモノヲ再三審議シテヰテハ際限ガナイカラ、議院デ一度議決確定シタ事件ハ其会期中再ビ会議ニハ付サナイ事ニナツテヰル。之ヲ一事不再議ノ原則ト謂フ。裁判デハ一度裁判確定シタ事柄ハ将来再ビ裁判ハシナイガ、議会ノ方デハ同一事件ヲ後ノ会期デ審議スルコトハ差支ナイコトニナツテヰル。之ハ会期不継続ノ原則カラ出来ルモノデハアルガ此ノ点ガ両者ノ違ツテヰル所デアル。

一事不再議ノ原則カラ来ル取扱

一事不再議ノ原則ハ之ヲ正面カラ規定シタモノハナイガ、憲法第三十九条ニハ貴衆両院ノ一デ否決シタ法律案ハ同会期中再ビ提出スルコトヲ得ナイコトニナツテヰル。又衆議院規則第八十六条ニ貴族院デ既ニ会議ニ付シタ議案ト同一事件ハ議事日程ニ記載出来ナイ。但シ両院ノ議決ヲ要シナイモノハ此ノ限ニ在ラズト定メテアル。之レハ皆此ノ原則カラ来タモノデアッテ、従ッテ本会議デ否決サレタ議案ニ限ラズ、可決確定シタ議案ト同一内容ノモノハ再ビ会議ニハ懸ケラレナイカラ、現ニ可決シタモノト同一議案ガ提出サレレバ之ヲ受理シテモ不要議決即チ先ニ議シタモノト同一取扱ヲ受クルモノトシテ議決ヲ要セザルモノトシテヰル。同一ノ事柄ニ対シテハ議院ノ意思ハ一アッテ二アルベキモノデハナイカラデアル。而シテ如何ナルモノガ同一事件ナリト認メルカノ認定問題ハ極メテ困難ノ場合モアルガ場合ニ依リ議長ナリ議院ノ判定ニ待ツノ外ハナイ。

第五節　発言自由ノ原則

議会ハ言論ノ府トモ謂ハレ、言論ノ自由ハ最モ尊重サレネバナラヌ。従ッテ議員ガ其ノ権能ニ基イテ発議シタ事件ニ付テハ充分ニ其ノ趣旨ヲ説明サセ、同時ニ反対者ヲシテ其ノ欠点ヲ論議スル機会ヲ与フベキデアル。憲法第五十二条ニ議員ガ議院ニ於テ発言シタ意見及表決ニ付院外ニ於テ責ヲ負ハヌコトヲ定メテキルノモ之ガ為デアル。即チ議院ノ為ニ言論ノ自由ヲ認メ以テ憲法義解ニ謂フ如ク「一ハ議院ノ権利ヲ尊重シ一ハ議員ノ言論ヲシテ十分ニ価量アラシメムト」シタモノデアル。之ヲ発言自由ノ原則又ハ言論自由ノ原則ト謂フ。

而シテ此ノ発言自由ノ原則モ絶対無制限ノモノデハナク必要ガアレバ之ヲ制限スルコトガ出来ル。即チ議長ノ職権ニ依リ又ハ議院ノ決議ニ依リ其ノ言論ヲ制限スルコトガ出来ル。

斯クノ如ク議院ノ言論ハ之ヲ尊重シテキルガ議員自ラ其ノ言論ヲ公布シ其ノ自由ヲ冒用シテ之ヲ外部ニ普及スル場合ハ一般ノ法律ニ依リ問責セラルルハ当然デアル。

第二章　議事日程

会議ニハ日程ヲ必要トスル

議会ニ於テ会議ヲ開クニハ予メ議員、政府及国民ニ会議ニ付スル事件等ヲ知ラシメネバナラナイ。之ハ議員及政府ニ対シ会議ニ必要ナ準備ヲ為サシメ、国民ニ対シテモ議事公開ノ趣旨ヲ徹底セシメル所以デアル。之ガ為ニ議事日程ト謂フモノガ必要トナリ何レノ国デモ之ヲ作成セヌ国ハナイ。

議事日程トハ会議ヲ開ク日時並其ノ日ノ会議ニ付スベキ事件及其ノ順序ヲ定メタモノデアル（衆規八一条）。

議事日程ハ議長ガ之ヲ作成シ（議二六条）議院ニ報告スル義務ガアリ次回ノ議事日程ハ会議ノ終ニ議院ニ報告スルコトニナツテヲリ（衆議院公報発刊以来公報ヲ以テ報告シ議場報告ヲ省略ス）、一方前述ノ理由ニ基キ官報ニモ之ヲ掲載セシメネバナラヌ（衆規八〇条及八二条）。

第一節　議事日程ノ作成方法

日程ニハ号数、提出者、読会ヲ表ハス

議事日程ハ作成毎ニ順次号数ヲ付シ議案ニハ件名ノ下ニ其ノ提出者ヲ表示シ、法律案ニ対シテハ更ニ提出者ノ下ニ読会ヲモ表示スル（議二七条）。但シ予算案、決算及承諾ヲ求ムル件ハ孰レモ提出者ヲ省略スル例デアル。従ツテ一例ヲ挙ゲレバ次ノ通リデアル。

議事日程　第〇号　昭和〇年〇月〇日（何曜日）

午〇何時開議

第一　〇〇法律案（政府提出）　第一読会

第二　〇〇法中改正法律案（政府提出）　第一読会ノ続（委員長報告）

第三　〇〇法案（何君外何名提出）　第一読会

第四　〇〇ニ関スル建議案（何君外何名提出）

第五　決議案（〇〇ニ関スル件）（何君外何名提出）

一　議事日程ニ記載ノ順序

政府案、貴族院案、議員案ノ順デアル

議事日程ニハ会議ニ付スベキ事件ト其ノ順序トガアリ、之ヲ決定スルノハ議長ノ職権デアルコトハ前

ニモ述ベタ通リデアルガ、此ノ順序ガ相当面倒ナモノデアル。

規定ノ上デハ、政府提出案ヲ先ニシ、次ニ貴族院提出案ヲ置クコトニナツテキルガ（議二六条及衆規八七条）、政府案相互ノ順位又ハ読会間ノ順位等種々ノ問題ガアルカラ、自カラ先例ガ出来テ左ノ順序ニ依ル。

(1)　政　府　案
　予算案
　決　算
　国有財産計算書
　法律案（読会順）
　承諾案
(2)　貴　族　院　案
　回付案
　送付案
(3)　議　員　案
　法律案
　上奏案

建議案（即決ノモノ）
決議案
建議案（委員長報告ノモノ）
請　願

一応以上ノ順序ニ依ルコトニナツテヰルガ、其ノ内同種議案ガ多数アル場合ニハ建議案請願ヲ除キ議案提出ノ順序ニ従ツテヰル。

尚注意セネバナラヌノハ之ニハ次ノ例外ガアル。

（イ）議長、副議長並全院委員長ノ補欠選挙又ハ質問

日程ノ首位ニ掲ゲル

会期中議長、副議長欠位トナリ、其ノ候補者選挙ヲ行フ場合又ハ全院委員長ノ補欠選挙ハ議院構成ニ関スル事柄デアルカラ凡テニ優先シテ議事日程ノ首位ニ置ク。

質問ハ質問日ヲ第二十六回議会以来火曜日ト定メテカラ常ニ議事日程ノ首位ニ掲ゲ別ニ番号ヲ付シ他ノ議事トハ区別スルコトトナツタ。

選挙及質問ハ議事ニ非ストノ見解ニ基クモノデアラウ。

（ロ）国務大臣ノ演説ニ対スル質疑

会期ノ初メ総理大臣、外務大臣及大蔵大臣ヨリ日程ニ入ルニ先ダチ施政方針、外交方針及財政方針ノ演説ガアリ、之ニ対シ多数ノ議員ヨリ質疑、通告ノアルノガ例デアルカラ、数日ニ亙リ此ノ質疑ガ継続サレル場合ハ、翌日ノ日程ノ首位ニ「国務大臣ノ演説ニ対スル質疑（前会ノ続）」トシテ記載スル。但シ質疑数日ニ渉リタル為日程ノ末尾ニ載セタ場合モアル。

（ハ）懲罰事犯ノ件

議員ノ懲罰事犯ノ件ヲ日程ニ載セル場合ハ議院構成分子ノ身分上ノ事柄デアルカラ日程ノ首位ニ置クノガ通例デアル。然シ従来種々ナル政治上ノ理由モアツテ本則通リ取扱ハズ、時ニ依リ日程ノ末尾ニ置イタヤウナコトモ（三回）アル（第三十七回、第五十一回及第五十九回議会）。

（ニ）議員案ガ政府案ニ先ツ場合

政府ノ同意ヲ必要トスル

議員案ニシテ政府案ニ先チ院議ニ付スル必要アルカ、又ハ政府提出議案ト同種若ハ関連セル為同時ニ院議ニ付スル要アル場合ハ政府ノ同意ヲ得テ政府案ニ先チ議員案ヲ日程ノ首位又ハ政府案ノ中間ニ載セルコトガアル。

以上ハ議事日程ニ記載スル場合ノ順序デアルガ、議長ハ提出サレタ議案ノ中ドレ丈ヲ其ノ日ノ議事日程ニ掲ゲルカハ、時ノ事情ニ応ジテ取捨按配シテ決定シ得ル。従ツテ政府案ノ或ルモノヲ残シテ議員案ヲ載セルコトモ出来ル。

二　議事日程ニ記載ノ時期

議事日程ニ記載シ得ル時期ハ議案ノ種類ニ依ツテ異ナル。

(1)　法　律　案

成規ノ日時ヲ要スル

法律案ヲ議事日程ニ記載スルニハ〔其ノ第一読会マデニ〕議案配付後少クトモ二日ヲ置クヲ要スル（衆規九二条）。而シテ其ノ二日ノ計算ハ衆議院デハ第三回議会以後時間ヲ以ツテシ四十八時間トシテヰル。貴族院ハ日ヲ以ツテ計算シ議案配付ノ翌日ヨリ第三日目ノ議事日程デナケレバ記載出来ナイ。此ノ点ハ両院ノ取扱ガ違ツテヰル。

法律案ニ付テハ政府案デモ議員案デモ区別ハナイ。

右ハ原則デアルガ之ニ対シテハ例外ガアル。

例　外

（イ）　政府ヨリ読会省略、委員ノ審査省略ノ要求又ハ緊急事件トシテノ要求アリタルモノ。

凡テ法律案ハ三読会ヲ経ルコト及ビ政府提出ノ議案ハ委員ノ審査ヲ経ルコトガ原則トナツテヰルガ、政府カラ議院法第二十七条但書ニ依リ此ノ読会ノ順序ヲ省略セラレタキ旨又ハ同第二十八条但書ニ依リ委員審査ヲ省略セラレタキ旨ノ要求ガアレバ、其等ノ議案ニ付テハ特ニ議員ヨリ動議出デザル限リ要求通リノ取扱ヲ為シ、而カモ急ヲ要スルモノト認メ、成規ノ日時ヲ短縮シテ議事日程ニ載セテヰル。尚単ニ緊急事件トシテ議決セムコトヲ要求セラレタ場合モ同様ニ成規ノ日時ヲ短縮シテ議事日程ニ掲ゲル(第十二回議会以来ノ先例)。

(ロ)　会期三分ノ二ヲ経過セルトキノ法律案

会期切迫シタ場合ハ予メ院議ヲ経テ成規ノ日時ヲ短縮シテ議事日程ニ載セテヰタガ、第二十七回議会カラハ会期三分ノ二ヲ経過スレバ議長ニ於テ当然此ノヤウナ取扱ヲスル事ガ出来ルコトトナッタ。爾来之ニヨッテヰル(衆規九二条)。

(ハ)　臨時議会及特別議会ノ場合

臨時議会ハ其ノ性質上会期ハ極メテ短ク特別議会ノ会期亦短期ナルヲ常トスルヲ以テ古クハ院議ニ諮ラズニ成規ノ日時ニ依ラズ日程ニ掲載シタガ、特別議会ハ第四十三回議会(大正九年)臨時議会ハ第四十七回議会(大正十二年)以来会期ノ始ニ於テ院議ヲ以テ成規ノ日時ヲ経ナクトモ法律案ヲ議事日程ニ掲載スルコトニ決スル例トナッタ。

(ニ)　院議ニ依ル場合

以上説明シタ処デモ判ル通リ或ル法律案ヲ至急審議スル必要ヲ生ジタ場合院議ヲ以ッテ成規ノ日時ヲ短縮シテ日程ニ掲載シ得ルコトハ当然デアル。

(2) 予算案、決算及建議案

委員会報告後ヲ原則トスル

予算案、決算並国有財産計算書及建議案ハ其ノ提出ガアレバ特ニ委員付託ノ手続ヲ要セズ各常任委員ニ付託サレルモノデアルカラ、委員会ノ報告アリタル後議事日程ニ記載スル。但シ追加予算案ニ限リ時ニ政府ヨリ議院法第二十八条但書ニ依リ委員審査省略ノ要求ヲシテ来ルコトガアル。此ノ場合ハ予算委員ニ付託セズ直ニ議事日程ニ載セテ審議スル。然ルニ単ニ緊急事件トシテ要求ノアツタ追加予算案ニ付テハ法律案ノ場合ト其ノ取扱ヲ異ニシ、或ハ直ニ議事日程ニ載セタリ、或ハ委員付託トスル。従来ノ事例ヲ見レバ総計二十一件ノ内二件ハ委員ニ付託セズ（一件ハ直ニ議事日程ニ掲ゲ、一件ハ日程ヲ変更ス）即決議決シタガ、他ハ原則通リ委員付託トシテヰル。

建議案ハ委員会ノ報告順ニ記載スル

尚建議案ハ毎会期相当多数ニ上ルノガ例デアルカラ、議事日程ニ記載スル場合モ従来提出順ニ依ラズ各省所管別ニ依ツテヰタガ第七十三回議会（昭和十二年）カラ各省所管別ヲ改メテ委員会ノ報告順ニ依リ記載スルコトニシ日程中建議案ニハ別ニ建議番号ヲ付スルコトニナツタ。

(3) 請　願

請願ヲ日程ニ記載スルハ会期ノ末ナルヲ例トスル

請願モ予算案ト同様其ノ提出アリ之ヲ受理シタルトキ直ニ請願委員ニ付託サレルカラ委員会ノ報告ヲ

俟ツテ議事日程ニ載セル。

而シテ委員会デハ議院ノ会議ニ付スベシトスルモノ（特別報告）ト会議ニ付スルヲ要セズトスルモノ（特種報告）ト区別シテ報告シテ来ルカラ、日程ニ組ムモノハ前者即特別報告アリタルモノニ限ラレル（衆規一六〇条）。

若シ其ノ特別報告ニ係ル請願ト目的ヲ同ジクスル法律案又ハ建議案ガ提出サレレバ其ノ法律案ナリ建議案ガ議了スル迄、請願ノ方ハ延期シテ日程ニハ載セナイ。会期終了日ノ為之等請願ノ全部ヲ日程ニ掲載シタ場合ハ、他ノ議案ノ可否決ニ依リ請願ハ採択又ハ不採択ト看做シ日程カラ省カレル。

請願ヲ議事日程ニ載セルノハ従来カラ会期終了日若ハ会期末ニナリ日程中別ニ番号ヲ付シテ終リノ方ニ置クコトニシテヰル。

(4)　質　問

火曜日ヲ質問日トスル

質問ハ議案デハナイカラ議事日程ニ掲載スル場合モ議案トハ区別シテヰルガ、通常議会デハ会期ノ始メニ質問日ヲ火曜日ト定メルノガ例デアルカラ、之ヲ日程ニ載セル時期モ毎火曜日トシテモヨイガ、実際ハ議案ノ都合上会期半バ以前ハ殆ンド日程ニハ組ム機会ガ少ナイ。

愈〻日程ニ載セル場合ハ日程ノ首位ニ他ノ議案ト区別シテ原則トシテ火曜日ニ記載スルガ、議案ノ都合ニ依リテハ質問日ト雖モ記載セズ質問日以外デモ議事日程ニ載セル場合ガアリ、質問ノミヲ以ツテ議事日程ヲ作成スルコトサヘアル。

三　延会又ハ延期セラレタ事件ノ日程記載

延会ノ場合ハ残余ノ日程ヲ次回ノ議事日程ニ記載スル

議事日程ノ議事ヲ全部終了シタルトキハ議長ハ散会スルノ外ハナイガ、仮令議事ガ終ラナクトモ、午後六時以後ニナレバ議長ハ延会スルコトガ出来ル（衆規七六条）。又院議ニ依リ延会スル場合モアル。斯ノ如ク延会ノ場合ハ議事日程ニ記載サレテ未ダ議了セラレナイモノハ、之ヲ必ズ次会ノ日程ニ記載シ他ニ同種議案ヲ挿シ加ヘル場合ハ其ノ前ニ置ク先例ニナツテヰル。之ハ延会ノ性質カラ当然来ル所以デアル。延会ノ形式ニ依ルトキハ斯ノ如ク日程作成上不便ガアルノデ、動議ニ依ツテ散会スル場合ハ第四十五回議会（大正十年）以来「残余ノ日程ヲ延期シ本日ハ之ニテ散会セラレムコトヲ望ム」トノ議事日程延期ノ動議ヲ提出スルノ例トナツタ。

延期ノ場合ハ必ズシモ次回ノ日程ニ記載シナイ

延期サレタ事件ハ必ズシモ次会ノ議事日程ニハ記載シナイ。全ク議案ノ都合ト時ノ情勢トニ依リ議長ガ自由ニ取捨スル。

四　議事日程ニ記載セザル事件

開院式ノ勅語ニ対スル奉答、天機伺、慶賀、弔慰、請暇、辞職委員ノ辞任其ノ補欠等ノ件ハ議事日程ニ記載シナイノヲ例トスル。而シテ之等ノ件ハ多クハ日程ニ入ルニ先チ院議ニ諮ルガ、時ニ依リテハ日程ニ入リタル後院議ニ諮ル場合モ起ル。孰レノ場合モ日程ノ変更ヲ要シナイ。

議員提出ノ議案デ委員会デ議決不要又ハ否決スベキモノト決定シタモノハ特ニ委員長ヨリ要求ノナイ限リ議事日程ニハ記載シナイ。

五　議事日程記載上ノ注意

申出アルトキハ之ヲ延期スル

議案ノ提出者ヨリ日程ニ記載延期ヲ申出タルトキ又ハ委員長ヨリ報告ノ延期ヲ申出タルトキハ議長ハ之ヲ許可シ日程記載ヲ延期スル

又日程ニ一旦記載サレタ後其ノ提出者又ハ委員長ヨリ延期ノ申出ガアツタトキハ議長ハ之ヲ日程ヨリ省ク。

議案ノ表題ヲ修正スルモ原表題ヲ用ユル

貴族院又ハ委員会デ議案ノ表題ヲ修正シテモ議事日程ニ記載スル場合ハ原表題ヲ以テスル。

第二節　議事日程ノ変更及追加

日程変更トハ順序変更ト緊急上程トヲ云フ

議事日程ノ変更ト謂フノハ、既ニ其ノ日ノ議事ノ順序ヲ定メタ日程ガ出来テヰルニモ拘ラズ、其ノ順序ヲ変更スルコトデアル。即チ特ニ緊急事件ガアツテ其レヲ先議シタイトカ、説明者ノ都合デ順序ヲ変更シタイトカ、後ニアル分ヲ先ニ議スル方ガ好都合ダト謂フ場合ニ予定順序ヲ変更スルコトデアル。

之ニハ二ツノ場合ガアル、即チ其ノ一ハ日程ニ掲ゲテアル順序ヲ変ヘル場合、換言スレバ単ナル順序変更デアリ、他ノ一ハ日程ニ掲ゲテヰナイ事件ヲ緊急ニ議スル場合、言ヒ換ヘレバ緊急上程ノ場合トデアル。

日程追加ト日程変更トハ区別スル

日程追加ト謂フノハ議事日程ヲ議了シタ際、更ニ他ノ事件ヲ追加シテ議事ヲ継続スル場合デアル。此ノ場合モ院議ヲ経ル必要ノアルノハ勿論デアル。

日程追加ノ場合モ極ク広イ意味デ其ノ日ノ日程ニ変更ノアツタ点デハ日程変更ト謂ヘナイコトハナイ。而カモ前ノ緊急上程ノ場合モ其レガ日程ニ加ヘラレタ点デハ日程追加ト同ジ訳デアルガ、之ハ緊急上程ノ結果予定ノ日程順ニ変更ヲ来タシ、茲ニ謂フ日程追加ノ場合ハ既ニ日程ニ記載シタモノハ議了サレテ影響ハナク単ニ日程ガ増加シタニ過ギヌ。此ノ点ガ順序変更及緊急上程ト追加ト比較シテ性質ガ異ツテヰルカラ両者ハ区別サレテ、然ルベキモノデアル。議院ノ先例デモ用語上之ヲ区別シテヰル。然シ法律論トシテ日程変更デアルト云フコトガ出来ナイコトハナイガ衆議院規則第八十四条ニハ「議事日程ニ記載シタル事件アルニ拘ラス」ト規定サレ日程議了後ノ場合ヲ含ムヤ否ヤ明ナラズ且趣モ異ナルカラ便宜上区別シテヰルト云フニ過ギナイ。

議事日程ノ追加ニ関シ注意シテ置ク点ハ停会明ノ議事日程ト休会明ノ議事日程ニ付テデアル。

停会明ノ議事日程

停会明ニ会議ヲ開ク場合ハ議院法第三十三条ニ依リ前会ノ議事ヲ継続スベキモノデアルカラ停会明ノ議事日程ニハ継続スベキ議案ガアレバ之ヲ記載セネバナラヌノハ勿論デアルガ、ソノ外ニ他ノ事件ヲ追加記載スルコトハ妨ゲナイモノトシテヰル。

休会明ノ議事日程

而シテ休会ノ場合ハ何等明文ガナイカラ議事日程ヲ議了セズシテ休会シタ時ハ議長ハ必要ト認ムレバ前会ノ未了ノ件ト雖モ之ヲ日程ニ記載セズ又ハ他ノ件ヲ追加スル等任意ニ日程ヲ作成出来ルノデアル。

第三節　議事日程ノ報告

議場報告ハ之ヲ省略スル

議長ハ次回ノ議事日程ヲ会議ノ終リニ議院ニ報告シ官報ニモ之ヲ掲載セシムル義務アルコトハ前ニ述ベタ通リデアルガ衆議院公報発刊以来（第十四回議会明治三十二年）散会ノ際議長ハ「次回ノ議事日程ハ衆議院公報ヲ以テ報告スル」旨ヲ宣告シ議場報告ハ之ヲ省略シ公報デ議員ニ報告スル例デアル。

第三章　議事通則

第一章会議原則ノ所デ説明シタヤウニ衆議院ノ議事ハ憲法、議院法、衆議院規則及先例ニ従ツテ行ハレルカラ、之等ノ準則ハ凡テ会議ノ原則又ハ通則ト謂フコトガ出来ル。然シ其ノ中議会ノ本質カラ来ルモノデ各国ノ議会共通ノ原則トナツテヰルモノト、国々ノ事情ニ従ツテ定メラレタモノトヲ区別シ、我ガ憲法上ニ規定サレテヰル前者ニ属スル最モ主要ナルモノヲ特ニ会議原則トシテ第一章ニ於テ説明ヲ試ミタ。

従ツテ本章デハ其レ以外ノ議事ノ準則的ノモノヲ議事通則トシテ区別シテ説明スル。

此ノ議事通則トシテ取扱ツタモノハ或事件ヲ議スル為本会議ガ開カレ（開議）、之ガ議決セラレル迄ニ起リ得ル議事中ノ事柄デアツテ、其ノ普通ノ経路ハ⑴議案ノ趣旨弁明ガアリ之ニ対シテ⑵質疑ガアリタル後⑶委員ニ付託サレ其ノ審査ノ結果⑷委員長報告ヲ為シ場合ニ依リ⑸修正案ガ提出サレ之等ノ可否ニ付⑹討論ヲ戦ハシテ⑺表決ノ結果最後ノ⑻議決ヲ見ルノデアル。此ノ間種々ナル⑼動議ガ提出サレ或ハ⑽休憩トナリ、時ニ⑾散会シ、場合ニ依リ屢〻⑿議事日程ハ変更サレル。而シテ⒀議員ノ発言ハ如何ニシテ許サレルカ。⒁諸般ノ報告ハ如何ナル場合ニ行ハレルカ等々ニ付テ概説スル。

第一節　開　議

一　本会議日

火、木、土ヲ定例日トスル

衆議院ニ於テハ会期ノ始メ本会議日ヲ決定シ、火曜日、木曜日、土曜日ト為ス。尤モ会議日ヲ議決スル際緊急ノ場合若ハ議長必要ト認ムル場合ハ定例日以外ト雖モ本会議ヲ開キ得ルヤウ、併セテ議決スル例デアル。

予メ本会議日ヲ定ムルハ通常議会デモ特別議会デモ同様デアルガ臨時議会ハ会期ガ短イ為特ニ本会議

日ヲ定メズ随時開会シ得ルコトヲ議決スル。此ノヤウナ訳デ本会議日ヲ定メルコトノ実際的効果ハ少ナイノデアルガ、予定日ノアルコトハ傍聴人ニ対シテモ、議員ニ対シテモ便宜ガ多イ。

日曜日及祝祭日ハ会議ヲ開カサルヲ例トスル

日曜日及祝祭日ニハ会議ヲ開カナイノガ例トナッテキル。然シ特別ノ事情アル時ハ或ハ院議ニ依リ或ハ議長必要ト認メ会議ヲ開クコトガナイ訳デハナイ。而シテ議会ノコトハ中々予定通リニハ行カヌ場合ガ多ク、此ノ原則ニ対シテモ例外的ナ場合ガアル。

例　外

(1)　開院式当日ハ会議ヲ開ク。

開院式ニハ勅語ヲ賜ハルノデ之ニ対シ当日必ズ勅語奉答文案ノ会議ヲ開ク。尚之ニ引続キ全院委員長及常任委員ノ選挙ヤ他ノ儀礼ニ関スル議事ヲモ為ス場合ガアル。

(2)　全院委員長及常任委員ノ選挙ノ為ノ会議。

全院委員長及常任委員ハ議院ノ構成上ノ機関デアルカラ開院式ノ翌日午前十時カラ、之等選挙ノ為会議ヲ開クノガ例デアッテ、其ノ後ニ前述ノ本会議日ヲ議決シテキル。

(3)　停会満了ノ翌日ハ会議ヲ開クヲ例トスル。

停会満了ノ翌日ハ本会議日デナクトモ開会スルノガ例デアッテ、偶々日曜日ニ際会シタ為月曜日又ハ次ノ本会議日タル火曜日ニ開会シタコトモアリ、日曜日デモ尚開会シタヤウナ事例モアル（第十七回議会)。

(4)　休会中特ニ会議ヲ開クコトガアル。

年末年始ノ休会ノ議決ニ際シ、議長必要ト認ムル場合ハ休会中ト雖随時開会シ得ルノ条件ヲ付スルヲ例トシ、其ノ他ノ院議ニ依ル休会ノ場合モ此ノ条件ニ依リ休会中特ニ開会シタコトガアル（第四回、第十三回及第二十一回議会）。

二　本会議ノ定刻

衆議院規則第七十五条ニハ「会議ハ午後一時ニ始ム、但シ議長必要ト認ムルトキハ此ノ限ニ在ラス」ト定メテキル為本会議ハ通常午後一時ヨリ開ク。即チ午後一時ガ会議ノ定刻デアル。然シ実際問題トシテハ諸種ノ準備等ノ為ニ定刻ヨリ多少遅延スルノハ已ムヲ得ナイ。場合ニ依ツテハ事前ノ協議等ノ為著シク遅延スルコトモ起ル。

而シテ開院式勅語奉答文ノ会議ハ開院式終了後直ニ之ヲ開キ、前述ノ全院委員長及常任委員ノ選挙及会期終了日ハ孰レモ午前十時開会ガ例トナツテキル（衆規七五条）。此ノ外院議ニ依リ又ハ議長必要ト認メ午前中（九時又ハ十時）ヨリ開会スル場合モアル。

第二節　休憩、延会及散会

一　休　憩

会議ヲ一時休ンデ再ビ開始スル場合ヲ休憩ト謂フ。

如何ナル場合ニ休憩スルカハ規定ガナイカラ議長ガ必要ト認メレバ何時デモ出来ル。例ヘバ議事ノ打合セヲスル為トカ、委員会ノ審査ノ終ルノヲ待ツ為トカ、議場騒擾ノ為トカ、文案起草、常任委員選挙ノ為等種々ノ場合ガアリ得ル。

休憩ハ議長ノ職権ヲ以ツテスル場合ノミナラズ院議ノ場合モアルガ、凡テ議事ノ都合ニ依ルカラ回数ヤ時間ノ制限モナク時ノ事情ニ従フモノデアル。

議事日程ノ議事終了シタルトキハ議長ハ散会スルノ外ナキ訳デアルガ、更ニ日程追加ヲシテ審議スル必要デモアレバ、動議ニ基キ或ハ議長ノ職権ニ依ツテ休憩ヲスルコトモアル。

二　延会ト散会

散会ハ当日ノ会議ヲ閉ヅルコトデアル。而シテ散会スル場合ガ四通リ考ヘラレ、

第一ハ日程ガ終ツタ為ニ散会スル場合、

第二ハ日程ハ終ラナイガ当日ノ議事ヲ其ノ程度デ他日ニ延期シテ散会スル場合、第三ハ会議ガ午後六時以後ニモナツタカラ、会議ヲ延バシテ次ニ継続シヨウ即チ延会ヲシテ散会スル場合デアル。此ノ延期ノ場合ト延会ノ場合トハ何モ変ツタ所ハナク議長ガ散会スルニハ午後六時以前ニハ延会ガ出来ナイト謂フ形式的ノコトガアルニ過ギナイガ、衆議院ノ先例トシテ次ノ日程作成ニ当リ延会ト延期トニ依リ其ノ取扱ヲ異ニシテキル結果両者ハ厳ニ区別サレテヰル。従ツテ延会ト謂フハ会議ヲ延バスコトデアリ、延期トハ議事日程ヲ延期スル事デアル。然シ前ニモ述ベタ通リ第四十五回議会（大正十年）以来ハ日程ヲ延期シテ散会スル例トナツタカラ爾来延会ノ場合ハ極メテ稀デアル（第六十六回）。第四ハ議長ガ議事整理権ニ基イテ散会スル場合デアル。例ヘバ議場騒擾シテ整理シ難イ場合トカ、会期終了時刻切迫ノ場合等ニハ議員発言中デモ散会スルコトガアル。

第三節　休　会

休会トハ会期中各議院デ自ラ其会議ヲ休ムコトデアル。休会ニハ院議ニ依リ休会ヲ決議スル場合ト院議ヲ経スシテ会議ヲ開カナイ場合トガアル。

一　年末年始ノ休会

十二月末ヨリ一月二十日迄休会スル例デアル

休会ノ最モ顕著ナモノハ年末年始ノ休会デアル。第十五回議会（明治三十三年）以来通常議会ハ十二月二十七、八日頃カラ翌年一月二十日迄休会スル例デアル。此ノ休会期間ハ院議デ決メル際、休会明ノ会議デ両院ニ於テ総理大臣ノ施政方針演説ニ差支ナイヤウニ両院デ打合セ其ノ期間ヲ同一ニシテヰル。

従来会期ノ短キヲ訴ヘテヰル際両院デコノヤウニ長イ休会ヲ為スハ宜シクナイトノ非難モアツテ第五十二回議会（昭和元年）ニ限リ一月十五日迄休会シ五日間ヲ短縮シタガ、元来此ノ休会ハ両院ノミノ都合ニ依ルモノデハナク、政府ニ於テ提出議案ノ準備ノ都合モアリ、特ニ予算案ノ印刷ノ如キハ相当ノ時日ヲ要スルノデ、内部的ニハ政府ノ意見ヲモ徴シテ決定シテヰルガ、結局一月二十日迄ト云フコトニナリ、再ビ従来ノ例ニ帰ルヤウニナツタ。第七十九回議会（昭和十六年）ノ如キハ次ニ述ベルヤウニ院議ヲ以テ予メ決定ハシナカツタガ待機ノ姿勢デ事実上ハ一月二十日迄休会スルコトニナツタ。

二　議案ノ都合ニ依ル休会

祝賀敬弔又ハ議案ノ都合ニ依リ休会スルコトモアル。即チ第七十六回議会（昭和十六年）ノ如キハ著シキ事例デ三月一日ニ政府提出議案全部議了シタ為議長ハ「今後本会議ヲ開ク必要ガ起レバ衆議院公報ヲ以テ通知ス」ベキ旨ヲ宣シ院議ニ依ラズ自然休会ニ入リ会期終了日迄ニ本会議ヲ二回開イタノミデ二十二日間休会ヲシタ（第八十一回議会モ同シ）。近クハ第七十九回議会（昭和十六年）ニ於テモ年末年始ノ休会ハ特ニ院議ヲ以テ決議セズ議長ハ「政府提出議案ノ準備ノ都合モアルカラ一月二十一日ヨリ本会議ヲ開ク見込」ノ旨ヲ告ゲテ事実上年末年始ノ休会ヲ一月二十日迄シタ。尚同議会ニ於テモ政府案ヲ全部議了シテ二月十七日カラ自然休会トナリ会期終了日迄ニ二回本会議ヲ開キ三十五日間休会シタ。尤モ之等ハ戦時議会ニ於ケル特殊ナ事例ト謂ハネバナラヌ。

三　休会ト委員会トノ関係

休会ハ必シモ委員会ヲ拘束シナイ

休会中ハ本会議ハ休止サレテモ委員会ハ別ニ制限シタモノデハナイ。院議ヲ以ツテ休会シタ場合委員会モ休止スルコトヲ包含シテヰルヤウナ場合モアルガ（例ヘバ年末年始ノ休会ノ如キ）院議ニ依ラザル休会ハ勿論院議ニ依ツタ場合ト雖委員会ヲ開イテハナラヌト迄限定シタモノトハ謂ハレナイ。従ツテ休会中委員会ヲ開イタ事例モアル。本会議モ必要アル場合ハ休会中ト雖随時開会シ得ルノ条件ヲ付スルコトニシテヰル。

第四節　定　足　数

一　開議ノ際ニ定足数アリヤ否ヤノ計算

既ニ会議原則ノ章ニ於テ述ベタヤウニ議院ノ議事ヲ開キ審議ヲ進ムルニハ、議員定数ノ三分ノ一ヲ必要トスルコトハ憲法ニ依ツテ定メラレタ所デアルカラ、開議ニ際シ出席議員此ノ定数ニ達シナイ時ハ議長ハ二回ニ亙リ計算セシムルヲ必要トシ、ソレデモ尚且ツ定足数ナキコト明カトナレバ延会ヲ宣告セネバナラヌ（衆規七八条）。而シテ前後二回ノ計算ハ引続キ之ヲ為スベキカ相当ノ時間ヲ経ベキモノナルカニ付、第三十七回議会ニ論議ガアツタガ議長ハ後説ヲ採リ一旦休憩後計算セシメタ。其ノ相当ノ時間ニ付テハ議長ノ認定ニ俟ツノ外ナキモ衆議院デハ暫時時間ノ猶予ヲ為スベキモノト決定シテヰル。

二　会議中定足数ヲ欠ク場合

会議中定足数ヲ欠キ若ハ欠クノ虞アルトキハ議長ハ延会ヲ宣告スル（衆規七八条）。

三　定足数ヲ要セザルモノ

然レドモ諸般ノ報告又ハ投票点検中ハ定足数ヲ要シナイ。之等ハ議事デナイカラデアル。

第五節　諸般ノ報告

報告ハ何時ニテモ為スコトガ出来ル

諸般ノ報告ハ会議ヲ開ク前議長之ヲ報告スルノガ原則デアルガ（衆規七七条）議長必要ト認ムルトキハ会議中又ハ散会前ニ於テモ報告スル。而モ開院式当日即チ勅語奉答文会議ノ日ヨリ之ヲ為ス。

報告事項ハ議長ノ認定ニ依ル

其ノ報告事項モ議長必要ト認ムル所ニ依ルガ従来ノ報告事項ノ主ナルモノヲ挙グレバ次ノ如クデアル。

(1)　議員ノ異動
(2)　議案類ノ提出、撤回、送付若ハ回付
(3)　議事ニ関スル政府若ハ議員ノ要求
(4)　質問主意書ノ提出、撤回及政府ノ答弁
(5)　政府又ハ貴族院ノ通牒及覆牒
(6)　委員、委員長、部長、理事ノ当選辞任若ハ其補欠
(7)　奏上、慶賀、弔慰等

報告ノ省略

尚報告スベキ事項ト雖既ニ衆議院公報ニ掲載セルモノハ多クノ場合報告ヲ省略スル例デアル。

第六節　議案ノ朗読

朗読ハ之ヲ省略スル例デアル

法律案ハ議題トナリタル時之ヲ朗読スルヲ原則トシ（衆規九三条）其他ノ議案モ之ニ準ズベキモノデ第八回議会（明治二十七年）迄ハ凡テ朗読ヲ為シ、其後ハ概ネ朗読ヲ省略シ其旨議長ガ宣告ヲシテヰタガ、議案ハ凡テ各議員ニ予メ印刷配付スルカラ改メテ朗読ノ必要モナイノデ第二十八回議会（明治四十五年）以来衆議院デハ議案ノ朗読ハ之ヲ省略スルコトニナツタ。但シ修正案回付案其他印刷配付ノ間ニ合ハナイ場合ダケ之ヲ朗読スル。

第七節　議案ノ趣旨弁明

一　趣旨弁明者

議案ノ趣旨弁明ト謂フノハ、其ノ議案ノ内容及提出ノ理由ヲ説明スルコトデアル。議案ガ会議ニ付セラレタトキニ提出者ガ先ヅ其ノ趣旨ヲ弁明スルコトニナツテヰル（衆規九三条）。然ルニ予算案決算等常任委員ニ付託サレルモノハ、提出ト同時ニ委員会ニカカリ、其ノ委員会デ説明ガアルカラ、再ビ本会議デ趣旨弁明ヲスルコトハナク、貴族院提出法律案ハ貴族院ノ者ガ衆議院デ趣旨弁明ヲスル訳ニ行カヌカラ其案ノ趣旨弁明ハナク従ツテ政府提出ノ法律案及承諾案ハ国務大臣若ハ政府委員ガ其趣旨弁明ヲ為シ議員提出案ハ其提出者ガ趣旨弁明ヲスル例デアル。尤モ追加予算案ニ付テ委員ノ審査省略ノ要求ガアリ本会議デ即決ヲスル場合ニハ政府ノ説明ノアルノハ亦当然ノコトデアル。

趣旨弁明ハ一名ト限ラナイ

議案ノ趣旨弁明ハ提出者ノ内一名ガ為スノガ例デアルガ時ニ両名デ為スコトモアル。即政府案ニ付テ総理大臣ガ先ヅ一般的説明ヲ為シ、次イデ主務大臣カラ詳細ナ説明ヲスルトカ、議員案ニ付テ提出者両名デ趣旨弁明ヲシタコトモアル。

議員案ハ提出者及賛成者ガアルノデ、其ノ時ノ都合ニ依リ提出者ニ代ツテ賛成者ガ趣旨弁明ヲスル場合モアル。勿論之ハ異例デ余リ多クハナイガ提出者ニ限ルト謂フ規定モナイカラ差支モナイ訳デアル。

趣旨弁明ノ補足ヲ為スコトガ出来ル

此ノ様ニ一旦趣旨弁明ヲシテモ、未ダ不充分デアルト認メレバ趣旨弁明ノ補足ヲスルコトモ出来ル。此ノ場合ハ前ニ弁明ヲシタ提出者ガ補足出来ルバカリデナク他ノ提出者ガ補足シテモカマハナイ（衆規一一四条）。

二　趣旨弁明者不在ノ場合

或ル議案ニ対シテ趣旨弁明ヲ為スベキ者ガ偶〻議場ニヰナイヤウナ場合ハ便宜其ノ議事ヲ一時延期スルカ、議員案デアレバ趣旨弁明ヲ省略シタモノト認メテ直ニ委員付託ニスルヤウナコトモアル。

三　一括議題ノ場合

以上ハ一議案ガ議題トナツタ時ニ付テ説明シタガ、数個ノ議案ガ提出者同一デアルトカ、又ハ同種若ハ関連シテヰル為一括シテ議題トナツタヤウナ場合ニハ、提出者同一ナルトキハ、其ノ一人ニテ数案ノ趣旨弁明ヲ為シ、提出者異ルトキハ、順次其ノ提出者ヲシテ趣旨弁明ヲ為サシメル。

四　数個ノ修正案アル時

一議案ニ対シ数個ノ修正案ガ提出サレタトキハ討論ニ入ル前ニ提出順ニ各修正案ノ趣旨ヲ各〻弁明セシムルノガ例デアル。

五　趣旨弁明ノ場所

議案ノ趣旨弁明ハ登壇シテ之ヲ為スノガ例デアルガ、弁明ガ簡単ナル為議席デ説明シタキ旨ノ要求ガアレバ議長ハ之ヲ許可スル例デアル。然シ政府案ニ付テハ必ズ登壇シテ趣旨弁明ヲスル（衆規一一〇条）。

六　趣旨弁明ノ制限

中止サレル場合

議案ノ趣旨弁明ニハ自ラ其ノ範囲ガアルガ、特ニ修正案若ハ動議ノ場合ハ得テ〔シテ〕範囲ヲ脱シ勝チノモノデアル。従ツテ其ノ発言ニシテ趣旨弁明ノ範囲ヲ超エ討論ニ渉リ若ハ自己ノ意見ヲ述ブルモノト認ムルトキハ議長ハ之ヲ注意シ尚容レナイトキハ其ノ発言ヲ中止スル。

時間制限

会期切迫ノ際、議案輻輳シテヰル場合等ニハ議長発議又ハ院議デ趣旨弁明ノ時間ヲ制限スルヤウナコトモ屢〻アル。

七　趣旨弁明ノ省略

院議ヲ以テ議員発議法律案ノ趣旨弁明ヲ省略シ之ヲ委員ニ付託スルコトガアル。之ハ多クハ会期切迫ノ場合ニ起ルコトデアルガ、此ノ場合ハ議長ノ承認スル程度ノ簡単ナ理由書又ハ其ノ補足書ヲ速記録ニ掲載スルコトヲ許可スル。

決議案ノ場合ニ前議会ニ議決シタモノト内容同一デアルカラトノ理由デ其ノ趣旨弁明ヲ省略シテ即決

シタコトモアル。又決議案ノ本文デ其ノ意ヲ十分ニ尽シ特ニ理由ヲ述ベル必要モナイヤウナ時ニハ趣旨弁明ヲ省略スルコトモアル。

第八節　質　疑

質疑ト質問トハ異ナル

質疑ト謂フノハ議題トナツタ事件又ハ之ニ関連シタ事柄ニ付テ疑問ヲ質スコトデアル。議院法上ノ質問トハ全然異ツタモノデアル、普通質問ト謂ツテ質疑ノ場合ヲモ含メテ用ヒテヰル事ガアルガ判然ト区別セネバナラヌ。

質問トハ政府ニ対シ事実又ハ政府ノ所見ヲ質スコトデ議題ノ有無ニハ関係ガナイ。議員ガ国務一般ニ対スル疑念ヲ質ス一手段デアツテ一定ノ形式ヲ必要トスル。即質問主意書ヲ作リ、三十名以上ノ賛成者ト共ニ議長ニ提出セネバナラヌ。然ルニ質疑ハ議題ニ対シ或ハ政府ノ報告アリタル場合等当該問題トナツタモノニ対シ発言ノ通告ヲスレバソレデ質疑ガ出来ルノデアル。

原則トシテ質疑ハ議題トナツタ事件ニ付テ為サレルモノデアルカラ議題トナツタ議案ニ関連アリトシテ何デモカデモ質疑ガ出来ルト云フ訳ニハ行カヌ。

一　質疑ノ時期及回数

質疑ハ議案ノ趣旨弁明後之ヲ許スノガ例デアツテ（衆規九三条）政府ノ意見ヤ提案者ニ疑問ヲ問フノデアルガ之ハ口頭デ疑点ヲ述ベル。答弁モ直ニ口頭デスルノガ例デアル。時ニ依リテハ政府ハ後ニ文書ヲ以テ之ヲ補足シ又ハ答弁ヲスルヤウナ場合モアル。委員会デハ一問一答ノ形式デ何回デモ問ヒ質スガ衆議院ノ本会議デハ質疑者ハ全般的ニ質疑ヲ為シ其ノ答弁ニ対スル質疑ヲ通ジテ三回迄トシテオルノガ第四十四回議会（大正九年）以来ノ先例デアル（衆規一一三条）。之ハ時ニ依リ質疑ト称シテ議事遷延ヲ期スル場合ヲ惧レテノ先例デアル。

二　国務大臣ノ演説ニ対スル質疑

質疑ノ順位ハ予メ各派ノ協議ニ依リ定メル

毎会期ノ始メ内閣総理大臣ハ一般施政方針ニ関シ外務大臣ハ外交方針ニ関シ又大蔵大臣ハ財政方針ニ関シ演説ヲ為スノガ恒例トナツテヰル。之ニ対シ質疑ヲ為サムトスルモノ多数ニ上ルノガ例デアル。而シテ之ガ発言ノ順序ハ通告順ニ依ルベキモノデアルガ実際ノ慣行ハ各派ノ協定ニ依リ其ノ所属議員数ニ比例シテ発言者ノ割合ト各派ノ順位トヲ定メ予メ発言通告表ヲ作ツテ其ノ順序ニ依リ之ヲ許スコトニシテヰル。

一般ノ議長ニ対スル質疑モ凡テ此ノ発言表ニ依テ質疑ヲスル。

国務大臣ノ演説ニ対スル質疑ハ通常一日ニ終了シナイカラ数日ニ亙ツテ質疑が継続セラレル。

内閣更迭ノタメ質疑ハ更新サレル

而シテ此質疑継続中ニ内閣ガ更迭シ新内閣ガ前内閣ノ政策ヲ其ノ儘踏襲シテモ質疑ハ之ヲ更新スルコトニナツテヰル。

先ヅ質疑者ハ一問一答ニ非ズ質疑事項ノ全部ヲ述ベテ然ル後国務大臣又ハ政府委員ガ之ニ答弁スルコトニナツテヰル。従テ国務大臣ノ演説シタ事項ノミニ捕ハレズ政務全般ニ渉ツテ質疑ガ出来ル。之ニ対スル答弁ハ当該大臣ガスルノガ例デアルガ他ノ国務大臣ガ代ツテ答弁シタリ政府委員ガ答弁スルコトモアル。

三　質疑ノ制限

質疑ハ其ノ範囲ヲ超ユルコトガ出来ヌ

質疑ニモ趣旨弁明ト同様自ラ制限ガアツテ其ノ範囲ヲ超エ議題外ニ渉リ或ハ討論ニ渉ルモノト認メラルルトキハ議長ハ注意ヲ為シ尚改メザルニ於テハ其ノ発言ヲ中止スル。一旦中止ヲ命ゼラレタ議員ハ其ノ会議中ハ同一問題ニ対シ更ニ質疑ヲ為スコトハ許サレナイ。

質疑ハ委員付託ノ動議又ハ討論終局ノ動議成立後ハ之ヲ許サナイ

凡テ質疑ハ議案ノ委員付託動議提出前ニ為サレルモノデ此動議成立後ハ許サレナイ。又討論中其ノ討論ニ対スル質疑モ出来ルガ討論終局ノ動議成立後ハ直ニ採決スベキモノデアルカラ質疑ハ出来ナイ（衆規一二一条）。

質疑ニ対スル質疑ヲ為スコトハ出来ヌ

質疑ニ対スル質疑ハ許サナイノガ先例デアル。

議案ニ対スル質疑時間ヲ制限スルコトガアル即第六十九回議会（昭和十一年）及第七十回議会（昭和十二年）ニ於テハ各派協議会デ議案ニ対スル質疑ハ一人三十分以内トスルコトノ申合ヲ為シ爾来交渉会デ協議ノ結果此時間制限ヲ為ス場合ガアル。

第九節　発言及発言通告

一　発　言

発言ノ時期及場所

議長ガ之ヨリ会議ヲ開ク旨即チ開議ヲ宣告シナイ以前ハ議事ニ付テハ勿論何人ヨリ何等ノ発言ヲ求ムルモ之ヲ許サナイ（衆規七七条）。而シテ発言ヲ許サレタ議員ハ演壇ニ於テ発言スベキモノデアルガ、特ニ簡単ナル為自席デ発言ヲ許サレタ場合ハ議席カラ発言スルガ、場合ニ依リ其ノ発言者ヲ更ニ登壇セシメルコトモ出来ル。

不規則ナル発言ハ許サレナイ

発言中ニ他ノ議員ガ発言者ニ対シ不規則ナル発言例ハ弥次ヲ為ス等ノコトハ違反行為デアツテ、之ニ対シ発言者ガ応酬スルコトモ亦誤ツテヰル。カカル場合ハ議長ハ之ヲ注意又ハ禁止スル。時ニ多数ノ議員中ニハ遂ニ感情ニ走リ弥次ヲ飛バス者モアルガ議院ノ品位ノ上カラヨクヨク留意スベキコトデアル（議八七条）。

外国語ヲ用ヒテハナラヌ

発言者ハ慣用語又ハ已ムヲ得ザル場合ノ外、外国語ハ使用シナイヤウニ注意セネバナラヌ（衆規一五三条）。

資格ヲ異ニスレバ再度発言ガ出来ル

発言者ハ資格ヲ異ニスレバ同一議題ニ対シテ再度発言スルコトガ出来ル。即チ趣旨弁明ヲシタ後ニ討論ニ加ツタリ、委員長トシテ報告ヲシタ後ニ討論ヲシタリ又ハ先ヅ質疑ヲシ更ニ討論ヲスルコトモ出来ル（衆規一一三条）。

二　優先性ノ発言

(1)　議事進行ノ発言

日程変更ヲ要シナイガ発言ノ時期ハ議長ノ裁量ニ依ル

議事ノ進行ヲ図ル為ノ発言又ハ議場整理ニ関スル発言等所謂議事進行ノ発言ニシテ直ニ其ノ発言ヲ聞イテ議事ヲ進メテ行クベキ性質ノモノハ議事日程ノ変更ヲ要セズ直ニ之ヲ許可スル先例デアル。但シ他人ノ発言中ハ之ヲ許サズ其ノ発言ノ終リタル際許スコトニシテキル。

而シテ此ノ種発言ト雖直接議題ト関係ヲ有スルモノ、又ハ直ニ処理ヲ要スルモノノ外ハ寧ロ議事進行ヲ阻害スル場合ガアルカラ、第六十三回議会（昭和七年）以後ハ議事進行ノ発言ヲ要求スル場合ハ予メ其ノ発言ノ要旨ヲ記載シテ議長ニ提出セシメ、議長ニ於テ直ニ処理ヲ要スベキモノト認メレバ直ニ之ヲ許可シ、直ニ発言セシムル要ナシト認メタ場合ハ其ノ発言ノ時期ハ議長ノ裁量ニ委セルコトトナツタ。尚議事進行ノ発言ハ其ノ議事ニ付テハ一回ナルヲ原則トシ二回ニ亙ルコトハ出来ナイ。

(2)　身上弁明ノ発言

日程変更ヲ要シナイ、但シ常ニ許可スルトハ限ラナイ

身上弁明ト謂フノハ議員ノ身上ニ関シテ言及サレタ場合、之ニ対スル当該議員カラ一身上ノ弁明ヲ求メル発言要求デアツテ、之亦日程変更ヲ要セズ直ニ発言ヲ許可スル先例デアル（衆規一一五条）。

而シテ身上弁明ト雖議長ニ於テ既ニ弁明ハ尽サレテキルモノト認メ其ノ必要ナシトスル場合ハ之ヲ許可セザルコトモアル。

懲罰事犯ノ弁明モ場合ニ依リ許サナイ

懲罰ニ関スル場合ハ懲罰動議議決前ニ事犯アリトサレタ議員ハ弁明ノ為数回ノ発言ヲスルコトガ出来ルガ(衆規一一五条)議長ノ職権ニ依リ懲罰委員ニ付セラレタトキハ宣告ト同時ニ其ノ効力ヲ発生スル為、懲罰事犯ノ会議ノ際弁明ヲ為スノ外ハナイ。

尚身上弁明ヲ交互ニ為サシムルニ於テハ討論ニ渉ル結果トナルカラ時ニ依リテハ之ヲ許サナイコトモアル。

以上議事進行及身上弁明ノ発言ヲ為ス場合モ其ノ範囲ヲ超ユルコトヲ得ズ、若シ限界ヲ紊ルトキハ発言ノ中止ヲ命ゼラレル。

三　発　言　権

中断サレタ発言ハ更ニ継続スル

発言中其ノ発言ニシテ穏当ヲ欠クモノアリトノ理由デ懲罰委員ニ付スルノ動議提出セラレ、其ノ時ノ議場ノ情勢上其ノ発言ヲ中止シ直ニ該動議ヲ採決スルヤウナコトガアツテモ之ニ依ツテ前ノ発言権ヲ失フモノデナク、採決ノ後其ノ発言ヲ継続サセル。又議長ノ職権ニ依リ発言中ノ一部ニ関シ懲罰委員ニ付セラレテモ議長ノ宣告後前ノ発言ヲ継続スル。

従ツテ発言中議場ノ騒擾或ハ定足数ヲ欠ク虞アルニ依リ散会シタ場合ハ次ノ会議日ニ於テ該事件ノ議

題トナツタ際其ノ発言ヲ継続サセル（衆規一〇九条）。

発言権ノ放棄ハ自由デアル

議員ハ発言ノ許可ヲ得テモ之ヲ放棄スルコトハ自由デアルカラ議事ノ都合ト議場ノ情勢トニ依リ自己ノ発言権ヲ放棄スル場合ガアル。発言スベキ議員ガ議席ニヰナイ場合ハ議長ハ発言ヲ放棄シタモノト認メテ議事ヲ進メテ行ク。

四　発言通告

発言通告ハ議案ノ日程記載後之ヲ受理スル

発言通告ト謂フノハ自己ガ発言ヲシタイトノ申込ノコトデアツテ、第一回及第二回議会デハ議案ニ対スル発言通告ハ其ノ議案ノ議事日程記載前ニ於テモ之ヲ受理シタガ、第三回議会（明治二十五年）以後ハ日程記載後デナケレバ受理シナイコトトナツタ。従ツテ日程変更ヲシテ緊急上程ヲシタリ、日程追加シタ議案及動議ニ対シテ発言通告ヲ為サムトスル者ガアレバ、議長ガ之ヲ会議ニ付スルノ宣告ヲ俟ツテ正式ニ受理スル。

通告者ハ一定ノ用紙ニ氏名、件名、賛否等ノ事項ヲ記入シ書記官ニ交付シ書記官ハ之ニ依リ発言表ヲ作成スル。

政府案及貴族院案ハ委員ニ付託サレルモノデアルカラ討論ハ委員会報告後ニ為サネバナラナイ。従ツテ之等ニ対スル討論ノ通告ハ其ノ議案ノ委員会報告後議事日程ニ記載シタ後ニ受理スル（第十二回議会以後）。

五　発言順位

各派所属議員数ノ按分率ニ依リ順位ヲ定メル

討論ノ場合ノ発言順位ハ通告順ニ依ルベキコトヲ衆議院規則ハ規定シテヰル（衆規一〇四条及一〇五条）。其ノ他ノ発言モ之ニ準ズベキモノデアルガ、通告ガ同時ニ且ツ多数ニ上ルトキハ通告者ノ協議ニ依ルカ抽籤ニ依ルカ或ハ其ノ派ノ幹部ノ協議等ニ依リ順位ヲ定メネバナラズ、実際ニ於テモ第五十一回議会（大正十四年）迄ハ以上ノ方法ニ依ツテキタガ極メテ不便デモアリ困難ナ場合モ生ズルカラ、第五十一回議会（大正十四年）以来各派協議会デ将来ハ通告ノ前後ヲ問ハズ質疑及討論ノ通告ニ限リ総テ各派所属議員数ノ按分率ニ依ツテ発言ノ順位ヲ定ムルコトトナツタ。従ツテ交渉団体ガ一ツ限リノ場合ハ毎回其ノ会派ト協議ノ上決定スル。

尚右ノ順位ハ同一派内ハ勿論他ノ派ノ者トモ通告者間ノ協議ニ依リ之ヲ譲渡スルコトガ出来ル。但シ此ノ場合ハ他ノ通告者トノ関係モアルノデ他ノ会派ノ了解ヲ得ルカ又ハ他派ニ通告スル。

小会派ノ発言

而シテ交渉団体ヲ二十五名以上ト定メタ結果交渉団体トナラヌ小会派ノ発言ガ常ニ問題トナル為第七

十二回議会（昭和十二年）以後各派ノ所属議員数ハ召集日正午ニ於ケル員数ヲ以ツテシ現在議員数ニ対スル十分比ニ依ルコトト為シ、小会派ノ発言順位ニ付テハ原則トシテ割当ヲナサズ其ノ都度協議決定スルコトトナツタ。

委員長報告ノ補足

委員長報告若ハ少数意見ノ報告ハ其ノ議案ガ議題トナツタトキニ之ヲ為スヲ例トスルカラ其ノ補足ノ申出アルトキハ他ノ通告者ニ先チ之ヲ為スコトガ出来ル（衆規一一四条）。

修正案ノ趣旨弁明

尚議案ニ対スル修正案ノ提出者ガ其ノ趣旨弁明ヲセムトスルトキハ、他ノ発言通告者ニ先チ趣旨弁明ヲ許可セラレル例デアル。勿論委員長報告ノ補足トノ優先関係ニ付テハ修正ナルニ依リ委員長報告ガ優先スベキハ当然デアル。

六　発言通告ノ効力

法律案ニ対スル質疑討論ノ通告ハ其ノ議案ノ同一読会中ハ通告ノ効力ヲ失ハナイガ次ノ読会ニ継続シナイカラ、次ノ読会ニ於テ質疑討論ヲ為サムトスル者ハ更メテ発言ノ通告ヲ為スヲ要スル。

第十節　発言ノ制止及取消

議会ハ言論ノ府トモ称サレ議員ハ絶大ナル言論ノ自由ヲ有スルコトハ既ニ会議原則ノ所デ述ベタ通リデアルガ、之トテ絶対無制限ノモノデハナイ。

即チ第一ニ法規上ノ制限、第二ニ議長ノ職権ニ依ル制限、第三ニ院議ニ依ル制限ヲ受ケル。

一　法規上ノ制限

議院法上ノ発言制限ハ

(1)　皇室ニ対シ不敬ノ言語論説ヲ為スヲ得ナイコト（議九一条）、

(2)　無礼ノ語ヲ用ヒ得ナイコト及他人ノ身上ニ渉リ言論シ得ナイコト（議九二条）、

デアル。(1)ノ場合ハ国民トシテ当然ノ義務デアルカラ問題ハナイガ(2)ノ場合殊ニ他人ノ身上ニ渉ルモノデアルカドウカハ中々六ケ敷イ問題デ、人身攻撃等ヲシテハナラヌノハ勿論デアルガ、其ノ問題ノ性質上他人ノ氏名ニ触レテハナラヌトイフ訳ニハ行カナイカラ、其ノ場合ノ認定ニ俟ツノ外ハナイ。然シ人格尊重ノ上カラ余程注意セネバナラヌ点デアル。

衆議院規則上ノ制限ハ

(3)　討論ノ場合議題外ニ渉リ得ナイコト（衆規一一二条）、デアル。此ノ規定ハ討論ニ付キ定メラレテヰルガ、質疑趣旨弁明ノ場合デモ議題外ニ渉リ又ハ其ノ範囲外ニ及ブコトハ規定ノ精神カラ当然禁止サレテヰルモノデアル。
之等法規上ノ制限ニ背ク場合ハ其ノ発言ヲ中止サレタリ又ハ取消ヲ命ゼラル。

二　議長ノ職権ニ依ル制限

発言許可ヲ得タ議員ノ発言モ自ラ限度ガアルベキモノデアリ、一方議長ハ議場ノ整理権ニ基キ或ル程度ノ制限ヲ為スコトモ已ムヲ得ナイ。ソコデ議員ノ発言ニシテ
(1)　濫ニ議題外又ハ範囲外ニ渉ツタト認メタトキ
(2)　議事妨害ノ発言ト認メタトキ
ハ之ヲ注意シ又ハ中止シ尚改メザルニ於テハ当日ノ会議中発言ヲ禁止出来ル。尚
(3)　不穏当ノ言辞ナリト認メタトキ
ハ其ノ発言ノ取消ヲ命ズル。

従ツテ発言当時ハ其ノ儘看過サレ既ニ速記録ニ掲載サレタ後デモ不穏ノ言辞ナリト認メタ場合ハ議長ハ取消ヲ命ジ又ハ正誤セシメル。

議員ハ憲法上絶大ナル言論ノ自由ヲ与ヘラレテヰルトハ謂ヘ其ノ自由ヲ濫用シテ道義上又ハ法規上ノ

規矩ヲ犯スコトハ許サルベキデナイカラ議院法ニ其ノ大則ヲ設ケ第八十七条ニ「会議中議員ガ議院法又ハ議事規則ニ違ヒ其ノ他議場ノ秩序ヲ紊ルトキハ議長ハ之ヲ警戒シ又ハ制止シ又ハ発言ヲ取消サシム云々」ト規定セラレテヰル。

本条ハ議長ノ議事整理及議場整理ニ付具体的ノ方法ヲ挙ゲタモノデ其ノ制止ト謂フ中ニハ議員ノ行動ノミナラズ議員ノ発言ヲモ含メ広ク一般言動ヲ抑止スル場合ヲ指スモノデアツテ許可ナキ発言ハ勿論ノコト許可ヲ得タ議員ノ発言モ議事規則ニ違反シタトキハ当然中止ヲ受ケル場合ガアル。衆議院規則第百二十条ニハ「討論ニ際シ議題外ニ渉ルコトヲ得サル」旨規定セラレテヰルカラ(1)ノ場合ノ如ク範囲逸脱ノ発言ハ中止サレルモ已ムヲ得ザル所デアル。(2)ノ議事妨害トナル発言モ亦許サルベキモノデハナイ。而カモ之等ノ発言ガ因トナツテ議場ノ秩序ヲ紊ルガ如キ場合ハ其ノ発言ヲ中止シ得ルコト言ヲ俟タナイ所デアル。

議長ハ警戒セズシテ発言中止ガ出来ルカ

議長ノ発言中止ニ関シ一言シテ置クコトハ従来カラ発言ヲ中止スルニハ其ノ前ニ発言上ノ注意ヲセネバナラヌ、議長ハ警戒ナクシテ直ニ中止ヲ為スハ違法デアルトノ論ヲ屢〻聞クコトガアル。之ハ政治論ト法律論トヲ混同セルモノデ議院法第八十七条ハ「………トキハ議長ハ之ヲ警戒シ又ハ制止シ………」トアリ、「警戒シタル後制止シ」トデハナイノデアル。従ツテ警戒ナクシテ制止シ得ズトノ議論ハ成リ立タヌ。政治的ニハ何等注意モセザル儘突如トシテ発言ヲ中止スルハ不穏当ノ誹リハアルカモ知レナイ。

然シ乍ラ皇室ニ対シ不敬ニ渉ツタリ、議院ニ対シ甚シキ無礼ノ言アルヤウナ場合ハ注意スル余地モナイコトガアル。政治論ト法律論トヲ一処ニシナイコトガ肝要デアル。(3)ノ場合ノ不穏当ノ言辞ニ至リテハ皇室ニ対スル不敬ノ言ハ謂フモ更ナリ（議九一条）。無礼ノ語又ハ他人ノ身上ニ渉ルモノ（議九二条）其ノ他穏当ヲ欠ク言ト認メレバ議長ニ於テ之等ヲ取消サセルハ当然ト謂ハネバナラヌ。

三　院議ニ依ル制限

議員ノ発言不穏当ナリトシテ院議ニ依リ之ヲ取消サシメ又ハ取消シ迄ハ行カナイガ速記録ニハ掲載セザルコトトシタコトモアル。

四　発言者自ラ為ス取消又ハ釈明

発言中不穏当ナリトシテ議長ヨリ其ノ取消ヲ勧告サレ又ハ他ノ議員ヨリ取消ヲ求メラレタル為或ハ自発的ニ議員自ラ其ノ発言ヲ取消シ又ハ釈明ヲスルヤウナコトモ一再デハナイ。

五　取消サレタ言辞

速記録ヨリ削除スル

議長ガ取消ヲ命ジタル言辞及議員自ラ取消シタル言辞ハ当日ノ速記録中カラ之ヲ削除スル。然シ既ニ速記録ニ掲載後取消シタモノニ付テハ、其ノ後ノ速記録取消欄ニ於テ其ノ旨記載スルコトニシテヰル（衆規一四五条）。

第十一節　参考文書ノ朗読

衆議院規則ニハ会議ニ於テ意見書又ハ理由書ノ朗読ヲ禁ジテヰル（衆規一一六条）。之ハ議事ノ遷延ヲ妨グニ出タモノデアルカラ、演説ノ引証又ハ或事項ヲ報告スル為簡単ナル文書ヲ朗読スルコトハ許サレル。

右ノ趣旨ニ基キ議員ガ趣旨弁明又ハ質問ニ際シ若ハ委員長報告ニ当リ参考文書ノ朗読ヲ省略シ簡単ナモノヲ速記録ニ掲載スルコトヲ請求スル場合ハ、議長ハ其ノ内容ヲ調ベテ差支ナシト認メレバ之ヲ許可スル。然レドモ発売頒布ヲ禁ゼラレタモノ若ハ浩瀚ナモノハ許可シナイ慣例デアル。

第十二節　委員付託

政府及貴族院提出ノ議案ハ総テ委員ニ付託シテ審査セシメネバナラヌ（議二八条及衆規九四条）。而シテ議員提出ノ議案ハ法規上必ズシモ委員付託ヲ必要トシナイガ事実上ハ殆ンド委員ニ付託シテヰル。

一　政府ヨリ委員ノ審査省略ノ要求アル場合

(1)　議院法第二十八条但書ニ依ル要求

事前ニ要求アレバ之ニ応ズル

政府ヨリ議院法第二十八条但書ニ依リ委員ノ審査省略ノ要求アルトキハ委員付託ヲ省略スル。初期ノ内ハ一々院議ニ諮ツテヰタガ、第十二回議会（明治三十一年）以後ハ議員ヨリ特ニ委員付託ノ動議出デザル限リ政府要求通リ容認スルコトトナツタ。即チ追加予算案ナラバ予算委員ニ移スコトナク直ニ議事日程ニ載セ、若ハ日程変更ヲシテ議題ト為シ之ヲ即決シ、法律案ニ依リテハ成規ノ日時ヲ短縮シテ日程ニ掲載又ハ日程変更ヲシテ会議ニ付シ、委員ニ付託スルコトナク議決スルヲ例トスル。

事後ニ要求アレバ審査期限ヲ付スル

政府ヨリ事前ニ此ノ要求ガアレバ上記ノヤウニ取扱ヒ既ニ委員付託トナツタ議案ニ対シ政府ヨリ此ノ要求ガアレバ、已ムヲ得ナイカラ議院トシテハ其ノ議案ノ審査ニ期限ヲ付スルノ外ハナイ。

(2)　単ニ緊急事件トシテノ要求

概ネ委員付託トスル

政府ヨリ単ニ緊急事件トシテ議決ヲ要求セラレタ議案ハ概ネ委員ニ付託スル。

政府ハ議院法第二十七条但書又ハ第二十八条但書ニ依ラズ単ニ緊急事件トシテ議決ヲ要求シテ来ルコ

トガアルガ（六十四件アリ）此ノ場合ハ従来極メテ少数ノ場合（三件）ノミ委員審査ヲ省略シテ議決シ他ハ孰レモ委員付託トナシ其ノ審査ヲ俟ツテ会議ニ付シテキル。

二　委員付託ノ動議

予算案、決算及建議案等常任委員ニ付託サレルモノハ提出ト同時ニ又ハ印刷配付ノ時ニ（建議案）各委員ニ付託セラレ、貴族院提出ノ議案ハ衆議院ニ於テハ趣旨弁明ガナイカラ質疑ノ後ニ委員ニ付託サレ其ノ他ノ議案ニ付テハ提出者ヨリ先ヅ其ノ趣旨ヲ弁明シ、然ル後委員ニ付託スルヲ例トスル。特ニ会期切迫等ノ事由ニ依リ院議ヲ以テ趣旨弁明ヲ省略シテ委員付託トスルコトモアリ得ル（衆規九四条）。

(1)　動議提出時期

従ツテ政府案及貴族院案ノ如ク委員付託ヲ必要トスルモノハ、討論ニ入ル以前ニ委員ニ付託セネバナラヌガ、議員案ハ動議ヲ俟ツテ委員付託トナルモノデアルカラ、仮リニ討論ニ入ツテモ委員付託ノ必要ヲ認メレバ、委員付託ノ動議ヲ討論終局前ニ提出セネバナラヌ。蓋シ討論終局スレバ直ニ其ノ案ノ採決ヲ為スノ外ナイカラデアル。

(2)　動議ノ取扱

委員付託ノ動議提出セラレルトキハ先決問題トシテ直ニ議題トスル。

委員付託ノ動議ハ元来「何名ノ委員ニ付託スヘシ」ト為スモノデアルカラ動議ノ趣旨弁明ハシナイノ

ガ例デアル。若シ趣旨弁明ヲ必要トシテ簡単ニ之ヲ為スコトガアレバ之ニ対シテ賛否ノ討論ヲ為スコトモ亦出来ル訳デアル（第四十五回及第四十九回議会）。

三　委員付託ノ方法

(1)　併　託

常任委員ニ付託サレルモノハ懲罰事犯ヲ除キ特ニ委員付託ノ動議ヲ必要トシナイカラ、委員付託ノ問題ハ特別委員ニ付託サレルモノニ限ル。特別委員ハ特定ノ一事件ヲ審査スル為ニ設ケラレルモノデアルカラ（議二〇条）一件毎ニ付託サレルノガ原則デアルガ、他ノ事件ヲ併託スルコトガ許サレテヰルノデ（衆規六六条）関連シタ数件ガ同時ニ付託サレ又ハ後カラ後カラ付託サレルノガ常態デアル。特ニ議案ガ重要ナル為其ノ案ノミヲ員数ヲ多クシタ委員ニ付託サレルコトハアルガ之ハ寧ロ稀デアル。各別ニ付託スルトキハ委員会ガ夥シイ数ニ上リ且ツ委員室ノ関係モアリ審査上ノ不便ガ甚シイ訳デアル。

議案ガ委員ニ付託サレレバ其ノ審査ヲ終ツテシマツテモ付託議案ノ議決前ハ該委員ガ存続シテヰル為之ト同種又ハ関連議案ハ勿論ノコト他ノ議案ト雖其ノ委員ニ付託スルコトガ出来ル。

(2)　併　合

各別ノ委員ニ付託シタ議案ガ関連シテヰル場合ニハ其ノ委員ヲ併合シテ一委員会トスルコトモ出来ル（第二十一回議会）。

(3) 委員数ノ増加

特別委員ニ一旦付託シタル後、必要ガアレバ其ノ員数ヲ増加スルコトモ出来ルガ、衆議院ハ此ノ増加員数モ九ノ倍数ニ依ツテヰル。元来特別委員ハ九名ガ原則デアツテ必要ガアレバ之ヲ増加スルコトヲ得ル規定デアルカラ（衆規六三条）最初カラ十八名又ハ二十七名等ノ委員ハ九名若ハ十八名ヲ増加シテ作ツタ委員デアル。此ノ増加員数ハ必ズシモ九ノ倍数ニ依ラネバナラヌ規定ハナイカラ、十名若ハ十五名等ノ委員ニ付託シテモ違法デハナク、現ニ貴族院デハ之ニ類スル委員数ヲ定メタコトガアル。只衆議院ハ初期以来九ノ倍数ニ依ル委員ト為ス先例ガ出来テヰル為事後ニ増加スル場合デモ九ノ倍数ニ従ツテヰル。

(4) 審査期間

議院ハ期限ヲ定メ委員会ヲシテ審査ノ報告ヲ為サシムルコトヲ得ルハ衆議院規則第五十七条ノ規定スル所デアル。而シテ其ノ期限ヲ付スルノ時期ハ委員付託ノ際ナルヲ例トスルモ、委員会ノ審査遅滞セルトキ若ハ急ヲ要スル場合ニハ付託後ニ於テモ期限ヲ付スルコトガ出来ル。

四 常任委員ニ付託サレルモノ

(1) 予算案

予算案ハ本予算案タルト追加予算案タルトヲ問ハズ、会議ニ付スル前其ノ提出アリタルトキ直ニ予算委員ニ付託サレル（衆規四四条）。然レドモ追加予算案ニ限リ政府ヨリ議院法第二十八条但書ニ依ル要求ノアルコトガアルカラ此ノ場合ハ其ノ要求ヲ容レ委員ノ審査ヲ省略シテ直ニ之ヲ会議ニ付スルヲ例トスル。而シテ追加予算案ニ対シ政府ヨリ単ニ緊急事件ノ要求アツタ場合ハ必ズシモ委員ノ審査ヲ省略セズ寧ロ委員付託トナル例デアルコトハ前項デ述ベタ通リデアル。

(2) 決　算

決算ハ第六回議会（明治二十七年）ニ於テ初メテ提出サレ之ガ審査ノ為特ニ院議デ二十七名ノ常任委員ヲ設ケテ之ニ付託シ、第七回議会デハ委員ヲ設ケズ第八回議会ニ至リ衆議院規則ヲ改正シテ常任委員ニ決算委員ヲ加ヘタ結果会議ニ付スル前其ノ提出ガアレバ直ニ決算委員ニ付託サレル。

(3) 建議案

建議案ハ第六十三回議会（昭和七年）以来常任委員ヲ設ケ之ヲ審査スルコトトナリ、議案ノ印刷配付ノ時ニ委員ニ付託サレタコトニ取扱ツテキル。

(4) 請　願

請願ハ議院デ受理スレバ会議ニ付スル前ニ委員付託トナル。

(5) 懲罰事犯

懲罰事犯ガ起レバ議長ハ職権ニ依リ之ヲ懲罰委員ニ付託スルコトガアリ、又ハ動議ニ基キ院議ニ依ツテ懲罰委員ニ付託サレル。

五　特別委員ニ付託サレルモノ

(1)　開院式勅語奉答文案

開院式勅語奉答文ハ初メ議長ニ於テ起草シ又ハ委員ヲ設ケテ起草セシメタル等区々デアツタガ、第十九回議会（明治三十六年）劈頭河野廣中議長ノ時勅語奉答文ガ問題トナツテ議会解散ヲ見テカラ第二十回議会（明治三十七年）以後委員ヲ設ケテ文案ヲ慎重審議セシムルコトトナリ爾来委員ヲ設ケテ奉答文案ヲ起草セシメテヰル。

而シテ委員ノ数ハ第三十九回議会（大正六年）以来十八名トスルコトニナツタ。

(2)　議員発議ノ法律案

議員発議ノ法律案ハ政府又ハ貴族院提出法律案ノ如ク委員ニ付託スベシトノ規定ハナイカラ必シモ之ヲ必要トハシナイガ殆ド特別委員ニ付託スルノ例デアル。

(3)　予備金支出又ハ予備金外支出ニ関スル件

予備金支出又ハ予備金外支出ニ関スル件ハ第二回議会（明治二十四年）以来特別委員ニ付託シテ審査セシメテヰル。

(4)　特種事項ノ調査

特種ノ事項ヲ調査スル為又ハ修正ニ付政府ト協議スル間動議デ特別委員ヲ設ケ之ニ当ラシメルコトガ

アル。

六　委員ニ付託セザルモノ

(1)　請願委員長発議ノ法律案

請願委員会デ採択スベキモノト決定シタ場合法律ノ制定ニ関スルモノハ法律案ヲ具シテ報告スルコトガ出来ルガ（衆規一六〇条）此場合ハ請願委員長ガ発議者トナラネバナラヌ。カカル請願委員長発議ノ法律案ハ委員ニ付託スルコトナク議決スルヲ例トスル。

(2)　決議案

決議案ハ概ネ委員ニ付託スルコトナク直ニ議決スルヲ例トスル。決議案総数二百八十八件中委員ニ付託セルモノハ僅カ二十件ニ過ギナイ実情デアル。

七　委員会開会ノ指定

委員長理事互選ノ日時ハ議長ガ指定スル

委員会開会ニ付テハ議院ニ於テ指定セザル限リ委員会ヲ整理スベキ委員長ガ決定スルノガ原則デアルケレドモ（衆規五二条）委員ノ選定ヲ終リタルトキ其ノ委員長及理事ノ互選ノ日時ハ議長ガ指定スル。

委員会ノ第一回ノ開会ハ議長指定スルコトガアル

而シテ勅語奉答文起草委員会ノ開会ハ毎回議長ガ之ヲ指定シテヰルシ、其ノ他ノ委員会デモ審査急ヲ要スル場合ハ第一回ノ開会ニ限リ議長ガ指定スルヤウナ場合モアル。

第十三節　委員長報告

委員会報告ト委員長報告トノ区別

議院法第二十四条ニ「各委員長ハ委員会ノ経過及結果ヲ議院ニ報告スヘシ」ト規定セラレ衆議院規則第五十六条ニハ「委員会ノ審査終ルトキハ報告書ヲ作リ委員長ヨリ議長ニ提出スヘシ」トノ規定ガアル。ソコデ委員ニ或ル事件ガ付託サレテ審査ガ完了スレバ委員会ノ報告書ヲ議長ニ提出スルガ常任委員会ヤ普通ノ特別委員会デハ審査ノ結果ノミヲ記載スル例ニナツテヰル。之ヲ委員会報告又ハ委員会報告書ト謂フ。而シテ其ノ事件ガ議題トナツタトキ委員長ヨリ審査ノ経過及結果ヲ議場ニ於テ詳細ニ口頭デ報告スル例デアル。

之ガ所謂委員長報告ト謂ハレテヰルモノデアル。此ノ委員長報告モ委員会ノ報告デアツテ委員長ガ故障アルトキハ理事ガ代ツテ報告スル。前者ノ委員会報告ト謂フノハ議案ガ可決サレタトカ否決トナツタトカ修正セラレタトカ委員会ノ結果ヲ一定ノ様式ニ従ツテ報告シテヰルガ後者ハ議場デ結果ニ合セテ其ノ経過ヲモ口頭ニテ報告スルモノデアル。一ツハ議長ニ提出スル委員会ノ報告書デアリ一ツハ議院ニ対シ委員会ノ審査情況ヲ知ラシメ議員ノ態度決定ニ資スルモノデアツテ共ニ委員会ノ報告タルニハ違ヒガナイガ孰レモ委員会報告ト称スルトキハ両者ノ混同ヲ為ス虞レガアルカラ委員会報告ト委員長報告トニ区別シテ便宜命名シテヰル。而シテ衆議院規則第五十六条第二項ニ依レバ委員会ノ報告ヲ口頭デ為ス場合ガアルガ此ノ報告ハ報告書ニ代ハルモノデアルカ、ソレトモ中間報告ニ限ルモノデアルカ、報告書ノ外ニ口頭報告ヲモ許サレタモノカ文意明確ヲ欠キ解釈上疑義アル所ノモノデアルガ、実際ニハ之ニ該当スル場合ハ殆ドナク普通委員会報告ト云ヘバ委員会報告書ヲ指スト見テ差支ナイ。議長ハ委員会ノ報告ヲ俟ツテ日程作成ヲ為シ又議院デ日程変更ヲシテ議題トナスニモ委員会ノ報告アリタル後デアル。而シテ委員長報告モ中間報告ハ別トシテ審査終了シタモノニ付、其ノ事件ガ議題トナツタトキ初メテ議場ニ於テ報告ヲ為ス。

此両者ノ報告ハ其様式ト時期、方法等ニ大キナ差ガアリ議院デハ之ヲ区別シテ取扱ツテヰル。

一　委員長報告ノ時期

議題トナリタルトキ報告スル

委員ニ付託シタ議案ガ議題トナリタルトキハ、先ヅ委員長ヨリ審査ノ経過及結果ノ報告ヲ為シ、少数意見アルトキハ次デ少数意見ノ報告ヲスル。

中間報告ヲナスコトガ出来ル

然ルニ付託議案ノ審査終了前ト雖、委員長必要ト認メ又ハ委員会若ハ議院ノ決議ニ基キ、審査ノ経過ニ付議場ニ於テ報告ヲシタコトモアル。之ガ即チ中間報告又ハ経過報告ト謂ハルルモノデアル（衆規五六条）。

併託議案一括議題トナリタルトキハ併セテ報告スル

同一委員ニ付託シタ数個ノ議案ガ、同一ノ議事日程ニ記載サレテヰル場合ハ、便宜上之ヲ一括議題ト為シ委員長ヲシテ併セテ之等ヲ報告セシムルヲ例トスル。

報告ニ併セテ自己ノ意見ヲ述ブルコトハ出来ヌ

委員長ハ委員会ノ経過及結果ノ報告ト、併セテ自己ノ意見ヲ述ブルコトヲ得ナイモノデ、若シ之ヲ述ベヤウトスレバ別ニ其ノ発言通告ヲセネバナラヌ。

委員長ノ報告ハ登壇シテ為スノガ原則デアルガ、簡単ナトキハ議長ノ許可ヲ得テ議席ヨリ報告スルコトガ出来ル。

二　委員長報告

委員長報告ハ委員長ガ之ヲ為スベキデアルガ、故障アルトキハ理事ガ代ツテ報告ヲスル。然ルニ委員長理事倶ニ故障アルトキ又ハ都合ニ依リ委員ガ代ツテ報告スルコトモ許サレテヰル（衆規五一条）。

報告ノ補足

委員長報告ニ遺漏アルトキハ、委員長ハ勿論理事又ハ委員ハ発言通告ノ順序ニ拘ラズ、更ニ其ノ報告ヲ補足スルコトガ出来ル（衆規一一四条）。

三　委員長報告ノ省略及延期

委員付託ノ議案ハ委員長報告ノ後議決スルヲ例トスルモ、議案輻輳ノ為又ハ会期切迫等ノ場合ニハ改メテ委員長報告ガナクトモ委員会ノ経過及結果ガ極メテ簡明デアルヤウナ場合ニ特ニ動議ニ依リ其報告ヲ省略シテ直ニ議決シタコトモアル。

議案ガ議題トナラザル以前ハ委員長報告ノ延期ヲ請求スレバ議長ニ於テ之ヲ許可スル例デアル。

然シ委員長報告ノ際ニ報告者ガ議席ニヰナイトキハ委員長報告ト共ニ便宜其ノ議事ヲ延期スル例デアル。

四　付帯決議希望条項等ノ処理

単ニ報告スルニ止リ採決ハシナイ

議案ニ対シ特ニ修正ハセズトモ政府ニ対シ将来法案施行上ノ諸点ニ付要望スル事柄ガ屡〻起リ委員会ニ於テハ之等ノ事項ヲ付帯決議又ハ希望条項トシテ議決スル。コノヤウナ場合ニハ之等ノ事項ハ委員長ガ報告ヲ為スニ止マリ本会議ニ於テハ之ヲ採決シナイ例デアル。

五　委員会報告書ノ撤回又ハ訂正

議題トナリタル後ハ院議ヲ要スル

委員会ノ審査終了ト共ニ委員長ハ報告書ヲ議長ニ提出スベキハ前ニモ述ベタ通リデアルガ、委員長ヨリ此ノ報告書ヲ撤回ノ申出ガアレバ、其ノ議案ガ議題トナラザル以前ハ議長ニ於テ之ヲ許可スルガ一度議題トナツタトキハ其ノ許否ハ院議ニ依ツテ決定スル。

委員会ノ報告ノ訂正ハ出来ル

委員長ヨリ議長ニ委員会報告書提出後訂正ヲ要スルトキハ書面ヲ以ツテシ、又ハ簡単ナル場合ハ議場ニ於テ委員長報告ノ際口頭ヲ以ツテスル。

第十四節　少数意見

少数意見ハ委員会出席委員ノ三分ノ一ノ賛成ヲ要スル

委員会ニ於テ意見ガ分レル場合ハ、原案ニ賛成ノ者モアリ、修正ヲ為サムトスル者モアリ、原案ニ反対ノ者モアル。従ツテ採決ノ結果委員会ニ於テ或ル意見ガ決定サレレバ他ノ意見ハ凡テ少数ヲ以ツテ廃棄セラレル。之等ノ廃棄サレタ意見ヲ本会議ニ提出セムトスル者出席委員ノ三分ノ一ニ及ベバ其ノ連名ヲ以ツテ少数意見書ヲ議長ニ提出スルコトガ出来ル（衆規五九条）。此ノ意見ヲ少数意見ト云フ。

少数意見書

――案（政府提出又ハ――君提出）

右ハ本院ニ於テ（可決、別紙ノ通修正、否決）スヘキモノト認ムルニ依リ少数意見書及提出候也

年　月　日

委員少数意見者

何　某

同

同

衆議院議長　殿

一　少数意見ノ報告時期

少数意見ハ委員長報告ニ次テ少数意見ノ提出者之ヲ報告スル。従ツテ議案又ハ委員長報告ニ対シテ質疑其ノ他ノ通告ガアツテモ、此ノ少数意見ノ報告後之ヲ為スコトニナル。

併託議案一括議題トナリタルトキ

数案ヲ一括シテ議題ト為シ委員長報告ヲ為サシメタルトキ、数案中ノ或議案ニ対シ少数意見アルトキ

ハ、当該議案ノ審議ニ入ルトキ少数意見ヲ報告サセル。

委員長少数意見者ナルトキ

委員長ガ少数意見者デアル場合ハ、委員長報告ニ次デ引続キ少数意見ノ報告ヲスルコトガ出来ル。

少数意見ガ法律案ニ対スル修正ナルトキ

法律案ニ対スル少数意見ガ修正デアルトキ二十人以上ノ賛成ガアレバ独立ノ修正案トシテ成立スルカラ第五十一回議会（大正十四年）以来便宜第二読会ニ入ツタトキ之ヲ報告スル例デアル。此ノ成規ノ賛成ガナケレバ修正案トシテ成立シナイケレドモ修正ノ動議ハ第二読会デ提出スベキモノデアルカラ、此ノ少数意見ハ第二読会デ報告セシムルノデアル。

補足其ノ他

少数意見ノ報告者モ其ノ報告ニ併セテ自己ノ意見ヲ述ブルコトヲ得ナイコト、少数意見者ガ少数意見ノ補足ヲ為スコトヲ得ルコト等ハ委員長報告ノ場合ト何等異ナラナイ。

二　少数意見書ノ撤回

報告後ハ院議ニ依ル

少数意見書ノ撤回ハ議場ニ於ケル報告前ナラバ仮令議案ガ議題トナツテモ議長ガ之ヲ許可スル。然レドモ議場デ報告後撤回セムトスルトキハ議院ノ許可ヲ要スル。

第十五節　修　正

一　修正・動議ノ提出

案ヲ具ヘテ議長ニ提出スルヲ要スル

衆議院規則第百二十二条ニハ「議案ニ対スル修正ノ動議ハ其ノ案ヲ具ヘ議長ニ提出スヘシ」トアッテ其ノ案ヲ具フルヲ必要トスル。

討論終局動議成立前ナルヲ要スル

法律案ニ対スル修正動議ヲ提出スルハ第二読会デナケレバナラヌガ、政府カラ読会省略ノ要求ガアッタ場合又ハ第一読会若ハ其ノ読会ニ於テ第二、第三読会ヲ省略スルニ決シタトキハ、本案ノ議決前何時デモ之ヲ提出シ得ル。何時デモト謂ツテモ討論終局スレバ直ニ採決スルカラ修正動議ハ討論終局ノ動議成立前ニ提出スベキモノデアル（衆規九七条）。

二　修正ノ範囲

修正ハ原案ニ対シテドノ程度ノ変更ヲ加ヘルコトガ出来ルカ、即チ修正ヲ認メラレル範囲ニ付テハ一定ノ標準ガナイカラ実際ニ於テモ頗ル広汎ニ亙ツテキル。

（イ）議案ノ字句内容ノ変更
（ロ）議案ヲ分割スルコト（市町村制ヲ市制ト町村制トニ分ツガ如キ）
（ハ）議案ノ併合（政府案ト議員案トヲ併セテ一案トナスガ如キ）
（ニ）議案ノ事項ヲ拡張又ハ縮小スルコト（東京都ニ関シテ規定セムトシタモノニ大阪市ヲモ加フルガ如キ）
（ホ）議案ノ種別又ハ性質ヲ変更スルコト（上奏案ヲ建議案トナシ、又ハ廃止法律案ヲ改正法律案トスルガ如キ）
（ヘ）議案ノ表題ノミヲ変更スルコト（輸出生糸販売統制法ヲ輸出生糸取引法ニ改ムルガ如キ）

之等ハ総テ修正ノ範囲ニ属スル。

予算返付ノ動議ト修正トノ関係

予算返付ノ動議ハ予算案ノ編成替ヲ求ムル為政府ニ返付スルノ動議デアルカラ同一人ニシテ修正案ヲ提出シ、次テ返付ノ動議ヲ提出セムトスルハ相容レザル二個ノ動議ヲ提出スルモノデアルカラ、先ヅ修正案ヲ撤回スルヲ要スル。

三　修正案数個アル場合ノ取扱

議案ニ対シ修正案提出サレタトキ之ヲ表決ニ付スル場合ハ原案ニ先チ議決ヲ要スルモ（衆規一二七条）修正案数個アル場合ノ採決順序ノ原則ハ

第一議員提出ノ修正案、第二委員会提出ノ修正案ノ順デアツテ而カモ議員提出修正案相互ノ順序ハ原案ニ最遠キモノヨリ先ニスル（衆規一二四条）。其ノ遠近ノ認定ハ議長ニ於テ之ヲ為スノデアル。

而シテ修正案中共通ノ点アル場合ハ右ノ順序ニ拘ラズ或ハ

(1)共通ノ部分ヲ先ニシ或ハ(2)共通ナラザル部分ヨリ採決スル。其ノ他ノ部分ニ付テハ勿論原案ニ遠キモノヨリ採決ス。尤モ修正案中共通ノ点ガアツテモ院議ヲ以ツテ各案毎ニ原則ニ従ヒ採決シタコトモアル。

第十六節　討　　論

一　討論ノ順序

討論ハ問題ニ対スル賛否ノ議論ヲ戦ハスコトデアツテ、各其ノ主張ヲ充分ニ尽サシムルヲ本旨トスル。討論ハ議案ノ趣旨弁明又ハ委員長報告後原案ニ反対賛成ノ両者交互ニ為スノガ原則デアル。

(1)　委員付託ニ非ル議案ノ場合

委員ニ付託サレナイ議案ハ、其ノ趣旨弁明ガアツテ質疑ヲ終リタル後討論ニ入リ、先ヅ反対者ヲシテ発言セシメ次デ賛成者ト交互ニ討論セシメル（衆規一〇五条）。

(2) 委員付託ノ議案ノ場合

委員ニ付託シタ議案ハ委員長報告ノ後討論ニ入ルノデアルガ、反対賛成ノ討論ノ順序ハ各場合ニ依リ異ル。其ノ事例ハ次ニ述ベルガ上述ノ原則ノ趣旨カラ生ジテ来ル当然ノ帰結ニ過ギナイ。

(イ) 委員長報告後直ニ討論ニ入ルトキ

(i) 委員長報告ガ可決ノ場合

先ヅ原案反対者ヨリ討論ニ入ル。

(ii) 委員長報告修正又ハ否決ノ場合

委員長報告ニ引続キ原案反対者ヲシテ発言サセレバ原案ニ対シ反対論ガ重ナル結果トナルカラ、此ノ場合ニ於テハ先ヅ委員長報告ニ反対即チ原案賛成者カラ討論サセル。

(ロ) 修正案ノ趣旨弁明後討論ニ入ルトキ

委員長報告ノ可決、否決タルト又ハ修正タルトヲ問ハズ議員ヨリ修正案提出サレ、其ノ趣旨弁明後討論ニ入ル場合ハ之ニ引続キ原案反対者ヲ発言セシムルトキハ反対論ヲ重ネルコトトナルカラ、修正案ニ反対即チ原案賛成者ヨリ討論ニ入ル。

(イ)及(ロ)ノ場合原案賛成者ガナケレバ原案反対論ノミ為スノ結果トナルハ亦已ムヲ得ナイ。

(ハ) 少数意見ノ報告後討論ニ入ルトキ

少数意見ハ委員長報告ニ反対ノモノデアルカラ場合ニ依リ異ル。

(i)　少数意見ニシテ修正又ハ否決ナル場合

原案ニ対シテモ亦反対デアルカラ、委員長報告ノ内容如何ニ拘ラズ原案賛成者ヨリ発言ヲスル。

(ii)　修正又ハ否決ノ委員長報告ニ次デ可決ノ少数意見報告後討論ニ入ル場合

原案反対者ヨリ発言ヲスル。

二　法律案ニ対シ修正案提出サレタトキノ大体討論

第二読会ニ於テ為ス

第二読会ニ於テハ議案ニ対スル委員会若ハ議員提出ノ修正案ニ付討論ヲ為スモノデ、議案ニ対スル大体ノ討論ハ第一読会ニ於テ為スヲ原則トスル（衆規九四条）。従ツテ第二読会ニ於テ議案ニ対スル大体ノ討論ヲ為スニハ古クハ院議ニ依ツテヰタガ、第五十回議会（大正十三年）以来法律案ニ対シ修正案提出セラレタトキハ、第一読会デ為スベキ大体討論ハ院議ニ諮ラズ便宜第二読会デ修正案ノ趣旨弁明後修正案ニ対スル討論ト併セテ之ヲ為スノ例トナツタ。

第十七節　動　議

動議ノ性質ニ付テハ既ニ議案ノ説明ニ当リ之ヲ述ベテアルカラ第一編第六章ヲ参照サレタイ。要スルニ案ヲ具ヘル必要ノナイモノデ議題トナルモノデアル。動議ヲ提出スルニハ特ニ規定サレタモノノ外原則トシテ一名ノ賛成者ヲ必要トスル。而シテ動議ノ内容ハ何等ノ制限ガナク他ノ規定ニ牴触セヌ限リ自由デアルガ主トシテ議事進行又ハ儀礼ニ関スル事項ガ多イ。

今儀礼ニ関スルモノヲ除キ普通提出サレルモノヲ挙ゲテ見レバ次ノヤウナモノデアル。

(1) 趣旨弁明省略ノ動議
(2) 委員付託ノ動議
(3) 直ニ採決スベシトノ動議
(4) 質疑終局ノ動議（貴族院二十名衆議院三十名ノ賛成ヲ必要トス）
(5) 討論終局ノ動議（同右）
(6) 読会省略ノ動議
(7) 一括議題ノ動議
(8) 議事日程変更ノ動議
(9) 議事延期ノ動議
(10) 延会ノ動議
(11) 休会ノ動議
(12) 休憩ノ動議

(13)　散会ノ動議

動議ハ修正ノ余地ガナイ

動議ハ通常口頭ヲ以テスルガ書面デ提出スルヤウナコトモアル。此場合モ案トシテ議員ニ印刷配付スルコトハナイ。之ガ為動議ハ議案ト異リ修正ノ余地ハナク其動議ニ反対ナラバ別個ノ動議ヲ提出スルカ之ニ反対スルノ外ハナイ。之レ亦動議ノ性質カラ見テ当然デアル。

一　日程変更ヲ要セザル動議

議事進行又ハ先決問題タル動議

議事進行ニ関スル動議又ハ議案ニ付帯セル動議ハ議事日程ノ変更ヲ要セズ議題トスル。国務大臣若ハ議員ノ演説又ハ議長若ハ委員長ノ報告ニ関連セル動議ハ概ネ先決問題又ハ議事進行ニ関スルモノデアルカラ、カカル場合ハ議事日程ノ変更ヲ要セズ直ニ議題ト為スヲ例トスル。

二　議事延期ノ動議

特定議案ノ議事延期ノ動議ハ同日再ビ提出スルヲ得ナイ

或ル議案ノ議事延期ノ動議否決セラレタトキハ理由ヲ異ニシテモ同日再ビ同一議案ニ対シ議事延期ノ動議ヲ提出スルコトガ出来ナイ。

議事日程ニ記載サレタ議案ニ対シ、議事延期ノ動議提出セラレタトキハ、院議ニ諮ツテ之ヲ決シテキルガ、提出者カラ議事延期ヲ請求シ又ハ議事日程中カラ除カムコトヲ請求スル場合ハ其ノ議案ガ未ダ議題トナツテキナケレバ、院議ニ諮ル必要ナク議長ニ於テ之ヲ許可スル。

三　動議ノ撤回

動議提出後之ガ撤回ノ申出ガアレバ概ネ許可スル。議員ノ方ハ其ノ際撤回理由ヲ述ベルコトモ稀ニハアルガ、多クハ理由ヲ述ベナイ（衆規九一条及衆規一二五条）。

第十八節　議事日程変更

議事日程ニ於テ既ニ会議ニ付スベキ事件ノ順序ヲ決定シテアルニ拘ラズ、他ノ事件ヲ緊急ナリトシテ特ニ議題ト為シ、又ハ日程ノ順序ヲ変更シテ議スルコトヲ議事日程ノ変更ト謂フハ前ニ説明シタ所デアル。

一　日程変更ノ動議ノ取扱

討論ヲ用ヒズ直ニ採決スル

議事日程変更ノ動議出デタルトキ、又ハ議長ニ於テ緊急事件ト認メ日程変更ヲ要スル場合ハ直ニ之ヲ議題ト為シ討論ヲ用ヒズシテ採決スル。

趣旨弁明ハ之ヲナサザルヲ例トスル

此ノ日程変更ノ動議ハ趣旨弁明ヲ為サヌデモ自ラ明瞭デアルカラ単ニ動議其ノモノヲ述ベ直ニ其ノ許否ヲ決スル例デアル（衆規八四条）。

或ル事件ヲ日程変更シテ会議ニ付スベシトノ動議ハ一度否決セラレテモ同日、時ヲ隔テレバ再ビ之ヲ提出スルコトガ出来ル。之ハ一事不再議ノヤウデ実ハソウデナイ。動議否決ノ為日程順ニ議事ヲ進メ議題トナツタ事件ノ審議ガ終レバ、前ノ同一動議デモ其ノ内容ガ異ツテ来ルト認メラレルカラデアル。従ツテ日程変更ノ内容ヲ異ニスル為ニハ時ヲ経過スルト謂フ意味ハ少クトモ一議案ノ終ルコトガ必要トナル。

内容同一ノ動議ヲ再ビ提出シ得ルコトモ議案ト動議トノ趣ヲ異ニスル点デアル。

二　日程変更ノ動議ト政府案トノ関係

日程変更ノ動議ガ可決セラレテモ常ニ日程ハ変更サレタモノトハ限ラナイ。何トナレバ議員案ノミノ場合ハ動議可決ト共ニ日程ハ変更セラレルモノデアルガ、政府提出案ニ先チ議員提出案ヲ会議ニ付セムトスルニハ政府ノ同意ヲ必要トスル。此ノ場合ハ動議ガ可決セラレ、而シテ後政府ノ同意アリタルトキニ限リ日程ハ変更セラレルモノデアッテ、政府ノ同意ナキトキハ日程ノ変更ハ出来ナイ。従ッテ動議ハ可決セラレテモ効力ヲ発生セズシテ其ノ動議ハ自然消滅シタモノトナル（議二六条）。

之ガ為政府提出案ガ議了シテシマッテモ前ニ可決セラレタ日程変更ノ動議ニ基イテ他ノ議案ニ先チ会議ニ付スル訳ニハ行カズ其必要ガアレバ更ニ日程変更ヲ必要トスル。

三　日程変更ヲ為スヲ例トスル場合

議事日程ニ掲載サレタ議案ニシテ提出者同一ノモノ、同種若ハ関連セルモノ同一委員ニ付託サレタモノガ日程ニ順序ヨク記載サレテヰナイヤウナ場合ハ院議ニ依リ日程変更ヲシテ便宜一括シテ会議ニ付スルコトハ第二十三回議会（明治三十九年）以来ノ先例デアル。

第十九節　先決問題

一　意義及取扱

意　義

先決問題ト謂フノハ議題ニ直接ノ関係アルト否トヲ問ハズ、会議事項ニ先チ議決ノ必要アル動議ノコトデアル。従ッテ議事日程ノ変更ヲ要セズ、直ニ之ヲ議題トスル。

先決問題トナルモノ

先決問題タルモノハ極メテ数多ク、動議ノ多クハ之ニ属スル。前ト重複ノ嫌ヒハアルガ一応主ナルモノヲ挙ゲテ置ク。

(1)　趣旨弁明省略ノ動議
(2)　読会省略ノ動議
(3)　一括議題ノ動議
(4)　直ニ採決ヲ為スノ動議
(5)　委員審査ニ条件ヲ付スルノ動議
(6)　委員付託ノ動議
(7)　再審査ノ動議
(8)　継続委員ヲ設クルノ動議
(9)　質疑又ハ討論終局ノ動議
(10)　議事又ハ議決延期ノ動議
(11)　議案ノ撤回ヲ求ムルノ動議
(12)　予算案ノ編成替要求ノ動議
(13)　全院委員会開会ノ動議

(14)　日程変更ノ動議

(15)　休会、休憩、散会、議事中止ノ動議

(16)　議員ノ行動又ハ発言ニ関シ調査委員ヲ設クルノ動議

(17)　国務大臣ノ出席要求ノ動議等々

先決問題ヲ議案ト共ニ議題ニ供シタルトキハ採決ハ先決問題ヲ先ニスル

之等先決問題ガ提出サレタトキハ直ニ之ヲ議題トシ可否ヲ決スベキモノデアルガ、本案ト関連シテ討論スル方ガ便宜デアルト認メル場合ハ之ヲ併セテ議題ト為シ採決ニ当リ該動議ヲ先ニスル。

二　先決動議間ノ優先性

孰レガ優先スルカハ議長ノ認定ニ依ルカ院議デ決ス

先決動議ガ相次デ提出サレタ場合ハ、孰レガ優先スベキカノ認定ハ極メテ困難デアツテ、規定モナイカラ一ニ議長ノ認定又ハ院議ニ依ツテ最後ノ決定ヲスルノ外ハナイ。従来ノ先例カラ推セバ、問題ノ運命ヲ成ルベク決定シテシマハヌヤウニ取扱ツテキル。即チ議題トナリタルモノヲ出来ルダケ生カサムトスル方面カラ見テ優先性ヲ決定シテキル。

今先例トシテ認メラレテキルモノヲ挙ゲレバ

(1)　委員付託ノ動議ト討論終局ノ動議

委員ニ付託スルヤ否ヤハ討論終局前ニ決定スル事項デアルカラ委員付託ノ動議ガ先決デアル。

(2)　委員付託ノ動議ト読会省略ノ動議
委員付託ノ動議ガ先決

(3)　議事延期ノ動議ト委員付託ノ動議
議事延期ノ動議ガ先決

(4)　委員付託ノ動議ト即決ノ動議
委員付託ノ動議ガ先決

(5)　議事延期ノ動議ト即決ノ動議
議事延期ノ動議ガ先決

(6)　議事延期ノ動議ト討論終局ノ動議
議事延期ノ動議ガ先決

(7)　質疑延期ノ動議ト質疑終局ノ動議
質疑延期ノ動議ガ先決

(8)　問題ヲ議スベカラズトノ発議
此ノ発議ハ屢〻動議ノ名ニ於テ提出サレルガ賛成者ノ有無ニ拘ラズ、又理由ノ如何ニ依ラズ、問題ヲ消極的ニ終ラセテ否決ト同一結果ヲ来サセルモノデアルカラ、反対説ト認メラレルモノデ、先決問題デハナイトシテ取扱ツテキル。従ツテ議事延期ノ意味ヲ以ツテスルナラバ議事延期ノ動議トシテ提出スルヲ要スル。

第二十節　討論終局

討論終局ノ動議ニハ二十人以上ノ賛成ヲ要スル

討論通告者中未ダ発言ヲ為サヌ者ガアツテモ討論終局ノ動議ガ提出サレレバ先決問題トシテ直ニ採決スル。此ノ動議ニハ二十人以上ノ賛成ガ必要デアル。討論終局ノ動議ハ討論ナシニ採決シナクテハナラヌ（衆規一二〇条）。

既ニ討論ノ発言ガ許可サレタ後ハ其ノ発言ガ終ル迄ハ討論終局ノ動議ヲ提出シテモ採決出来ナイ。発言中書面ヲ以ツテ討論終局動議提出サレタトキハ、議長ハ発言ノ終ルヲ俟ツテ採決スル。

討論終局ノ動議ガ成規ノ賛成ヲ以ツテ成立スレバ直ニ其ノ動議ヲ採決スルノ外ハナイカラ、動議可決前デアツテモ質疑、修正、趣旨弁明ノ補足、身上弁明等一切之ヲ許サナイ（衆規一二一条）。

国務大臣ノ発言ハ此ノ動議採決前ニ許可スル

重要議案ニ対シ議決前国務大臣ガ発言ヲ求メ政府ノ意思ヲ表明スルコト往々アルガ、国務大臣ノ発言要求ガ討論終局ノ動議成立ノ際デアレバ議長ハ動議ノ採決ヲ保留シテ大臣ノ発言ヲ許シタ後ニ該動議ヲ採決スルノ例デアル（憲五四条及議四二条）。

第二十一節　表　決

表決トハ議題トナツテヰル問題ニ対シテ議員ガ可否ノ意思ヲ表明スル行為デアル。而シテ議員ヲシテ表決セシムルコトヲ採決ト云フ。採決ト表決トハ表裏ノ関係デアツテ議長カラ云ヘバ採決デアリ議員カラ云ヘバ表決デアル。

一　表決ノ種類

表決ノ方法ニハ種々アルガ議院デ行ハレルモノトシテハ

(1)　異議ノ有無ヲ諮ル方法
(2)　起立ニ依ル方法
(3)　記名投票ニ依ル方法
(4)　無名投票ニ依ル方法

ノ四種デアル。其他ノ方法トシテハ

(5)　挙手ニ依ル方法

(6)　分割ニ依ル方法

等モアリ得ルガ我国デハ(5)(6)ハ全ク行ハレナイ。

一、異議ノ有無ヲ諮ル方法

問題ニ付議論ノ少ナイトキニ用ヒラレ議長ガ「――ニ対シ御異議アリマセヌカ」ト諮リ異議ガナケレバ其通リ決定スル然シ異議ガアレバ更ニ他ノ方法ニ依ル。之ハ最モ簡単ナル表決ノ方法デアッテ屡〻行ハレルモノデアル。

二、起立ニ依ル方法

問題ニ対シテ賛成者ヲ起立セシメ其ノ数ノ多寡ニ依リ可否ヲ決定スル方法デアル。特ニ反対者ヲ起立セシムルコトモアルガ之ハ反対表決ト謂ハレテヰルモノデ規定上認メラレタ表決方法デハナク衆議院ノ先例ニ依リ行ハレルモノデアル（後述）。

三、記名投票ニ依ル方法

可否ノ議員氏名ヲ明カニシテ投票セシムル方法デアル。可トスル議員ハ氏名記載ノ白票、否トスル議員ハ氏名記載ノ青票ヲ投ズルモノデアル（衆規一三二条）。

四、無名投票ニ依ル方法

自己ノ氏名ヲ秘シテ投票セシムル方法デアッテ、可トスル議員ハ白球、否トスル議員ハ黒球ヲ投ズルモノデアル（衆規一三三条）。

五、挙手ニ依ル方法

賛成ノ者又ハ反対ノ者ノ挙手ヲ求メ、其ノ数ノ多少ニ依リ可否ヲ決定スル方法デアルガ、本会議ニ於テハ行ハレナイ。

六、分割ニ依ル方法

賛成又ハ反対ノ議員ヲ分割シテ、其ノ数ノ多少ニ依リ可否ヲ決定スル方法デ、外国デ所謂「デイビジヨン」ト謂ハレテヰルモノデ、議場ノ両側ニ賛成ノ部屋ト反対ノ部屋トヲ設ケ、之ニ分割シテ入場セシメ賛否ノ者ノ員数ノ多少デ可否ヲ決定スル。議場内デ賛否ノ者ヲ両側ニ分ケテ其ノ多寡ヲ認定スレバ、特ニ部屋ノ設備ガナクトモ行ハレルガ、我ガ国デハ起立表決ノ制ガアルカラ法規上此ノ種ノ方法ハ認メラレテヰナイ。

二　表決方法ノ決定

起立表決ヲ原則トスル

衆議院規則ニ依レバ表決ノ場合ハ原則トシテ起立ヲ以ツテシ、起立者ノ多寡ヲ認定シ難キトキ又ハ議員ニ異議アルトキハ記名投票ニ依ルコトニナツテヰル（衆規一三〇条）。然シ問題ガ簡単ナ場合ハ議長ハ単ニ異議ナキヤヲ院議ニ諮フコトハ毎会期枚挙ニ遑ナイ程デアル。普通ニハ原則通リ起立表決ニ依ル。議長ニ於テ必要ト認ムルトキ又ハ議員三十人以上ノ要求ガアレバ起立ノ方法ヲ用キズ直ニ記名又ハ無名投票デ採決スル（衆規一三一条）。

議長ノ宣告ニ対シ他ノ要求アレバ孰レカニ院議ヲ以テ決スル

議長ガ必要ト認メテ記名又ハ無名投票ヲ以テ表決スルノ宣告ニ対シ、他ノ表決方法ヲ以ツテ採決スベシトノ動議ガ提出サレタトキハ先ヅ其ノ動議ヲ採決シテ、此ノ際ノ表決方法ヲ決定スル。此動議自体ヲ採決スル時ノ方法ハ勿論議長ノ決スル所ニ依ラネバナラヌガ、カカル場合ハ殆ド記名投票ニ依ツテヰル。

表決方法ニ付二種ノ要求例ヘバ記名及無名ノ要求ガアレバ議長ハ院議ニ諮ヒ又ハ職権ヲ以テ其ノ孰レニ依ルベキカヲ決定スル。而シテ院議ニ諮フ場合ノ表決方法ハ議長ガ決定スルガ之亦殆ド記名投票ニ依ツテヰル。

(1) 起立表決ノ異例

反対表決ヲ先ニセルコトアリ

起立表決ヲ為シタル時議長ガ其多少ヲ認定シ難キトキハ記名投票ニ依レトハ規則ノ定ムル所デアルガ時ニ反対者ヲ起立セシメタ先例ガアル。

尚起立表決ノ際問題ヲ可トスルモノヲ最初ニ起立セシメズ直ニ否トスルモノ即チ反対者ヲ起立セシメタ事例モアル（第七十九回議会）。之ハ議長ニ於テ便宜ト認メタルニ出デタモノデアツテ規定上認メラレタ方法デハナイガ、反対表決ヲ先ニシタ稀ナ先例デアツテ、特ニ議員ノ要求ガアルカ又ハ此ノ表決ニ対シテ異議ノナイヤウナ場合ニ行ハレ得ルモノデアル。

起立表決ノ結果議長ハ可否決ノ認定ヲ宣告スルカラ其ノ宣告ニ異議ガアリ、其ノ異議申立ニ三十人以上賛成ガアルトキハ記名投票デ更ニ表決セネバナラナイ。始メカラ記名投票ヲ以ツテスル場合ハ結果ニ対シ異議ノ申立テヤウガナイ。

ソコデ起立表決ノ宣告ニ対スル異議申立ハ議長ガ次ノ議題宣告以前ニ為サネバナラヌ。然ラザレバ異議ナカリシモノト認メラレル。

(2)　記名投票

書記官ガ代ツテ投函スル

元来投票ハ議員自ラ投函スベキモノデアルガ投票中万一間違ガアルトキハ混雑ヲ生ヅルカラ記名投票ノ場合ハ第一回議会以来混雑ヲ避クル為書記官ガ演壇ニ於テ之ヲ受取リ投函スル例トナツタ（衆規一三二条）。

記名投票ノ際議員病気其ノ他ノ事故ニ依リ登壇シ得ナイ場合ハ書記官其ノ議席ニ至リ投票ヲ受取リ之ヲ投函スルヲ例トスル。

他人ノ票ヲ投票セルモノハ場合ニ依リ効力ヲ異ニスル

記名投票ノ際誤ツテ他人ノ投票ヲ持参シタトキハ議長之ヲ無効トシタコトモアリ又院議ニ諮ヒ有効ト認メタコトモアル。

(3)　無名投票

議員自ラ投函スル

無名投票ノ場合ハ書記官ニ名刺ヲ渡シ問題ヲ可トスル者ハ白球ヲ、否トスル者ハ黒球ヲ議員自ラ投票函ニ投入スル。

衆議院デハ無名投票ニ依ル場合ハ極メテ稀デアル。此ノ場合書記官ニ名刺ノミヲ渡シ投球セザルトキハ投票権ヲ放棄シタモノト看做シ後ニ球ノ投入ヲ許サナイ。

(4)　投票ト議場ノ閉鎖

議長ノ宣告ニ依リ守衛ガ議場ヲ閉鎖スル

記名又ハ無名投票ノ際ハ議場ノ入口ヲ閉鎖セネバナラヌガ（衆規一三四条）之ハ議長ノ宣告ニ依リ守衛ガ閉鎖スル。従ツテ議場閉鎖中病気其ノ他ノ事由デ退場セムトスルトキハ議長ノ許可ヲ得テ議長席ノ後方ヨリ退出スル。

三　表決権ノ放棄

表決ハ放棄スルコトガ出来ル

表決ノ際議場ニ在ラザル議員ハ表決ニ加ハルコトガ出来ナイノハ規定（衆規一一八条）ヲ俟ツ迄モナイガ、議場内ノ議員ニシテ表決権ヲ放棄シ得ルコトハ第一回議会以来認メラレ来ツタ所デアル。

投票ノ際議長ハ投票漏ノ有無ヲ注意スルモ尚投票セザル者モ往々アル。此ノ場合ハ議長ハ表決権ヲ放棄シタモノト看做ス。従ツテ無名投票ノ場合球数ガ名刺数ニ達セザルトキハ亦棄権シタモノトシテヰル。記名投票ノ場合ニ於テモ賛否ノ一方ガ全部棄権シタ為反対又ハ賛成ノ一方ノミ投票シ他ノ一方ハ投票シナカツタ場合モアル（第四十三回及第四十五回議会）。

四　表決ノ更正

表決ノ更正ハ之ヲ許サナイ

一度投函シタ投票ハ更正スルコトヲ許サナイ。従ツテ表決ノ議長宣告徹底ヲ欠キタル為重ネテ宣告シテモ既ニ為シタル投票ハ之ヲ有効トシテ取扱フ。

五　表決ノ順序

問題ガ複雑デアル場合又ハ重大デアツテ、数個ノ修正ガアルヤウナトキハ表決ノ順序ガ極メテ大切デアツテ、議員ガ可否ヲ決スル上ニ混乱セヌヤウ、議長ハ順序ヨク表決ニ付スベキ問題ヲ決定シテ行ク必要ガアル。

若シ採決順序ガ繁雑デ容易ニ理解シ難イ場合ハ議員ハ起ツベキトキニ起タズ、起ツベカラザルトキニ起ツタリシテ議員ヲシテ迷ハシメルカラ成ルベク判リヨクシテ音吐朗々遅疑セシムルコトナク整然タル採決ヲ為スコトガ名議長タル所以デアッテ之ガ為ニハ複雑ナル採決ノ前夜ハ事務局ノ者モ其ノ採決方法ヲ熟議シ夜ノ更クルヲ知ラヌ状態デアル。

今採決ガ如何ニ六ケ敷キモノデアルカト謂フ適例トシテ第七十五回議会（昭和十五年三月十七日ノ会議）ノ一般増税案ノ採決ノ例ヲ示ス。尤モ之ハ所得税ヲ初メトシテ四十五案ノ多キニ及ビ、之ヲ一括シテ議題ト為シ、第二読会デ討論後採決シタモノデアル。恐ラクコンナ例ハ二度ト見ラレナイモノト思ハレル。

第二読会ニ於ケル採決順序

一、所得税法改正法律案	
1　藤本君提出修正案	起立
2　松永君提出修正案	起立
3　川崎君提出修正案	起立
4　委員長報告修正	起立
5　修正以外ノ部分	異議ナキヤヲ諮フ
二、法人税法案	
1　佐竹君提出修正案	起立
2　委員長報告修正	起立
3　修正以外ノ部分	異議ナキヤヲ諮フ
三、特別法人税法案	
1　委員長報告修正	起立
2　残余ノ部分	起立
四、営業税法案	
1　松永君提出修正案	起立
2　委員長報告修正	起立
3　修正以外ノ部分	異議ナキヤヲ諮フ
五、物品税法案	
1　共通部分	異議ナキヤヲ諮フ
2　松永君提出修正案	起立
3　委員長報告修正	起立
4　修正以外ノ部分	異議ナキヤヲ諮フ
六、入場税法案	
1　共通ノ部分	異議ナキヤヲ諮フ
2　松永君提出修正案	起立
3　修正以外ノ部分	異議ナキヤヲ諮フ

七、地方税法案
1　佐竹君提出修正案　起立
2　共通部分　異議ナキヤヲ諮フ
3　松永君提出修正案　起立
4　修正以外ノ部分　異議ナキヤヲ諮フ
八、相続税法中改正法律案
臨時利得税法中改正法律案
地租法中改正法律案
酒税法案
地方分与税法案　右五条一括

1　委員長報告修正　起立
2　修正以外ノ部分　異議ナキヤヲ諮フ
九、遊興飲食税法案
1　松永君提出修正案　起立
2　原案　起立
十、通行税法案
1　佐竹君提出修正案　起立
2　原案　起立
十一、残余ノ法律案一括三十一件　異議ナキヤヲ諮フ

表決順序ノ大体ノ原則ハ
(1)　問題ヲ可トスルモノヲ先ニ表決ニ付スル（衆規一三〇条、異例ハ前掲）。
(2)　修正案ハ原案ヨリ先ニ表決ニ付スル（衆規一二六条）。
(3)　議員提出ノ修正案ハ委員会ノ修正案ヨリ先ニ表決ニ付スル（衆規一二三条）。
(4)　議員ヨリ修正案数個提出サレタトキハ議長其ノ表決順序ヲ決定スル（衆規一二四条）。
（規則ニハ原案ニ最モ遠キモノヨリ先ニスベシトアルガ其ノ遠近ノ認定ハ一ニ議長ノ決定ニ依ル。）
(5)　少数意見ガ修正案トシテ成立シタトキハ委員会ノ修正案ニ先チ表決ニ付スル。

六　採決ノ仕方

表決順序ノ原則ハ大体前項ノ通リデアルガ実際ニ当ツテハ色々ノ場合ガアル。今其主要ナモノヲ示ス。

(1)　同種又ハ関連議案ヲ一括シテ議題ト為シタル場合ハ一括シテ採決シ又ハ各別ニ採決シ必シモ一定シナイ。

(2)　表題ノ修正ハ本文ト併セテ採決スル例デアル。

(3)　数個ノ修正案アル場合ハ議長ニ於テ最モ原案ニ遠キモノト認メタモノヨリ採決スル。

(4)　数個ノ修正案アルトキ共通ノ点ガアレバ、其ノ共通部分ヲ先ニ又ハ共通ナラザル部分ヲ先ニ採決スルカハ議長ノ任意デアル。

(5)　数個ノ修正案ニ共通部分アルモ、各案毎ニ採決スルヲ便宜ト認ムル場合ハ院議ニ諮リ各案毎ニ採決シタコトガアル（特ニ共通部分ヲ切リ離シテ採決シナカツタ例デアル）。

(6)　一法律案ニ対シ廃止案ト改正案トアルトキハ廃止案ヲ先ニ採決スル。

(7)　逐条審議ノ場合ニ於テ或条項ノ削除意見アルトキハ其ノ条項ノ原案ニ付採決スル。（之ハ議案全体ヨリスレバ修正ナルモ逐条的ニ議題ト為シタル為、之レニ対スル反対論ト見ルベキデアルカラ原案ノ採決ヲスルノデアル。）

七　議長ノ表決ト決裁

議長ハ選挙ニ関スル投票ハ之ヲ為スモ表決ニハ加ハツタコトガナイ。而シテ表決ノ結果可否同数トナツタトキノ議長ノ決裁ハ消極的デアルノヲ例トスルコトハ過半数ノ原則ニ於テ説明シタ通リデアル。

第二十二節　議　決

議決ノ意義

議決トハ議院ノ意思ヲ決定スルコト又ハ決定サレタ議院ノ意思ノコトデアル。従テ「何々ヲ議決ス」ト云フトキハ議院ノ意思決定ヲ指シ「衆議院ノ議決云々」ト云フトキハ議院ノ決定意思ヲ云フ。而シテ表決ト云フ場合ハ個々ノ議員ガ可否ノ意見ヲ表ハス行為ヲ指シテ云フ。

議決事項ハ議案並動議ヲ決定スル場合バカリデナク議長ガ議事ヲ進メテ行ク上ニ院議ニ諮ル場合ハ悉ク議決ヲ要スルカラ其ノ範囲極メテ広キニ亙ツテヰルガ、今主要ナ先例ヲ挙ゲレバ

一般議案

議案ハ概ネ委員ノ審査ニ付スル為其ノ報告ヲ俟ツテ議決スル。

廃棄スベカラザル議案

修正案原案共ニ否決サレ而モ廃棄スベカラザルモノト認ムルトキハ更ニ委員ヲシテ起案セシメ会議ニカケルコトガ出来ルカラ（衆規一二七条）カカル場合ハ廃棄スベカラザルモノト議決スルヲ要スル。

議決不要ノモノ

既ニ議決シタ議案ト同一内容ノ事件ハ議決ヲ要シナイ従テ議決不要トシテ処理スル。

条項字句ノ整理

議決ノ結果カラ生ヅル条項又ハ字句整理ハ議長ニ一任スル。

第三編　会議各論

第一章　法律案ノ会議

第一節　読　会

一　読会ノ意義

法律案ノ会議ガ他ノ議案ノ会議ト異ナル所ハ原則トシテ必ズ三読会ヲ経ネバナラヌ点デアル。他ノ議案ハ読会ヲ設ケテハナラヌトノ規定ハナク従テ議院ノ決定ニ俟ツベキモノデ特殊ノ例外ヲ除イテハ通常読会ハナイ（第一回議会明治二十三年十二月十二日衆議院規則改正案（山田東次君発議）ヲ三読会ニ付シタルモ第二読会ヲ開クベカラズト議決）。然ルニ法律案ニ付イテハ会議ヲ三段ニ分ツ制度即チ三読会制度ヲ採用シテキル。勿論第一ノ議会デ発案トナレバ第二、第三ノ会議ハ自然無クナリ、又院議ヲ以テ三読会ノ順序ヲ省略スルコトニ決シタトキハ第三ノ会議ヲ略シテ第二迄ノ会議デ確定議トナル場合ト第二、第三ノ会議ヲ省略シテ第一ノ会議ノミデ確定議トナル場合トガアリ得ルガ、然ラザル限リ三ツノ会議ヲ経ナケレバナラヌ。此ノ三段ノ会議ヲ順次第一読会、第二読会、第三読会ト謂フ。第一読会ハ法律案ノ大体論ヲ為シ、第二読会ハ逐条審議ヲシ第三読会ハ全体ノ可否ヲ決スルノガ立テ前トナツテヰル。此ヤウニ議事ヲ慎重ニシテアル所以ノモノハ、元来法律案ハ国民ノ権利義務ヲ規定スルモノデアルカラ議員ガ一時ノ感情ニ駆ラレテ一気ニ決定ヲシテ了ハヌヤウニ慎重ヲ期シタモノト認メラレ、従テ各読会間ニモ相当ノ日時ヲ置クコトニシテヰル。

読会ノ語源

何故コレヲ読会ト称スルカト謂ヘバ第一読会デハ「議案ヲ朗読シタル後」趣旨弁明ヲシ（衆規九三条）第二読会デモ「議案ヲ逐条朗読シテ」之ヲ議決スル（衆規九六条）コトガ原則デアツテ昔印刷術ノ発達セヌ頃ハイギリスナドデモ議案ヲ朗読シテキタ。衆議院ニ於テモ第七回議会即チ明治二十六年迄ハ書記官ガ議案ヲ朗読シタ。其ノ後之ヲ省略スルコトニナツタガ、コノヤウナ訳デ読会ト云フ言葉ガ生レタモノデアル。

二　読会ヲ開クニ要スル期間

衆議院ハ四十八時間ヲ必要トシテヰル

ソコデ法律案ハ読会ノ省略ガナケレバ総テ三読会ヲ経テ議決サレル。而シテ法律案ヲ各議員ニ配付シテカラ第一読会ヲ開ク迄ノ期間及読会ト次ノ読会トノ間ハ少クトモ二日ヲ隔テルコトニナツテヰルガ、衆議院ハ第三回議会以来此ノ二日ノ期間ヲ時間デ計算シテ四十八時間トシテキル（貴族院ハ日ヲ以ツテ計算シ第三日目ノ同時刻迄トシテヰル）。尤モ此ノ期間ハ院議ニ依リ短縮シ得ル為、今日デハ第一読会ダケハ特別ノ事情ナキ限リ、法律案配付後四十八時間ヲ置カネバ開カレヌガ、第二及第三読会ハ院議ニ依リ第一読会ニ引続イテ直ニ開ク例ニナツテヰル。而カモ会期三分ノ二ヲ経過スレバ第一読会ヲ開クニ要スル期間モ短縮スル例デアルコトハ既ニ述ベタ所デアル（衆規九二条、衆規九五条及衆規一〇一条）。

三　読会ノ順序省略

読会ノ省略ヲ為ス場合ハ政府ノ要求ニ基ク場合ト議院自ラ決議シテ省略スル場合トガアル。

政府ノ要求ニヨル省略

政府ヨリ要求スル場合ハ議院法第二十七条但書ニ依リ読会ノ順序省略ヲ求メルノデアルガ、之ハ法律案提出ト同時又ハ会議ニ付セラレル前ニ要求スル例デアル。此ノ要求ガアレバ議長ハ之ヲ容ル、ヤ否ヤヲ院議ニ諮リ、出席議員三分ノ二以上ノ多数デ可決セネバナラヌガ、衆議院ハ此ノ要求ヲ容ル、慣例デアル。

院議ニ依ル省略

議院自ラ読会ノ順序省略ヲ為ス場合ハ、第一読会若ハ其ノ続会ニ於テ動議ニ依リ第二及第三読会ヲ省略シ、又ハ第二読会ニ於テ第三読会ヲ省略スル。然シ此場合モ亦出席議員三分ノ二以上ノ賛成ヲ必要トスル。

第二節　第一読会

第一読会ハ委員付託ヲ為ス法律案ニ付テハ之ヲ委員ニ付託スル迄ノ会議ト委員会ノ審査終了後開カレル会議ト二回アル。

此第二回目ノ会議ハ第一読会ノ続キ即第一読会ノ続会ト謂ハレルモノデアル。

一　第一読会ノ順序

第一読会デ委員付託ニナル迄ノ会議ノ順序ハ次ノ通リデアル

(1)　法律案ノ趣旨弁明

(2)　質　疑

(3)　委員付託

政府案ハ委員ニ付託サレネバナラヌカラ法律案ノ初メノ第一読会ハ右ノ順序デ終ル。貴族院案ハ此順序ノ内趣旨弁明ヲスルモノガ居ナイカラ、之ガ省略サレル。議員案ニ付テモ殆ド委員付託トスル例デアルカラ政府案ノ順序ト同様デアル。

第一読会デ委員付託ト為ス場合ハ委員ニ付託スルヤ否ヤヲ諮リ「委員ニ付託スベカラズ」ト決定スレバ其ノ案ハ廃案トナリ否決ト同一運命トナル。

委員付託ト決スレバ委員会ノ審査ヲ終リ委員会報告ガアツタ後次ノ第一読会ノ続会ガ開カレル。

然ルニ議員案デ委員付託ニシナイモノ又ハ政府案デモ政府ノ要求ニ依リ委員ノ審査省略ヲ為ス場合ハ質疑ガ終ツテ討論ヲシタ後其ノ案ヲ議決シテ確定議トナル。本会議即決ノ場合ト謂ハレテヰルモノガ之レデアル。

第一読会ノ表決ハ第二読会ヲ開クヤ否ヤヲ決メル

此ノ場合ノ表決ハ「本案ノ第二読会ヲ開クヤ否ヤヲ諮ル」ノデアツテ「本案ヲ可トスル」トカ「否トスル」トカハ議決シナイ。其レ故否トスル場合ハ「第二読会ヲ開クヘカラス」ト決スル。之ニ依リ其ノ案ハ廃案トナル。

読会省略ノ場合ハ本案ニ付採決スル

尚即決ノ場合委員審査ノ省略ノミナラズ、併セテ読会省略ヲモ為シ第一読会ダケデ確定スル場合ハ第二第三読会ガ無クナルカラ本案ニ付テ採決スルノ外ナク、従ツテ「本案ノ可否ニ付」議決スルハ言ヲ俟タナイ。

二　第一読会ノ続会ノ順序

(1)　委員長報告
(2)　質　疑
(3)　討　論（大体論）
(4)　表　決

此ノ際ノ表決モ「本案ノ第二読会ヲ開クニ異議アリヤ否ヤ」ヲ諮ル。起立採決ノ時ハ「本案ノ第二読会ヲ開クニ賛成ノ諸君ノ起立ヲ求メ」本案ニ賛成ノ諸君ノ起立又ハ本案ヲ可トスル諸君ノ起立ヲ求ムルノデハナイ。

法律案ヲ再審査セシムルニハ第一読会ノ続会ニ於テ更ニ委員ニ付託スル

其法律案ヲ再ビ委員ニ付託シテ審査セシムル必要ガアレバ第一読会ノ続会ニ於テ之ヲ為シ第二、第三読会ニ於テハ之ヲ為スコトヲ得ナイ（衆規六七条）。

第三節　第二読会

一　第二読会ノ順序

第二読会ニ於テハ逐条審議ニ依ラナイ

第二読会ハ逐条審議ヲスルノガ原則デアルコトハ前述ノ通リデアルガ衆議院デハ第二十七回議会（明治四十三年）以来逐条審議ニ依ツタコトナク、法律案ハ全条ヲ一括シテ議題ト為シ委員会報告可決ノトキハ全条ヲ一括採決シ委員会報告修正ノトキ又ハ修正案アルトキハ修正ノ部分ト之ヲ除キタル部分トニ分チテ採決シ或ハ便宜一括シテ採決スルノ例トナツタ

従ツテ会議ハ

(1)　修正案趣旨弁明

(2)　質　　疑

(3)　討　　論

(4)　表　　決

ノ順序トナル。

修正案アルトキハ大体討論ハ第二読会ニ於テ為ス

第二読会ニ於テハ議案全体ニ渉ル大体論ハ之ヲ述ベルコトガ出来ナイ原則デアルガ（衆規九四条）修正案ガアレバ第一読会デ為スベキ大体論ハ第二読会デ修正案ニ対スル討論ト併セテ之ヲサセルコトニシ

テキル。

条項字句整理ノタメノ委員付託

法律案ノ委員付託ハ第一読会ニ於テ之ヲ為スベキモノデ第二読会デハ第二読会ニ於ケル修正議決ノ条項及字句整理ノ為ノ外法律案ヲ委員ニ付託スルコトガ出来ナイ（衆規一〇〇条）。

第三読会省略ノ動議ガ提出サレ可決サレタトキハ第二読会ノ議決ヲ以ツテ確定議トナル。

第二読会ノ表決ハ第一読会ノ場合トハ異ナリ議案ノ可否ヲ決定スルノデアル。

第四節　第三読会

一　第三読会ノ順序

(1)　討　論（全体論）

(2)　表　決

第三読会ハ議案全体ノ可否ヲ決スベキモノデアルカラ其討論ハ議案全体ニ渉ツテ可否ノ論ガ出来ル（衆規一〇二条）。又表決ハ第二読会ノ議決ニ対シ賛否ヲ決スル。即第二読会議決ノ通リ可決サレタ場合ハ議長ハ「第二読会議決ノ通リ可決確定セル」旨ヲ宣告スル。

第二章　予算案ノ会議

第一節　予算案ノ提出時期

本予算案ハ年末年始休会明提出サレル

予算案ハ政府ガ先ヅ衆議院ニ提出セネバナラヌガ之ハ衆議院ニ予算先議権ガアルカラデアル（憲六五条）。而シテ其ノ提出時期ハ前ニ議案提出ノ項デ述ベタヤウニ本予算案（総予算案、特別会計予算案及予算外国庫ノ負担トナルベキ契約ヲ為スヲ要スル件ヲ併セテ追加予算案ニ対シテ本予算案ト称シテヰル）ハ年末年始ノ休会明ノ始ニ提出サレル慣例デアル。

追加予算案ノ提出時期ハ一定シナイ

追加予算案ハ本予算案ト同時ニ提出サレルコトモアルガ通常ハ之ヨリ後レテ提出サレル。

予算案ハ政府ニ於テ修正ノ為又ハ内閣更迭ノ為等特殊ノ事情アルトキハ撤回ノ上更ニ提出サレルコトガアル。

第二節　予算案ノ審査期間

提出ノ日ヨリ起算スル

予算案ニ付テハ他ノ議案ト異ナリ委員会ノ審査期間ガ定メラレテヰテ、予算案ヲ受取ツタ日ヨリ二十一日以内ニ委員会ノ審査ヲ終ルコトニナツテヰル。此ノ「受取リタル日」トハ何ヲ指スカニ付テハ論議ノ余地モアリ、古クハ衆議院ノ取扱モ異ツテヰタガ、第二十三回議会以降ハ衆議院デハ予算案ノ提出サレタ日ト解釈スルコトトナツタ。勿論受取リタル日トアルカラニハ受理手続ノ完了シタ日デナクテハナラヌ。而シテ提出ノ日ニ受理ハ完了スルカラ委員付託ノ日ハ提出日ト同一ニナル予算案ハ特ニ委員付託ノ手続ヲ要セズ直ニ予算委員ニ付託サレルモノデアルカラデアル。ソコデ此ノ日ヨリ審査期間ヲ起算サレルコトニ先例ガ定ツタ訳デアル（審査期間ハ初メ十五日デアツタガ明治三十九年以来二十一日トナツタ）。

五日間以内ノ審査期間延長ヲ為スルコトガ出来ル

此ノ二十一日ノ審査期間ハ已ムヲ得ナイ事由ガアレバ五日間ヲ超エヌ範囲デ延長ガ出来ル。此ノ必要アル場合ハ委員長ヨリ延長ノ要求ヲ為シ院議ヲ以ツテ定メテヰル。

停会日数ハ算入サレルカ

又停会期間ハ算入サレルカ否カニ付テハ第五十一回議会ニ於テ問題トナリ、其ノ際ノ質疑応答ニ於テモ政府ハ算入セザルヲ穏当ト認メテヰル。其ノ後第七十回議会ニ至リ政府ヨリ停会日数ハ之ニ算入セザルコトヲ明ニシタ改正案ガ提出サレタガ、之ト共ニ審査期間ヲ短縮シテ来タ為不成立ニ終ッタ。之ガ為未ダ此ノ点ハ確定サレルニ至ラナイガ此ノ法律案ニ依ッテ見テモ政府ハ算入シナイノガ妥当デアルトノ解釈ヲ採ッテヰルコトガ判ル。衆議院デハ追加予算案ニ付停会日数ヲ算入セズニ取扱ッタ事例ガ二回アル（第三回及第十八回議会）。

休会日数ハ算入スル

休会日数ニ付テハ当然審査期間中ニ算入セラルベキモノデアル。議院自ラ其ノ会議ヲ休止シタモノデアルカラ、之ヲ除外スル理由ハナイカラデアル。

追加予算案ニモ審査期間ガアルカ

此処ニ問題ハ追加予算案ニ対シテモ此ノ審査期間ガアルカドウカデアルガ、積極説ノ論拠ハ議院法第四十条ニハ予算案トアッテ何等ノ区別ナク、追加予算案モ予算案デアル点ト、議院ノ先例モ亦之ニ従ッテキルト謂フ点デアル。而シテ消極説ニ依レバ此ノ審査期間ト提出義務トハ不可分ノ関係ニアルモノデ審査期間アルニ於テハ此ノ期間ノ余裕ヲ以ッテ提出セネバナラズ、会計法ハ総予算案ニ付会期ノ始メ提出ノ義務ヲ規定シ追加予算案ニ付テハ規定スル所ガナイ。而シテ審査期間アリトスレバ政府ハ会期中適宜追加予算案ヲ提出スルコトヲ得ナイ結果トナルコト、又議院ノ事例ガ凡テ此ノ期間内ニ審査ヲ終ッテヰルト謂フハ事実ガ然リト謂フニ過ギズ、之ニ依ッテ法律ノ解釈ヲ決定シタモノデハナイト謂フノデアル。

今衆議院ノ先例ヲ調ベテ見レバ第三回議会明治二十五年及第十八回議会明治三十六年ニ追加予算案ガ前者ハ五日間後者ハ一日法定審査期間ヲ超過シテ委員会ノ報告ガアツタ事例ハアルガ、第三回ハ停会七日間第十八回議会ハ停会三日間アツタカラ停会日数ヲ算入シナイトスレバ審査期間内ニ終ツテヰルカラ之ヲ以テ追加予算案ハ審査期間ニ拘束サレナイ事例ナリト一概ニ見ル訳ニハ行カヌ。

追加予算案ハ提出時期モ一定サレズ会期半バ以後時トシテハ三月ニ入ツテカラ提出サレタコトモアル。ソレ故審査期間ガアレバ其ノ期間ノ余裕ヲ見テ提出セネバナラヌモノデアルトノ議論カラスレバ追加予算ニ付テハ法定審査期間ノ適用ハナイコトニナルガ、議院法第四十条ハ委員会ノ審査ノ最長期ヲ規定シタモノデアツテ、提出義務ハ別個ニ会計法ニ依ツテ定メラレテアル。而シテ会計法ハ追加予算案ニ付何等定メル所ガナイ。一方ニ審査期間ヲ設ケタカラニハ其ノ期間ヲ与フベキハ至当デアツテ提出ガ遅レタ為ニ事実上委員会ハ二十一日間ノ審査権ヲ完ウスコトガ出来ヌ場合ヲ生ズルガ、審査期間不足スルカラト謂ツテ審査義務ナシトハ謂ハレナイ。

此ノ期間ハ審査ノ最小限ヲ定メタモノデナク最大限ヲ規定シタモノデアルカラデアル。

然シ乍ラ議院側カラスレバ此ノ期間内デノ審査義務ヲ負フト共ニ其ノ期間内ハ審査シ得ル訳デアルカラ、政府ノ提出時期如何ニ依リ審査未了トナルコトガアツテモ、其レハ政府ノ責任デアツテ議院ノ負フベキ責任デハナイト謂フコトニナル。

而シテ従来カラ追加予算案ニ限ツテハ政府ヨリ委員審査ノ省略ヲ要求スルコトガアルガ、本予算ニ対シテハ之ガナイ点ヤ、本予算ト追加予算ノ性質上ノ差異及本予算ニ関シテノミ提出義務ノ規定アル点等ヲ考ヘレバ議院法第四十条ハ追加予算案ヲモ予想シテ包含セシメタ規定ナリヤ否ヤニ付テハ多大ノ疑問ガアルガ、特ニ例外的規定ナキ限リ本条ハ総予算ノミヲ指シ追加予算ハ審査期間ノ適用ナシトスルコトモ如何ガト思フ。寧ロ解釈論トシテハ総予算案審査ニ二十一日ノ制限アルニ於テハ追加予算案モ当然ニ之ガ制限ヲ受クベキモノト解スル方ガ穏カデアル。

伊東伯ノ議院法義解ノ立法理由ヲ見レバ「予算ノ審査ハ（中略）許多ノ時日ヲ要セサルコト能ハス但或ハ過キテ緩慢ニ失フノ弊ヲ制限スル為ニ」審査期間ヲ定メタトアル趣旨カラスレバ追加予算案ノミ無制限ニ長期ノ審査ヲ許シタモノト為ス訳ニハユカヌ。

衆議院ノ先例ハ凡テ追加予算案ニ付テモ此ノ審査期間内ニ委員会ノ審査ヲ終ツテヰル。而カモ第七十五回議会（昭和十四年）ニ於テ予算委員長ハ予算総会デ追加予算ニ対シテモ審査期間ノ規定ガ適用セラルベキコトヲ明ニ述ベタ事例モアル。

再提出ノ予算案ハ審査期間ガ更新サレル

予算案ハ撤回シテ再提出サレルコトノアルコトハ前ニ一言シタガ、此ノ場合ハ内容ニ変更アルナシニ拘ラズ審査期間ハ更新サレル。

第三節　予算案ノ会議ノ順序

予算案ハ提出アリタルトキ直ニ予算委員ニ付託サレ委員会ノ審査ヲ経タル後会議ニ付スルモノデアルガ、特ニ追加予算案ニ対シ政府ヨリ委員審査ノ省略ヲ要求シタ場合ハ此ノ要求ヲ容レ直ニ会議ニ付スル。然ルニ追加予算案ニ対シ単ニ緊急事件トシテ議決セラレタキ要求ガアツテモ此ノ場合ニハ概ネ委員ノ審査ヲ経テ会議ニ付スル。今会議ノ順序ヲ示セバ次ノヤウニナル。

一　普通ノ順序

(1)　委員長報告
(2)　少数意見報告
(3)　修正案ノ説明
(4)　質　疑
(5)　討　論
(6)　表　決

右ノ順序ハ大体法律案ノ場合ト同様デアルガ総予算ハ追加予算ト異リ不可分ノモノデアツテ、其ノ内

ニハ　皇室費ノ如ク協賛ヲ要シナイモノ又ハ大権ニ基ク既定経費ヤ法律上ノ義務経費等ガ含マレテキルカラ（憲六七条）否決スルコトハ出来ナイ。従ツテ修正ヲ以ツテハ満足出来ズ全面的ニ反対ノ場合ハ政府ニ編成替ヲ要求スルノ外ハナイ。

二　委員ノ審査省略ノ場合ノ順序

追加予算案ニ対シ政府ヨリ緊急事件ノ要求アリタル為委員審査省略ノ場合ハ直ニ本会議ニ付ス。其ノ順序ハ

(1)　趣旨弁明
(2)　質　　疑
(3)　修正案ノ説明
(4)　討　　論
(5)　表　　決

トナル。

第四節　予算案ノ審議

衆議院ガ予算先議権ヲ有スル結果、予算関係ノ法律案モ亦先ニ衆議院ニ提出セラレル例デアルカラ、予算案ハ之ニ関係アル法律案ノ議決後会議ニ付スルノガ本来ノ順序デアルガ実際ニハ中々此ノ理屈通リニハ行カヌノデ本予算案ハ関係法律案ノ議決ヲ俟タズシテ会議ニ付シテキル。追加予算案ニ付テモ之ト関係アル法律案ノ議決ニ拘ラズ会議ニ付スル。

逐項審議ニ依ラナイ

予算案ハ第一回議会以来第二十回議会（明治三十七年）迄ハ逐項審議ヲシタガ、其ノ後ハ之ノ方法ニ依ツタリ依ラナカツタリ一定シナカツタ。然ルニ第二十八回議会（明治四十五年）以来ハ議案全部ヲ議題ト為シ逐項議ニ依ラナイコトニナツタ。

金額ノ増加修正ハ出来ヌ

予算款項ノ金額ヲ増加シ若ハ新ニ款項ヲ設クルノ必要ヲ認ムルモ、政府自ラ修正スルノ外議院ハ此ノヤウナ修正ヲ為スコトハ出来ナイ。其ノ理由ハ議院ニハ予算ニ付発案権ガナイカラ、金額ノ増加又ハ款項ノ新設ハ新タナ予算ノ発案トナルトノ観点カラデアル。

款項ノ削除ヲ為スコトガ出来ル

予算案ノ款項ノ削除ハ出来ルカラ此場合ハ其款項及金額ヲ抹消スル。

継続費ノ改訂ハ協賛ヲ要スル

既ニ議会ノ協賛ヲ経タル継続費ニ対シ政府ニ於テ其ノ総額若ハ年割額ヲ増減シ又ハ其ノ年限ノ延長若ハ短縮ヲ為サムトスル場合ハ議会ノ協賛ヲ求メネバナラヌ（憲六八条）。

憲法第六十七条ノ費目修正ハ政府ノ同意ヲ要スル

憲法第六十七条ノ費目ニ対シ修正ヲ為ス為政府ノ同意ヲ求ムル時期ハ、予メ政府ノ同意ヲ得ルカ（第二十一回議会）又ハ其ノ部分議決ノ際カ（第四十回議会）ソレトモ全部議決シ確定議宣告前ニ同意ヲ求ムル手続ヲ執ル（第二十七回議会）。而シテ其ノ方法ハ口頭又ハ書面ヲ以ツテスル。

予算案返付ノ動議ノ取扱

予算案ノ全部又ハ一部ノ編成替ヲ要求スル動議若ハ予算案ヲ政府ニ返付スベシトノ動議提出セラル、コトガアル。孰レモ政府ニ予算ノ編成替ヲ求ムルモノデアルカラ先決問題トシテ直ニ採決スベキモノデアルガ、其ノ動議ノ可否ニ付討論ヲスルコトガ出来ルカラ、便宜上本案ト併セテ討論ニ付スルヲ例トシ唯採決ニ際シ該動議ヲ先ニ採決スル。

第五節　特別会計予算及予算外国庫負担ノ契約ヲ為スヲ要スル件ト総予算案トノ関係

各々独立シテ成立スル

特別会計予算案ハ総予算案不成立ニ拘ラズ独立シテ成立スル。予算外国庫ノ負担トナルベキ契約ヲ為スヲ要スル件モ総予算案不成立ニ拘ラズ成立スル。尚予算外国庫負担ノ契約ヲ為スヲ要スル件中各件ハ独立シテ成立スル。追加予算案モ総予算案ニ拘ラズ独立シテ成立スル。又追加予算案中ノ各件ハ各〻独立シテ成立シ得ベキモノデアルト思フ。

第三章　決算ノ会議

第一節　決算ト会期不継続ノ原則トノ関係

決算ハ後ノ会期ニ継続スル

決算ハ予メ決算委員会デ審査ヲ経タ後会議ニ付シテ審議スル。決算ノ提出ガアレバ直ニ委員付託トナルガ、委員会デハ会計検査院ノ審査報告ト之ニ対スル政府ノ弁明書ノ提出ヲ待ツテ審査ヲ開始スル。而シテ前ニ述ベタヤウニ決算ハ議案デハナク政府ノ報告ト見ラレルカラ之ヲ修正スルトカ否決スルコトハ性質上出来ヌノデ、政府ノ処置ヲ是認スルカ否カヲ決メル。此ノ場合会計検査院ガ不当又ハ不法ト認メタモノト雖議院ハ独自ノ見解ニ基キ公正ナル判断ヲ下シテ其ノ合法性ト妥当性トヲ決定シテヰル。

決算ハ委員会デ審査未了トナツタ場合ハ勿論、其ノ審査終了後解散又ハ会期終了ノ為議決ニ至ラナカツタ場合ハ、後ノ会期デ前ニ提出サレタ決算ニ付審議スル。議案ニ付テハ会期不継続ノ原則ガアツテモ決算ニハ適用サレナイ。之ガ議案ト異ナル大キナ点デアル。

両院ノ議決異ルコトアリ

決算ハ政府カラ両院ニ各別ニ提出サレル。従ツテ両院ハ各〻其ノ見ル所ニ従ツテ、議院ノ意思ヲ表示シ、其ノ審議シタ決算ハ他ノ院ニ送付シナイ。之ガ為両院ノ議決意思ガ齟齬スルコトノアルノモ亦免レ難イ所デアル。

第二節　決算ノ審議

今会議ノ順序ヲ示セバ

(1)　委員長報告

(2)　少数意見報告
(3)　質　疑
(4)　討　論
(5)　表　決

トナル。

委員会ノ報告ヲ議決ノ対象トシテヰル

決算ノ審議ハ決算其ノモノヲ可決或ハ否決スルノデハナク決算ヲ審議シテ政府ノ処置ニ対シ之ヲ是認スルカ否カノ議院ノ意思ヲ決定スルモノデアルカラ決算ノ会議デハ決算ガ議題トナッテモ議決ノ対象ハ決算委員会ノ報告ニ付其ノ通リ認メルカドウカヲ決定シテヰル。

従ッテ決算夫レ自体ハ修正出来ナイガ、委員会ノ報告ハ修正出来ル。即チ委員会ガ是認シタ事項ヲ否トシ、委員会デ否ト認メタモノヲ是トスルコトハ差支ナキコトデアル。

委員会ニ於テハ是認シナイ事項ハ之ヲ不法又ハ不当孰レカニ決シテ報告シテ来ル。

付帯決議ハ採決セヌ

決算委員会ニ於テ不法又ハ不当ノ支出ト認メテ報告スルモノハ毎年度相当数ニ上リ其ノ重要ナモノアルトキハ付帯ノ決議ヲシテ報告スルコトモ亦少クハナイ。而シテ此ノ委員会報告中ノ付帯決議ハ本会議デハ採決シナイ例デアル。

再審査ヲナシタルコトガアル

決算ノ審議ニ際シ委員会報告ヲ全面的ニ是認セズニ動議ニ基キ再審査セシメタコトモアル。

（第三十九回議会）

第三節　国有財産計算書

国有財産増減総計算書ハ第五十回議会（大正十四年）ニ、又国有財産現在額総計算書ハ第五十五回議会（昭和三年）ニ初メテ報告セラレタガ、衆議院ハ之等ハ提出ト同時ニ決算委員ニ付託シ決算ニ準ジテ取扱ヒ、政府ノ報告ヲ是認スルヤ否ヤヲ決スル、但シ之等ハ其ノ性質上不当不法ノ問題ハ生ズル余地ノナイモノデアル。而シテ増減総計算書ハ毎年提出サレルガ現在額総計算書ハ五年毎ニ提出サレル。

第四章　承諾ヲ求ムル件ノ会議

事後承諾案ノ種類

議会ノ承諾ヲ求ムル件ハ種々ノモノガアル。

(1)　第一予備金支出ノ件

(2)　第二予備金支出ノ件
(3)　予備金外予算超過及予算外支出ノ件
(4)　財政上ノ緊急処分ニ関スル件及
(5)　緊急勅令ノ承諾ヲ求ムル件

等デアツテ之等ハ既ニ処分ヲ為シ又ハ公布シタルモノノ承諾ヲ求ムルノデアルカラ一般ニハ事後承諾案ト謂ハレテキル。

第一予備金

第一予備金ハ避クベカラザル予算ノ不足ヲ補フモノデアリ、支出シタ年度経過後ノ通常議会ニ承諾ヲ求メテ来ル。

第二予備金

第二予備金ハ予算外ニ生ジタ必要費用ニ充テルモノデ、支出直後ノ通常議会ニ提出シテ承諾ヲ求メネバナラヌモノデアル（会一〇条）。

責任支出ノ件

予備金外ノ予算超過又ハ予算外支出ノ件ハ第一、及第二予備金ヲ設ケテアツテモ、此ノ範囲内ヲ以ツテハ不足ヲ告ゲタル為、予備金外ニ於テ国庫剰余金ヲ以ツテ予算外ノ支出ヲ為シタモノデアル。之ガ所謂政府ノ責任支出ト呼バレテキルモノデ、予算ガナイカラト謂ツテ国務ヲ怠リ支出セヌ訳ニハ行カナイカラ、政府ノ責任ニ於テ支出ヲ為シ後日議会ノ承諾ヲ求メ其ノ責任ヲ解除セムトスルノデアル（憲六四条）。

財政上ノ緊急処分ノ件及緊急勅令

憲法第七十条ニ基ク財政上ノ緊急処分ヲ為シタルトキ及憲法第八条ニ依リ緊急勅令ヲ発布セラレタ場合ハ、次ノ議会デ承諾ヲ求ムルモノデアルカラ、臨時議会デアツテモ提出セネバナラヌ。

予備金支出等ノ再提出

予備金支出其ノ他財政上ノ支出ノ件ガ議会ニ提出サレテモ解散其ノ他ノ事由ニ依リ両院ノ審議未了トナツタ場合ハ次ノ議会ニ再ビ提出シテ承諾ヲ求メネバナラヌガ次ノ議会ガ臨時議会デアレバ通常議会又ハ特別議会ヲ俟ツテ提出サレル。

第一節　承諾案ノ会議ノ順序

上記ノ承諾案ヲ先ヅ本会議ニ付スル順序ハ法律案ト同様デアル。

(1)　趣旨弁明
(2)　質　　疑
(3)　委員付託

委員会ノ審査ガ終レバ更ニ本会議ニ付ス、其ノ順序モ他ノ議案ノ場合ト異ナル所ナク

(1)　委員長報告

(2)　少数者意見報告

(3)　質　疑

(4)　討　論

(5)　表　決

ノ順序トナル

第二節　承諾案ノ審議

委員ニ付託スル

承諾案ノ内容ハ元来議会ノ協賛ヲ経ベキ性質ノモノデアルカラ議院トシテハ政府提出議案同様ノ取扱ヲ為シ、総テ委員付託トシテヰル。然シ過去ノ事実デアルカラ之ヲ修正スルコトハ出来ズ、単ニ之ニ承諾ヲ与ヘルカ否カヲ議決シ、付帯決議ヤ希望条項ガアツテモ之ハ本会議デハ採決シナイ。

一　予備金支出等ノ一部ノ承諾

予備金支出ノ件又ハ予備金外支出ノ件ハ第二十一回議会（明治三十八年）以来各費目ハ可分的ニ議決シ得ルモノト為シ、其ノ一部ニ対シ承諾ヲ与ヘ得ルコトトナツタ。此ノ場合ハ其ノ不承諾トナツタ部分ヲ抹消シテ之ヲ貴族院ニ送付スル。

二　審議未了ノ予備金支出ノ件

予備金支出ノ件ガ議決ニ至ラナイトキハ次ノ会期（通常議会又ハ特別議会）ニ再ビ提出サレルコトハ前ニ一言シタ通リデアル。

三　責任支出ノ件

責任解除ノタメ提出サレル

予備金外予算超過及予算外支出ノ件ハ政府ノ提出文ニハ「憲法第六十四条第二項ニ依リ提出ス」トアルモ其ノ憲法上ノ根拠ニ付テハ屢〻議論ガアツタガ（第三回、第六回、第九回、第三十一回、第三十六回、第四十回及第四十一回議会）今日デハ違憲論モ無クナリ衆議院デハ政府ノ責任解除ノ意味デ提出サレルモノト解シ之ニ承諾ヲ与フルヤ否ヤヲ議決シテヰル。

四　財政上ノ緊急処分ニ関スル件

公共ノ安全ヲ保持スル為緊急ニ財政上ノ必要処分ヲ為サネバナラヌ場合ニ、内外ノ情勢上議会召集ガ困難デアルトキ政府ハ勅令ヲ以テ財政上ノ応急処分ヲ為シ得ルコトハ憲法第七十条ニ規定サレテヰル。之ガ財政上ノ緊急処分ト謂ハレテヰルモノデ、此ノ場合ハ次ノ議会ニ提出シテ承諾ヲ求メネバナラナイ。

本件ニ付テハ総テノ憲法書デ論ジラレテヰルカラ今更説明スル要モナク、其ノ承諾案ノ会議モ前述シタ財政上ノ他ノ承諾案ノ場合ト全ク同様デアルカラ、之ヲ省略スル。

五　緊急勅令

審議未了ノトキハ失効トナル

緊急勅令ハ議会提出後解散其ノ他ノ事由デ両院ノ議決未了トナツタ場合ハ、政府ハ将来ニ向テ其ノ失効ヲ公布シ再ビ之ヲ提出スルコトガナイ。

即チ次ノ議会デ承諾ヲ得ナカツタ事実ニ依リ解除条件ガ充タサレタモノト謂フベク従ツテ将来ノ効力ヲ解除スベキモノデアルカラデアル。

第五章　上奏案建議案及決議案ノ会議

第一節　上奏案ノ会議

一　上奏案

上奏案ニハ三十人以上ノ賛成ヲ要スル

上奏ト謂フノハ議院ノ意思ヲ　聖聞ニ達スルコトデアル。之ニハ議長発議ニ依ル場合ト議員発議ニ依ル場合トガアル。上奏案ニハ三十名以上ノ賛成者ヲ必要トスル。

上奏ハ国家的儀式典礼ニ際シ行ハレル場合最モ多ク、議長発議ニ依ルモノガ多イ。議員発議ノ上奏案ハ比較的少ナイ。

上奏案ハ委員付託ノ場合少ナイ

上奏案ハ普通委員付託ニスルコトナク本会議デ直ニ採決シテヰルカラ会議ノ順序モ

(1)　趣旨弁明

(2)　質　疑

(3)　修　正

(4)　討　論

(5)　表　決

ノ順序トナル訳デアルガ、議論ノ分レル場合少ナキ為概ネ趣旨弁明後直ニ起立採決シテヰル。唯開院式ニ賜ハル勅語ニ対スル奉答文ハ案文ノ起草ヲ委員付託ト為シ、議場ニ於テ議長ガ直ニ委員ヲ指名シ、引続キ文案起草ヲ命ズル。従ツテ委員会デ成案ヲ得レバ委員長報告ノ後起立採決ヲシテヰル。

二　上奏書奉呈

上奏ヲ為ス場合上奏書、奉答書ハ議長参内拝謁シテ御前ニ於テ朗読シ之ヲ奉呈スル。宮中ノ御都合ニ依リ謁見ヲ賜ハラザルコトガアル。此ノ場合ニ於テハ宮内大臣若ハ宮内次官ヲ経テ奉呈スルヲ例トスル（議五一条、衆規一四八条）。

開院式勅語ノ奉答ニ対シテハ、　陛下ヨリ

　朕衆議院ノ深厚ナル敬礼ヲ嘉ス

トノ　勅語ヲ賜ハル例デアル。

上奏書ハ議事ヲ整理シタ議長又ハ副議長ノ名ヲ以テスル

上奏書奉答書ハ議長ノ名ヲ以ツテスルヲ例トスルガ議長病気其ノ他ノ事由ニテ其ノ議事ニ干与セザルトキハ副議長ノ名ヲ以ツテスル。

第二節　建議案ノ会議

一　建議案

建議案ニハ三十人以上ノ賛成ヲ要スル

建議ハ議院ノ意思ヲ政府ニ建白スルモノデアル。建議案ハ三十名以上ノ賛成者ヲ以ツテ議員ガ提出スル。

建議委員ハ常任トシテ二十七名デアル

晩近国家ノ著シキ発展ト社会事情ノ変遷ニ伴ヒ此ノ建議案ノ数夥シキニ上リ、為ニ従来ノヤウニ一々特別委員ニ付託シテヰテハ不便ガ少クナイノデ、第六十三回議会（昭和七年）初メテ常任委員トシテ建議委員四十五名ヲ設ケ引続キ常任委員ニ付託スルノ例トナツタガ第七十四回議会（昭和十四年）ニ至リ委員ノ数ヲ二十七名ニ減ジ今日迄之ニ依ツテヰル。

二　建議案ノ審議

建議案ハ印刷配付ノトキヲ以テ委員付託トスル

建議案ハ提出サレルト議長ノ手元デ一応字句其ノ他形式ノ審査ヲ為シタル後、之ヲ議員ニ印刷配付ス

ルカラ、此ノ印刷配付ノ時ヲ以ツテ委員付託ト看做シ審査ヲ開始シ委員会ノ報告後日程ニ掲ゲ

(1)　委員長報告

(2)　討　　論

(3)　表決ノ順序ニ従フコトハ他ノ場合ト異ル所ハナイ

建議案ニ対シ国務大臣又ハ政府委員意見ヲ述ブルコトガアル

建議案審議ニ際シ委員長報告ガアツテ採決前又ハ議決後国務大臣又ハ政府委員ガ其ノ建議案ニ対スル政府ノ所見ヲ述ベル場合ガ屡〻アル。

三　本会議即決ノ建議案

各派一致ノ提案ニ係ル建議案等ニ対シ提出者カラ特ニ委員会ノ審査ヲ省略シ本会議ニ於テ即決セラレタキ旨ノ要求ヲ為ストキハ、建議委員長ハ先ヅ之ヲ委員会ニ諮リ其ノ承認ヲ得タル場合ハ委員長ヨリ其ノ旨ノ要求書ヲ議長ニ提出スル。

此ノ場合ハ委員会ノ審査ヲ省略シテ本会議ニ付シ先ヅ

(1)　趣旨弁明

(2)　質　　疑

(3)　討論ノ後

(4)　表　決

スル。

〈参　考〉

要　求　書

……………ニ関スル建議案

何君外何名提出

右ハ提出者ヨリ即決ノ要求有之委員会ニ於テ之ヲ承認致候間本院ニ於テ即決相成度候也

年　月　日

建議委員長　何　　某　㊞

衆議院議長　何　　某　殿

四　建議ノ処理

建議案議決サレタトキハ議長ヨリ即日内閣総理大臣ニ宛之ヲ呈出スル（議五一条、衆規一四九条）。

第三節　決議案ノ会議

一　決議案

決議案ハ二十人以上ノ賛成ヲ要スル

決議ハ議院ノ意思表明デアル。決議案ハ議員ガ二十名以上ノ賛成者ヲ以ツテ提出サレルモノデアッテ、衆議院ニ於テハ毎会期数件ニ及ンデヰルガ、貴族院デハ其ノ件数ガ少ナイ。而カモ貴族院ハ他ノ一般動議ト同様一名ノ賛成ヲ以ツテ足リルガ衆議院デハ最初一名ノ賛成者デ良カッタモノヲ第四十五回議会（大正十年）以来二十名以上トシタ。之ハ決議ノ重要性ガ上奏、建議ニ劣ラナイノデアルカラ其ノ権衡上濫発セラレナイヤウニ鄭重ニシタノデアル。

決議案提出ノ場合

然ラバ決議ハ主トシテ如何ナル場合ニ行ハレテヰルカト謂ヘバ

(1)　戦功ノ表彰又ハ感謝

(2)　国交ニ関スル議院ノ意思表明

(3)　祝賀、慰問、弔詞

(4)　永年在職議員ノ表彰

(5) 内閣不信任

(6) 其ノ他重要ナ事項

ニ対シテ衆議院ノ意思ヲ表明セムトスルトキデアル。而シテ議長発議ニ依ル場合ト議員ノ発議ニ依ル場合トガアル。

二　決議案ノ審議

決議案ハ即決ノ場合ガ多イ

決議案ハ多クノ場合委員付託ニスルコトナク本会議デ即決スル。

(1) 趣旨弁明

(2) 質　疑

(3) 討　論

(4) 表　決

ノ順序デアルガ儀礼的ノ場合ハ殆ンド討論ノ余地ガナイカラ直ニ採決シ、不信任決議ノ如キ場合ハ大イニ論議サレル訳デアル。

決議案ヲ特ニ委員付託トシタコトモナイ訳デハナイ。

決議ニ対スル国務大臣ノ発言

内閣不信任又ハ国務大臣ノ処決ヲ求ムルノ決議案議決ノ際ハ内閣総理大臣又ハ当該大臣ガ所見ヲ述ベルコト少クナク又軍隊ニ対スル感謝慰問等ノ決議案議決ノ際ハ主管大臣謝辞ヲ述ブルヲ通例トスル。

三　議案付帯ノ決議案

日程変更ヲ要セズ直ニ議題トスル

委員会報告ニ付随シテ報告サレル付帯決議ハ本案ニ対スル希望若ハ警告ニ過ギナイモノトシテ本会議ニ於テハ之ヲ採決シナイコトハ前ニモ述ベテ置イタ所デアルガ法律案其ノ他ノ議案ノ会議中成規ノ賛成ヲ以ツテ本案ニ付帯シタ決議案ヲ提出サレルコトモ稀ニハアル。此ノ場合ニハ付帯事項トシテ別ニ議事日程ノ変更ヲ要セズ直ニ議題トスル。此ノ決議案ハ概ネ本案ニ対スル先決問題ニ属スルカラ本案ニ先チ採決スル例デアル。

四　決議ノ処理

決議ハ其ノ目的ニ従ツテ内閣総理大臣若ハ主管大臣、或ハ相手方ニ即日通牒スル。其ノ通牒ハ議長又ハ書記官長ノ名ヲ以ツテスル。之ニ対シ回答又ハ通知、謝電等ヲ受クルコトモ少クナイ。

第六章　請　　願

請願ハ臣民ヨリ議院ニ呈出サレタ嘆願デアツテ、議院ハ請願書ヲ受理シテ其ノ願意ガ、至当デアルト認メレバ之ヲ採択シ、然ラザレバ不採択トスルノデアル。

之ニ依ツテ民意ヲ政府ニ申達シ、以ツテ適当ナル施策ヲ為サシメムトスル憲法上ノ下意上通ノ方法デアル。而シ議院ハ臣民カラ自由ニ請願書ヲ受クルコトハ許サレズ必ズ議員ノ紹介ガナクテハナラヌ（議六二条）。

第一節　請願書ノ受理

臣民ハドンナ事デモ請願シ得ルト謂フ訳ニハ行カヌ、又一定ノ様式ヲ備ヘテヰナケレバナラナイ。

其レ故法規ニ合ハナイ請願書ハ之ヲ受理スルコトガ出来ナイカラ、呈出サレタ請願書ガ規定ニ合ハヌ場合ハ之ヲ却下スベキモノト委員会デ議決シテ議長ニ報告シ、議長カラ紹介議員ヲ経テ却下スル（議六三条）。

一　請願シ得ザル事項

(1) 憲法ヲ変更セントスルモノ（議六七条）
(2) 司法行政ノ裁判ニ関与スルモノ（議七〇条）
ハ請願スルコトガ出来ナイ。

二　一定ノ体式ヲ具ヘルコト

(1) 法人以外ノ者カラ総代名義ヲ以ツテスルコトヲ得ナイ（議六六条）
(2) 哀願ノ体式ヲ欠イタリ、請願ノ名義ニ依ラナイモノハ請願トナラヌ（議六八条）
(3) 皇室ニ対シ不敬ノ語ヲ用ユルコトハ許サレヌ（議六九条）
(4) 議院ヲ侮辱シタ用語モ用ユルコトガ出来ヌ（議六九条）
(5) 此ノ外請願ニハ請願者ノ住所、職業、年齢ヲ記シ各自署名捺印スルコトニナツテヰル（代書サセタ場合ハ代書人其ノ事由ヲ付記シ署名捺印スル）（衆規一五一条）
(6) 法人ノ請願書ハ代表者署名シ法人ノ印章ヲ用ユル（衆規一五二条）
(7) 請願ニハ邦文ヲ用ヒ、已ムヲ得ズ外国語ヲ用ユル所ハ註解ヲ付ケネバナラヌ（衆規一五六条）

第二節　請願ノ審議

議院ガ請願書ヲ受理シタルトキハ請願委員ニ付託サレタモノトナリ、委員会デ審査ヲ為シ本会議ニ付スベシトスルモノ（之ヲ特別報告ノ請願ト謂フ）ト本会議ニ付スルヲ要セズトスルモノ（之ヲ特種報告ノ請願ト謂フ）トヲ区別シテ議長ニ報告スル。

本会議ニ於ケル請願審議ノ順序ハ

(1)　委員長報告

(2)　討　　論

(3)　表決ノ順デアル。

一　特別報告ノ請願

一括議題ト為シ一括採決スルヲ例トスル

特別報告ノ請願ガ即チ採択スベシト委員会デ決定シタモノデアッテ、此ノ委員長報告ハ委員長ガ特ニ必要ト認メタモノノ外一括シテ之ヲ為ス例デアル。之ガ為議題トスル場合モ一括議題トシ採決モ反対アル請願ダケヲ別ニ採決シテ其ノ他ハ一括採決スル。

請願ヲ議題トスル場合モ決算同様請願其ノモノハ議決ノ対象トナラズ単ニ委員会ノ報告ヲ議決スルモノデアルカラ、請願ヲ修正シテ採択スル訳ニ行カズ、採決ハ「委員長報告通リ採択スルヤ否ヤ」ヲ諮ル。

特別報告ニハ意見書ガ必要デアル

之等委員会ノ特別報告ニハ意見書ヲ付スル。其ノ例ヲ挙ゲレバ

何々請願ハ其ノ要旨……………ト謂フニ在リ

衆議院ハ其ノ趣旨ヲ至当ナリト認メ之ヲ採択スベキモノト議決セリ依テ議院法第六十五条ニ依リ別冊及御送付候

ト謂フノデアル。請願自体ハ修正出来ナイガ委員会ノ報告ニ対テハ其ノ意見書ヲ修正シテ或ルモノヲ不採択トスルコトモ出来ル訳デアル。

特別報告ノ請願ノ再付託

特別報告ノ請願ヲ更ニ精細ニ調査スル必要ガ生ズレバ再審査セシメルコトモ勿論出来ル。目的ヲ同ジクスル議案ガアレバ請願ノ議事ヲ延バス

特別報告ニ係ル請願ト其ノ目的ヲ同ジクスル法律案建議案ガ提出サレタトキハ之ヲ議了スル迄、其ノ請願ノ議事ヲ延期スルノガ例デアル。

一事不再議ト請願トノ関係

既ニ議決サレタ議案又ハ請願ト目的ヲ同ジクスル請願ハ議決ヲ要セズ、曩ノ議案又ハ請願ノ結果ニ依

リ日程ニモ載セズ又院議ニモ付セズニ当然採択若ハ不採択ト看做サレル。
ソコデ採択ト看做サレタ請願ハ意見書ト共ニ政府ニ送付シ且其ノ件名ヲ速記録ニ掲載スル。

二　特種報告ノ請願

特種報告ノ請願ハ不採択カ参考送付カデアル

議院会議ニ付スルヲ要セズトスル請願ハ委員会ニ於テ

(1)　不採択

(2)　政府ニ参考送付

(3)　他ノ委員会ニ参考送付

ノ三種ニ区別シテ報告スル慣例デアル。

特種報告ノ請願モ会議ニ付スルコトヲ得

委員会デ不採択其ノ他ノ決定ヲシタ請願ニ対シ、一週間以内ニ議員ヨリ議院会議ニ付スルノ要求ヲ為ス者ガナケレバ委員会ノ決議ヲ以ツテ確定トナル（衆規一六一条）。

而シテ会議ニ付スルノ要求ハ議員三十名以上ヨリ要求スルヲ要シ、且ツ意見書案ヲ付セネバナラヌ。此ノ要求ガアレバ議事日程ニ掲ゲテ会議ニ付ス、従来ノ事例ハ第四回、第八回、第九回、第十五回、第二十二回及第四十六回ニ各一件宛アツタ（議六四条）。

要求書ノ例

――ノ請願ヲ会議ニ付スルノ要求

右成規ニ拠リ要求候也

年　月　日

要求者（連名）

――ノ請願ヲ会議ニ付スルノ要求

本件ハ…………月日請願委員会総会ニ於テ――ト議決セラレタリ然ルニ本件ハ…………ナルヲ以テ本件ヲ更ニ本会議ニ付シ審議有之度依テ別紙意見書案相添議院法第六十四条ニ依リ茲ニ要求候也

三　請願ノ至急審査

委員会審査期間ハ一週間以内トスル例デアル

議員ヨリ請願ニ対シ至急審査ノ請求アルトキハ之ヲ許可スルカ否カヲ院議デ決定スルノデアルガ、此ノ場合ハ討論ヲ用ヰズシテ採決スル。而シテ院議之ヲ許可シタトキハ其ノ審査期間ヲ定メネバナラヌガ、其ノ期間ハ議長ガ決定スル例デアル。従来ノ事例ハ総テ一週間以内トシテヰル（衆規一五六条）。然シ此ノヤウナ要求ハ極メテ稀デ第四回及第十四回議会ノ二回限リデアル。

第三節　法律制定ニ関スル請願

請願ニ基キ請願委員長発議ノ法律案ハ成規ノ賛成アリト看做ス

法律案ノ発議ヲスルニハ二十名以上ノ賛成ヲ要スルコトハ議院法ノ定ムル所デアルガ、法律制定ニ関スル請願ニ付委員会ニ於テ法律案ヲ作成シテ議決シタ場合ハ請願委員長カラ其ノ法律案ヲ発議スルモノデアルカラ、委員会ノ議決案トシテ賛成者ヲ要セズ当然成規ノ賛成アルモノト看做サレル（衆規一六〇条）。

此ノ法律案ノ会議デハ委員長ガ其ノ趣旨ヲ説明スレバソレデ足リルケレドモ、特ニ紹介議員ガ請願ノ理由ヲ述ベタコトモアル（第二十八回議会）。

特別委員ニ付託スルコトガ出来ル

此ノ法律案ハ既ニ請願委員会デ決定シタモノデアルカラ更ニ委員付託ニスルコトナク議決スルノガ普通デアツテ改メテ特別委員ニ付託スル場合ハ極メテ異例ニ属スル。

第四節　採択セル請願ニ対スル政府ノ報告

委員会ノ要求アルトキハ政府ハ採択サレタル請願ニ付報告スル

議院法第六十五条ニハ採択セル請願ニ対シテハ議院ハ事宜ニ依リ政府ノ報告ヲ求ムルコトヲ得ル旨規定セラレテヰルカラ、此ノ規定ヲ援用シテ委員会デ政府ノ報告ヲ求ムル場合ガアル。然ルトキハ政府ハ此ノ請求ヲ容レテ請願ノ処理経過ヲ報告シテヰル。

第七章　質問ノ会議

第一節　質　問

質問ハ議員ガ政府ニ対シテ事実ヲ確メ又ハ政府ノ所見ヲ質スコトデアル。質疑ハ議題又ハ其ノ時ニ問題トナツタモノニ付疑点ヲ質スコトデアルガ、質問ハ国務全般ニ亙リ疑問トスル所ヲ問フモノデ議題トハ全然無関係デアル。

質問ハ主意書ヲ提出セネバナラヌ

質問ノ方法ハ主意書ヲ以ツテセネバナラヌ。而カモ之ニハ三十名以上ノ賛成者ヲ要スル。主意書ハ邦文ヲ以ツテシ外国文ヲ以ツテスルヲ許サナイ。従ツテ外国語ヲ用ヒネバナラヌ箇所ハ其ノ註釈ヲ付サナケレバ議長ハ受理シナイ（議四八条）。

質問ガ提出サレレバ其ノ主意書ノ全文ヲ印刷シ政府ニ転送スルト共ニ各議員ニモ配付スル。

緊急質問ト一般質問トハ異ル

議院ニハ緊急質問ト謂フモノガアツテ之ハ突如トシテ起ツタ問題ニ付、政府ニ問ヒ質スモノデアルカラ、予定サレルモノデハナク従ツテ主意書又ハ一定ノ賛成者ヲ必要トシナイ。其ノ為何時デモ許可シ得ルモノデアルカラ、議事日程ノ変更又ハ追加ヲシテ之ヲ為サシメ、政府亦之ニ対シテハ口頭デ答弁ヲスル。恰モ質疑ノ場合ト同様デアルガ議題ト関係ガナイ点ガ異ツテヰル。

第二節　口頭質問

答弁書ヲ受領セザル質問ニ対シテハ口頭デ質問出来ル

質問主意書ニ対シテハ政府ハ直ニ答弁スルコトモ出来又期日ヲ定メテ答弁スルコトモ出来ルガ、答弁セザル場合ハ其ノ理由ヲ明ニセネバナラヌ（議四九条）。

ソコデ政府ノ答弁ガアレバ其ノ質問ハ消滅スル訳デアルガ、答弁ガナク其ノ儘ニシテ置クコトハ出来ヌノデ衆議院ハ通常議会及特別議会（特別議会ノ会期短キトキハ特ニ定メナイコトモアル）ニハ特ニ質問日ヲ火曜日ト定メ議事日程ノ首メニ載セテ其ノ日迄ニ答弁ノナカツタ質問ニ限リ提出者ヲシテ口頭質問ヲサセル。政府ハ之ニ対シテハ口頭答弁ヲ為ス。然シ議案ノ都合デ毎火曜日ヲ之ニ当テルコトハナク会期ノ半バ以後ニ質問ガ許サレル実状デアルカラ質問日以外デモ特ニ質問ヲスルコトモアル。日程記載ノ質問モ口頭質問前ニ答弁書ヲ受領スレバ日程カラ省カレテ質問ハ出来ナイガ、当日ノ速記録ニ質問主意書並答弁書ヲ掲載スル。

政府ノ書面答弁ニシテ既ニ到達シタモノハ質問日ヲ俟ツテ主意書ト共ニ速記録ニ載セル。

口頭質問ハ質問カ質問ノ説明カ

口頭質問ハ其レガ即チ質問ナリヤ前ニ提出シタ主意書ガ質問ナリヤハ研究ノ余地ガアリ、質問ハ文書ニ依ルベキモノデ口頭ノ質問ハ曩ニ提出シタ質問ノ説明又ハ趣旨弁明デアツテ質問其ノモノデハナイトノ見方ガ有リ得ル。

議院法上ハ質問ハ文書主義ニ依ツテヰルコトハ明デ主意書ニ依リ提出シタモノガ質問ソノモノデアル点ハ明瞭デアル。而シテ衆議院規則第百四十六条ハ「質問ニ付国務大臣ノ答弁其ノ要領を得スト認ムルトキハ、議場ニ出席ヲ求メ更ニ精細ノ質問ヲ為スコトヲ得」トアルカラ此ノ場合ノ質問ハ口頭質問タルコト明デ而カモ質問ソノモノデアルカラ本条ノ精神カラモ書面答弁ナキ質問ニ付キ口頭質問ノ出来ルノハ当然デアツテ、衆議院ノ先例ハ此ノ場合口頭質問ヲ許シテヰル。従ツテ此ノ口頭質問モ亦質問ソノモノデアルト見ルノガ穏当デアルト思フ。従ツテ本章ノ質問ノ会議ト謂フノハ此ノ口頭質問ノ場合ヲ指シテキルノデアル。

緊急質問ハ性質上日程変更ヲシテ何時デモ為シ得ルモノデアルガ政府提出案ニ先チテ質問セントスレバ政府ノ同意ヲ必要トスル。緊急質問ハ単ニ件名提出者及賛成者ノ記載ヲ以テ足リル。

第三節　会議ニ於ケル質問ノ取扱

一　口頭質問ノ順序

質問日ヲ火曜日ト定ムルコトハ第二十六回議会（明治四十二年）以来ノ慣例デ之ヲ日程ニ記載スル場合ハ当日ノ議事日程ト区別シテ別ニ番号ヲ付シ、首メノ方ニ掲ゲテ置ク。大体提出順ニ依ル例デアル。之ニ依リ質問順序ガ定マルガ、提出者ガ議席ニ居ナイコトガアツタリ、答弁ニ当ルベキ国務大臣ガ出席シテキナカツタリスレバ、議長ガ便宜順序ヲ前後シ又ハ提出者間ノ協議デ順序ヲ変更スル場合ガアル。

二　口頭質問ノ時間並回数

質問時間ヲ制限スル

質問ハ最近相当多数提出サレルヤウニナツタ為質問者ノ要望ヲ充サシメル便法トシテ第六十五回議会

ニ口頭質問ハ之ヲ二十分以内トスルコト但シ議長ニ於テ特別ノ事情アリト認ムルモノニ限リ三十分迄之ヲ許容スルコトヲ得ルコトヲ院議デ定メ爾来之ヲ例トシテヰル。

質問ハ三回以内ニ限ルヲ例トスル

而モ国務大臣若ハ政府委員ヨリ答弁ガアツタ場合之ニ対シ重ネテ質問ヲ為スハ差支ナイガ其ノ回数モ第一回目ノ質問ト通ジテ三回ヲ超ヘザルヲ例トスル。此場合ハ前後ヲ通ジ二十分ヲ超過スルコトアルハ止ムヲ得ナイガ出来ルダケ時間制限ノ趣旨ニ添フベキモノトシテヰル。

提出者数名デアツテモ口頭質問ハ一人デ為スノガ例デアルガ両名デ質問ヲシタコトモアル。

質問者ニ対スル質疑ハ之ヲ許サザル例デアル

口頭質問ヲ為シタ場合質問者ニ対シ質疑ヲ為シタキ希望ガアツテモ之ハ許可シナイ。元来質問ハ当該議員ト政府トノ関係デアルカラデアル。

三　口頭質問ト国務大臣ノ出席

折角質問セムトシテモ当該国務大臣欠席ノ為特ニ院議ヲ以ツテ其ノ出席要求ヲシタコトガアル。

質問ニ対スル答弁書ガ要領ヲ得ナカツタ場合更ニ精細ナル質問ヲ為サムガ為ニ、国務大臣ノ出席要求ヲ為シ得ルハ衆議院規則第百四十六条ノ認ムル所デアツテ其ノ事例モアル（第三十七回及第五十六回議会）。

質問ニ際シ所管国務大臣ノ出席ナキ場合ハ政府委員ガ答弁ニ当ルノガ例デアルガ、特ニ主管大臣ノ答弁ヲ必要トスルトキハ其ノ質問（緊急質問ニ付第五十六回議会ニ事例アリ）ヲ延期スルノ外ハナイ。

四　口頭質問ノ省略及撤回

口頭質問省略ノ申出ガアレバ之ヲ許シ其ノ質問主意書ニ対スル政府ヨリ答弁書到達シタ後其ノ後ノ質問日ノ速記録ニ両者ヲ掲載スル。

又質問主意書ト共ニ質問ノ参考書ヲ添ヘテ提出スル場合ハ議長ノ許可アリタルトキニ限リ此ノ参考書ヲモ速記録ニ載セル。

質問ハ議事日程ニ上ルト否トヲ問ハズ提出者カラ撤回ノ申出アルトキハ院議ヲ要セズ議長ニ於テ之ヲ許可スル。

質問ノ内容ハ特ニ制限ガナイトハ謂ヘ秘密会議ノ内容ニ渉ルコトノ出来ナイノハ当然ノコトデアルカラ嘗テ之ニ渉ツタ質問ナリトシテ院議ヲ以ツテ該質問主意書ヲ撤回セシメタ事例ガアル（第三十九回議会）。

五　答弁書又ハ口頭答弁

質問主意書ニ対スル答弁書ハ何時デモ政府ヨリ提出出来ルガ従来ハ其ノ質問ガ日程ニ記載サレタ後ニ

提出サレル例デアル。従ツテ議長ハ当日ノ会議デ答弁書受領ノ旨ヲ報告シ日程カラ該質問ヲ省ク。但シ答弁書ノ朗読ハ之ヲ省略シ速記録ニ載セル。

政府ハ答弁書ヲ提出セズ、質問日ニ於テ議員ノ口頭質問ヲ聴イテ、之ニ対シ国務大臣又ハ政府委員ガ口頭答弁ヲ為ス場合ガアルガ更ニ政府ガ書面ヲ以ツテ詳細ナル答弁ヲ為スハ差支ナイコトデアル。

六　口頭答弁ニ関連セル質疑

答弁ニ関連シタ質疑ハ之ヲ許スモ真ニ已ムヲ得ザル場合ニ限ル

質問者ニ対スル質疑ハ出来ナイコトハ前ニモ述べタ所デアルガ質問ニ対シ政府ノ答弁ガアツタ場合其ノ答弁ニ関連シタ質疑ヲ質問者以外ノ者ガ為スコトヲ得ルノハ第一回議会以来認メラレテヰル。然シ之ヲ広ク認メレバ際限ガナイノデ第四十四回議会（大正十年）ニ於テ各派協議会デ質問者以外ノ者ハ政府ノ答弁ニ対シテハ成ルベク質疑ヲシナイコトノ申合ヲシタ。是レ亦当然ノコトデ真ニ已ムヲ得ザル場合ニ限ラルベキモノデアルカラデアル。

第四節　意見陳述

質問ニ対スル答弁書ヲ受領シタ場合其ノ答弁ニ対シテ該議員ノ意見ノ陳述ヲ許可スルコトヲ得ルハ衆

議院ノ先例トシテ第四回議会（明治二十五年）以来認メラレテキル所デアル。
質問主意書ニ対シ答弁書ガ来レバ其ノ質問ハ消滅シテシマフカラ、之ニ不満足ナラバ更ニ第二ノ質問主意書ヲ提出スルカ、然ラザレバ国務大臣ノ出席ヲ求メテ口頭質問ヲ為スノ手続ヲ採ラネバナラヌガ、従来政府ハ質問ガ日程ニ掲ゲラレテ愈〻本会議ガ開カレムトスル直前ニ至リ答弁書ヲ提出シテ来ル場合ガ多イノデ之ガ為議員ハ口頭質問ノ機会ヲ失フニ至ル。
元来質問ハ議員ノ重大ナル権能デアツテ特ニ質問日ヲ定メ出来ルダケ口頭質問ノ機会ヲ与ヘ政府亦納得ノ行クヤウ口頭答弁ヲ為スベキデアルカラ口頭質問ノ機会ヲ失ツタ議員ニ対シテハセメテ意見陳述ノ機会ヲ与ヘヤウト謂フノデアル。

意見陳述ノ機会ハ議長ガ定メル

従ツテ答弁書ヲ見テ意見陳述ヲ請求スル議員アルトキハ議長ハ他ノ口頭質問ガ終了後若ハ其ノ日ノ議事日程終了後又ハ次ノ質問日等適当ナル機会ニ之ヲ許可スル。但シ議事ノ都合デ之等ノ要求モ其ノ機ヲ遂ニ得ルニ至ラナイ場合モ有リ得ル。

意見陳述ニ対シテハ政府ハ答弁シナイ

而シテ此ノ意見陳述ニ対シテハ政府ハ聴キ置クダケデ別ニ答弁ハシナイ。

第八章　懲罰事犯ノ会議

議院ガ其ノ所属議員ニ対スル懲罰権アルコトハ議院法第九十四条ノ規定スル所デアル。之ガ為各院共常任委員トシテ懲罰委員ヲ設ケ事犯アリタル場合ノ審査ニ当ラセテヰル。而シテ懲罰事犯アリト認メレバ議長職権ニ依リ之ヲ懲罰委員ニ付スルカ、議員ノ発議ヲ待ツテ院議ニ依リ懲罰委員ニ付シ其ノ審査ノ結果ヲ本会議ニカケテ決定スル。

第一節　議長ノ認定権ニ依ル懲罰事犯

会議外ノ事犯

議長ガ如何ナル言動ヲ懲罰事犯ナリト認メルカハ全ク議長ノ専権デアルガ、其ノ範囲ニ付テ明瞭ヲ欠イテヰタカラ第五十回議会（大正十四年）衆議院規則改正ノ際之ヲ明ニシ「会議委員会部会ノ外議院内部ニ於テ懲罰事犯アルトキハ議長ハ之ヲ懲罰委員ニ付ス」ルコトニシタ（衆規二〇一条）。之ニ依リ其ノ時迄認メラレテヰナカツタ本会議委員会部会ノ会議ノ前後、議院ノ建物内ハ勿論構内ニ於ケル議長ノ警察権内ノ行為ハ総テ懲罰ノ対象トナリ得ル。而カモ議長ノ職権ニ依ル場合ハ懲罰動議トハ異ナリ事犯後三日以内ニ委員ニ付スル必要モナク何時ニテモ事実ノ明確トナリタル時ヲ以ツテ足ルモノト決定シタ（第五十一回議会）。

会議中ノ事犯

議長ハ懲罰事犯アルトキ之ヲ委員ニ付スル権アルコトハ議院法第九十五条ノ認ムル所デアルガ如何ナルモノヲ事犯ナリト認定スルカニ付テハ一ニ議長ノ紀律権ニ基ク専権ニ出ヅルモノデアツテ会議中ニ於ケル場合ハ主トシテ議事並議場整理ノ上カラ懲罰ニ値スベキ事犯ナリトノ認定ヲサレルノデアル。

従テ今迄ノ事例ヲ見レバ

(1) 議事規則ニ違反シタルトキ

（イ） 皇室ニ対シ不敬ノ言語ヲ用ヒタ場合（議九一条）

（ロ） 無礼ノ語ヲ用ヒ又ハ他人ノ身上ニ渉リ言論シタ場合（議九二条）

（ハ） 議員ヲ誹毀侮辱シタ場合（議九三条）

(2) 議場ノ秩序ヲ紊リタルトキ

（イ） 議場ノ騒擾ヲ醸シタ場合

（ロ） 院議ニ服従セザル場合

（ハ） 議長ノ制止又ハ発言取消ニ従ハザル場合（衆規二〇五条）

(3) 議院ノ体面ヲ汚シタ場合

等デアル。

議員ガ議事規則ニ違ヒ又ハ議場ノ秩序ヲ紊ル場合ハ議長ハ之ガ警戒権制止権発言ノ取消又ハ禁止権及議員退場権ノアルコトハ議院法第八十七条ニ規定アルモ此ノ場合議長ハ該議員ヲ懲罰委員ニ付スルコトヲ得ルコトモ亦衆議院規則第二百五条ニ定メテヰル。

委員会及部会ニ於ケル事犯

而シテ委員会又ハ部会ニ於テ事犯アリタルトキハ委員長又ハ部長ハ懲罰委員ニ付スル権ガナイ為之ヲ議長ニ報告シ其ノ処分ヲ求メネバナラヌ（議九五条）。従ツテ議長ハ其ノ報告ニ基キ懲罰事犯ナリト認メレバ之ヲ懲罰委員ニ付スベキモノデアル。

両院協議会ニ於ケル事犯

両院協議会ニ於テ懲罰事犯ガアツタ場合ハ、其ノ時ノ協議会議長ガ事犯者所属議院ノ議長ニ報告シ其ノ処分ヲ求メル。此ノ報告ヲ受ケタ議長ハ懲罰事犯ト認メレバ之ヲ懲罰委員ニ付スルコトガ出来ル（両院協議会規程第一六条）。

第二節　院議ニ依ル懲罰事犯

懲罰事犯ト認ムル事件アリタルトキ、議員ガ懲罰動議ヲ提出スルニハ二十人以上ノ賛成ヲ必要トスル

（議九六条）。従ツテ前節ニ列記シタヤウナ場合ハ勿論無届欠席ノ場合等デモ之ヲ懲罰事犯ナリトシテ成規ノ賛成ヲ以ツテ動議ガ提出サレルコトガアル。

（動議ハ事犯ノ日ヨリ三日以内ニ提出スルコト）

此ノ懲罰動議ハ事犯後三日以内ニ提出セネバナラヌ。而シテ三日ノ起算ハ事犯アリタル日ヨリ計算サレル。

動議ハ討論ヲ用ヒズ採決スル

懲罰動議ハ討論ヲ用ヒズシテ決ヲ採ラネバナラヌ（衆規二〇四条）。

動議ヲ議題トスル時期

「懲罰ノ動議提出セラレタルトキハ直ニ之ヲ会議ニ付スベシ」（衆規二〇三条）トノ規定ニ依リ本動議ハ速ニ院議ニ付スベキモノデハアルガ、表決中又ハ発言中ト雖之ヲ中止シテ迄付議セネバナラヌ訳ノモノデハナイ。議院構成分子ノ身分上ノ事柄デアルカラ、濫リニ遅疑遷延スベカラズトノ意味ニ於テ「直ニ」ト規定サレタモノデアラウ。従ツテ此ノ動議ガ提出サレレバ、開議宣告後又ハ諮問事項ノ終リタル際ニ議題ト為シ、会議中議員ノ発言中ニ動議出タル場合ハ、其ノ発言ヲ終ツタ際又ハ議題トナツタ議案ヲ議了シタ際ニ付議スルノガ例デアル。而シテ日程ノ最後ニ議題トシタ場合モアリ又其ノ時ノ情勢ガ寸刻ノ猶予モ許サレヌモノト認メラレタ為、表決中或ハ発言中デアツタニ拘ラズ之ヲ中止シテ院議ニ付シタコトモアツタ。

動議ノ保留

斯ノ如ク議院構成員ノ問題トシテ即決ヲ要スベキ本動議モ事犯者欠席ニ付弁明ノ機会ヲ与ヘル為ニ、院議ヲ以ツテ動議ノ趣旨弁明ヲ保留シタコト、又ハ議長ガ採決ヲ保留シタコト、動議提出者ノ申出ニ依リ採決ヲ保留シタヤウナ場合モアル。

第三節　事犯者ノ弁明並退場

第一回議会以来懲罰動議ニ対シテハ事犯アリトサレタ議員ハ動議採決前弁明ヲ為スヲ例トスル（衆規一一五条）。此ノ場合自ラ弁明スル代リニ他ノ議員ヨリ弁明シテ貰フコトモ出来ル（衆規二〇七条）。然シ自己ノ懲罰事犯ノ会議ニハ該議員ハ列席スルコトガ出来ナイカラ、弁明ヲ終レバ、其ノ議員ハ退席スル例デアルガ、動議ヲ採決スル場合ニ限リ退席ヲ要シナイコトニナツテヰル。

第四節　懲罰ノ種類

懲罰ノ種類ハ（議九六条）

(1)　公開議場ニ於ケル譴責

(2)　公開議場ニ於ケル謝辞表明

(3)　出席停止

三十日以内トスル。宣告ノ日ヨリ起算シ休日ヲモ含ム（衆規二一〇条）。

出席停止ヲ命ゼラレタル者委員ナルトキハ解任サレル（衆規二一一条）。

(4)　除　名

衆議院ニ於テ除名ノ場合ハ出席議員ノ三分ノ二以上ノ賛成ヲ要スル。

除名サレタ議員ガ再選サレルコトハ妨ゲナイ（議九七条）。

ノ四種デアツテ議決サレレバ、議長ハ公開議場ニ於テ之ヲ宣告スル（衆規二一四条）。

第五節　懲罰事犯ノ併発

同一議員ノ懲罰事犯併発セル場合ハ、各事犯毎ニ別種ノ懲罰ヲ科スル場合モアリ、数罪ヲ併合シテ重科スル場合モ起ル。而シテ出席停止ト為ス場合ニハ最長三十日ヲ超ユルコトヲ得ナイ（衆規二一〇条）。

第六節　懲罰ノ執行又ハ効力発生時期

懲罰ハ議長ノ宣告ニ依リ執行サレ又ハ効力ヲ発生スル

懲罰ハ其ノ確定ト共ニ執行サレ又ハ効力ガ発生スルモノデハナイ。秘密会議ニ於テ議決サレタトキ懲罰ハ確定スルガ、公開議場デ議長ガ之ヲ宣告スルコトニ依ツテ執行サレ又ハ効力ガ発生スルノデアル。従ツテ譴責ハ議長ノ宣告デ譴責セラレ、謝辞朗読ハ宣告ニ依ツテ之ヲ朗読セシムルモノデアル。同様ニ出席停止ハ宣告ニ依リ出席ノ停止ガ執行サレ、此ノ時ヨリ停止期間ガ起算サレル。除名ノ場合ハ議長ノ宣告ニ依リ除名トナル。

（備　考）

一　除名ニ成規ノ賛成ヲ得ザル場合

懲罰委員会ニ於テ除名ト決定シタ場合本会議ニ於テ出席議員三分ノ二ノ賛成ナキトキハ此ノ事犯ハドウナルカ。

委員会ノ議決案ハ否決トナリ除名トナラザルハ明カデアルガ然ラバ直ニ「懲罰事犯ニ非ズ」ト決定シタモノカト謂ヘバソウデハナイ。除名反対者ハ懲罰事犯ナラズトシテ反対スル者モアラウガ、除名ハ過重ナリトシテ反対スル者モアルベク除名決議ガ成立セザル故ヲ以ツテ直ニ懲罰事犯ナラズトシタモノトハ思ハレナイ。元来委員会報告ハ第一段ニ「懲罰事犯デアル」ト決定シ其ノ懲罰トシテ第二段ニ「除名ニ値スベキモノデアル」トノ決議デアルカラ、後段ノ「除名ニ値セズ」トナツテモ直ニ第一段ノ「懲罰事犯ナリ」トノ決定ヲモ覆ヘスモノデハナイ。本会議ノ決定ハ除名ニ価スベキ懲罰事犯デハナイトノ議決トナルモノデアルカラ「委員会ノ報告ハ否決セラレタ」結果懲罰ハ未確定ニ終リ廃案トナツテシマツタモノト謂フベキデアル。

委員会報告ガ否決セラレタ以上ハ更ニ修正シタリ再付託ノ途ガナイノデ事実上懲罰ヲ科スルコトガ出来ナクナル。従ツテ除名ガ重キニ過ギルト思ヘバ採決前ニ出席停止等ノ修正動議ヲ提出スルコトガ出来ル。コノ場合ハ先ヅ修正案ニ付採決ヲスルカラ此ノ修正案ガ否決セラレ、次ニ原案タル委員会報告ノ除名案モ亦否決ノ運命トナレバ両案共不成立トナル。此ノ際修正案及原案共ニ否決セラレタガ、議院ニ於テ廃棄スベカラズト議決スレバ、衆議院規則第百二十七条ニ依リ、更ニ委員ニ付託シテ起案セシムルコトガ出来ルカ否カノ問題ガアル。

抑〻規則第百二十七条ハ例外規定デアルカラ広ク解釈スベキデハナク、議案ニ付過半数ヲ以ツテ決定セラルベキ場合ノ本条ヲ、三分ノ二以上ヲ以ツテ決定サレル除名ノ場合ニ迄援用シ得ルモノデハナイトノ議論モアリ得ルガ、之ト反対ニ議決ノ定数ヲ異ニシタカラト謂ツテ本条ヲ設ケタ趣旨ニハ議案ノ場合タルト此ノ場合タルト何等異ナル所ハナク、而カモ修正案、原案共ニ不成立トナツテモ、未ダ懲罰ノ量定範囲ハ広ク残サレテヰルカラ、本条ヲ適用シテ、更ニ委員会ヲシテ審査セシムルコトハ少シモ差支ナイトノ論モアリ、此ノ議論ノ方ガ正シイト信ゼラレル。

然シ乍ラ修正案モナク単ニ委員会報告ノミノ場合ハ、之ガ否決サレレバ懲罰ハ未確定ノ儘廃案トナリ、事実上ハ懲罰事犯ニ非ズト決定シタ場合ト同一ノ結果ニ終ルガ、之ハ実際問題トシテハ已ムヲ得ナイ。

二　故ナク未応召又ハ未登院ノ議員ニ対スル懲罰

議員ガ正当ノ理由ナクシテ召集日以後一週間内ニ召集ニ応ジナカツタリ、故ナク本会議ヤ委員会ニ欠席シタリ、又ハ請暇期限ヲ過ギテモ登院シナイトキハ議長ハ特ニ招状ヲ発スルコトガ出来ル。而カモ其ノ招状ヲ受ケテ後尚一週間内ニ故ナク出席シナイヤウナ場合ハ衆議院デハ之ヲ除名セネバナラヌ。貴族院デハ出席停止ヲシテ上奏シ勅裁ヲ請ハネバナラヌ（議九九条）。

此ノ懲罰ハ他ノ懲罰事犯トハ趣キヲ異ニシ上記ノ一定ノ事実即チ

(1)　故ナク未応召又ハ未登院デアルコト

(2)　議長ガ特ニ招状ヲ発スルコト

(3)　招状ヲ受ケテ猶故ナク一週間内ニ出席セザルコト

ノ具体的事実ガ確定スレバ衆議院ハ懲罰ノ量定ノ余地ナク除名スベキモノデアル。

懲罰委員ニ付託サレルベキモノデアル

而シテ此ノ場合モ明ニ議員ノ懲罰事犯デアルカラ此ノ事実ノ審査ハ懲罰委員ニ付スルヲ至当トスル。

ソコデ懲罰委員会ハ果シテ　(1)故ナクシテ未応召又ハ未登院ナリヤ否ヤ、(2)招状ヲ受ケテ猶故ナク欠席シテヰタカ否カヲ調査スルヲ要スルモノデ之等ノ事実ヲ確認スレバ事犯確定シ除名セラレルノデアル。

除名ニ出席議員三分ノ二ノ賛成ヲ要スルカ

只此処ニ問題トナルハ除名ノ場合衆議院デハ議院法第九十六条ノ出席議員三分ノ二以上ノ賛成ヲ必要トスルヤ否ヤデアル。

此ノ場合モ亦除名ナルヲ以ツテ同条ノ適用アリト為ス積極説ガアル。之ニ対シ第九十九条ノ場合ハ事犯ノ事実ガ確定シタカラニハ懲罰ノ選択ヲ為ス余地ナク、確定罪トシテ除名セネバナラヌ命令規定デアツテ、除名スルカ、セヌカヲ決定スベキ規定デハナク、法定ノ事犯事実ガアルカ否カヲ決定スレバ懲罰其ノモノハ既定ノモノデアル。従ツテ委員会ノ審査モ議院ノ審議モ本条ニ該当スル正当ノ理由ナキ未応召又ハ未登院ナリヤ否ヤヲ決定スレバ十分デアツテ、除名ハ単ニ法ノ命ズル結果ニ過ギヌ。故ニ此ノ場合ハ事実ノ認定ニシテ処罰其ノモノノ決定デハナイカラ出席議員三分ノ二以上ノ賛成ヲ必要トシナイト謂フノガ消極説デアル。

積極説ヲ採ル為ニハ事実ノ認定即除名デアルカラ除名トナルベキ事実ノ決定ニモ出席議員ノ三分ノ二ヲ要スルト為サネバナルマイ。思フニ第九十六条ノ除名ハ最モ重罰トシテ設ケラレタモノデ、必ズシモ除名デナクモ更ニ軽キ罰ヲ科シ得ルヤウ修正ノ途モアリ、最後ノ除名ト為スニハ、特ニ三分ノ二ノ多数ヲ要スルモノトシタノデアル。而カモ其ノ懲罰事犯ハ議長ノ認定ニ依ツタモノデモ、院議ニ依ツタモノデモ、事犯ノ事実ガ一定シテハヲラズ種々ノ場合ガアリ得ルカラ、単ニ過半数ノミデ除名迄決定シテハナラヌト慎重ヲ期シタモノト思ハレル。然ルニ第九十九条ノ場合ハ特定ノ事犯デアッテ、斯ク〳〵ノ場合ハ議長ハ特ニ招状ヲ発シ、尚且ツ是レ〳〵デアルナラバ除名セヨト事犯事項ガ既ニ定マリ、之ニ対スル条件ヲ定メ、其ノ上之ニ応ゼザル者ニ対スル処罰規定デアルカラ、特定犯ニ対スル特定罰ノ命令規定トシテ一般懲罰規定ニ対シ特別規定ヲ定メタモノト看ネバナラヌ。従ッテ第九十九条ハ第九十六条ノ例外規定トシテ解釈セネバナラズ事実ノ認定ニ対シテモ三分ノ二ヲ要スト為スニハ過半数ノ一般原則ニモ反シ妥当ヲ欠クモノデ消極説ガ至当デアルト思フ。

第九章　秘密会議

秘密会議ニ付テハ議事公開ノ原則ノ際既ニ述ベタ所デアルガ、政府ノ要求若ハ議院ノ決議ニ依リ又ハ懲罰事犯ノ議事ノ為ニ之ヲ開ク、而シテ主トシテ如何ナル場合ニ政府ノ要求又ハ院議ニ依リ秘密会議ト為スカハ前ニ説明シテアルカラ、其ノ他ノ事項ニ付一、二ノ説明ヲ試ミル。

第一節　傍聴人ノ退場

秘密会議ヲ開クト決定シテカラ退場サセル

政府カラ秘密会議ヲ要求シ又懲罰事犯ノ秘密会議ヲ開ク場合ハ議長ニ於テ秘密会議ヲ開ク旨宣告スルト同時ニ傍聴人ヲ退場サセル。然レドモ議長又ハ議員（十人以上ヨリ）発議ノ場合ハ秘密会議ヲ開クヤ否ヤヲ採決シ之ヲ開クニ決シタトキ傍聴人ヲ退場サセテヰル。

議院法第三十八条デハ此ノ場合「議長ハ直ニ傍聴人ヲ退去セシメ討論ヲ用ヰスシテ可否ノ決ヲ取ルヘシ」トアルカラ此ノ取扱ハ法ト違ツテヰル。法文ノ正面解釈カラ見レバ明ニ議院法違反デハアルガ実際ニハ秘密会議トスルヤ否ヤニ付討論デモアレバ時ニ内容ニ触レルコトモ起リ得ルガ、討論ナシニ単ニ採決ヲスル丈デアルカラ、秘密会議ト為ス本来ノ趣旨ニハ反スルコトモナク、万一否決サレレバ一度退場セシメタ傍聴人ヲ再ビ入場セシメネバナラヌ繁雑ナ手数モアツテ、秘密会議トナルカナラヌカ解ラヌウチカラ傍聴人ヲ退場セシメル必要性モ少イ訳デアリ、之ニ賛否ノ議員ガ知レタカラトテ秘密会議ト為ス趣旨ニハ悖ルトモ思ハレヌノデ、衆議院規則第百九十七条デハ「秘密会議ヲ開クノ決議アリタルトキ…………総テノ傍聴人ヲ退場セシムルトキハ」云々ト規定シ、決議後傍聴人ヲ退場セシムルコトヲ容認シテヰル。此ノ間議院法ト衆議院規則ト矛盾シテハヰルガ、衆議院ノ先例ハ此ノ規則ノ方ニ従ツテ取扱ツテヰル訳デアル。

（貴族院の事例は発議ありたるとき退去せしめたる場合（第二回議会）と決議ありたるとき退去せしめたる場合（第十三回議会）と両例あり）

国務大臣、政府委員ノ出席及退席

秘密会議ニハ其ノ会議ニ関係アル国務大臣及政府委員ハ出席スル。然シ懲罰事犯ノ会議ニハ政府ニハ関係ガナイカラ総テノ国務大臣及政府委員ノ退席ヲ求メル（第二回議会以来ノ例）。

第二節　秘密会議ノ速記

秘密会議ノ議事ハ刊行スルコトヲ得ナイ（議三九条）カラ初メハ一切速記ヲ付シテヰナカッタガ、第十三回議会（明治三十二年）以来将来ノ参考ノ為ニ速記ヲ付スルコトトナリ、其ノ速記ハ反文浄書ノ上密封シテ之ヲ保存スルコトトナッタ。但シ政府ヨリ特ニ要求アル場合ハ速記ヲ付ケナイコトガアル。

委員会会議録

委員会ニ於ケル秘密会議ノ会議録モ本会議ノ例ニ準ジテヰルガ、院議ヲ以ツテ特ニ委員会ノ秘密会議ノ会議録ヲ議員ニ印刷配付シタ例ガアル（第二十四回議会）。之ハ本会議ニ於ケル各議員ノ賛否決定ニ特ニ必要ガアツタ為デアル。

第三節　秘密会議ノ結果ノ報告

懲罰事犯ノ会議ニ於テ懲罰ヲ議決シタトキハ、議長ハ公開議場デ其ノ結果ヲ宣告スベキハ衆議院規則ノ定ムル所デアルガ（衆規二一四条）懲罰事犯ニ非ズト議決シタトキモ議長ハ之ヲ公開議場デ報告シ又其ノ他ノ秘密会議ニ於テモ会議ガ公開ニ復シタ際議長ハ会議ノ結果ヲ報告スルヲ例トシテヰル。

秘密会議中ニ懲罰事犯ガ起リ懲罰動議提出サレタコトガアルガ、此ノ場合モ公開議場デ議長ハ之ヲモ併セテ報告シテヰル。

第四編　紀律及警察

第一章　議院警察

第一節　議長ノ警察権

院内ノ警察権ハ議長ニ委任サレテ居ル

議院法第八十五条ニハ「各議院開会中其ノ紀律ヲ保持セムカ為内部警察ノ権ハ此ノ法律及各議院ニ於テ定ムル所ノ規則ニ従ヒ議長之ヲ施行ス」ト規定シ議院内部警察権ノ範囲ハ各議院ノ自治ニ委ネラレテアリ其ノ施行権ハ議長ガ保有シテヰル。従ツテ一定期間ニ限リ議院ノ区域内ニ於テ危害ヲ防止シ秩序ヲ保持スル為、議院内ノ者（議員ノミナラズ一般ノ者）ノ犯則又ハ犯罪ヲ制止シ及其ノ逮捕ヲ命ズル等総テ議長ノ処分ニ属スル。

議長ハ警察官吏ノ派出ヲ請求スル

之ガ為議院ニハ議長ノ指揮ノ下ニ警察権ノ執行ニ当ル多数ノ守衛ヲ有シテヰルガ、更ニ必要ト認ムル員数ノ警察官吏ノ派出ヲ政府ニ請求シ議長ノ指揮ニ服セシメ万全ヲ期シテヰル（議八六条）。

此ノ議長ノ警察権ノ程度ハ犯行ノ防止並ニ警備上必要ナル一切ノ取締ヲ為スコトガ出来、場合ニ依リテハ犯行者ヲ逮捕シテ之ヲ警察官庁ニ引渡シ一般法規ニ基ク処分ヲ求ムルコトガ出来ル。而シテ議員ニ対シテハ議院自ラ懲罰権ヲ有シテヰルガ議員以外ノ者ニ対シテハ裁判処罰等ハ為シ得ナイノデアル。

第二節　守衛ト派出警察官トノ警備区分

而シテ守衛ハ議事堂内、派出警察官吏ハ議事堂外ノ警備ニ当ル。但シ特ニ議長ノ命令アル場合ハ警察官吏議事堂内ノ警察ヲ行フコトガ出来ル（衆規一七二条）。

禁錮以上ノ現行犯ハ逮捕スルコトヲ得

然シ議院内部即チ議事堂内ハ勿論議事堂外デモ議院構内ニ於テ禁錮以上ノ刑ニ該当スル現行犯ガアレバ守衛デモ警察官吏デモ其ノ受持区域ニ係ハラズ犯人ヲ逮捕スルコトハ自由デアル、然シ逮捕シタ後ハ議長ノ命令ヲ請ハネバナラヌ。但シ議場内ダケハ議長ノ命令ナキ間ハ如何ナル場合デモ逮捕ガ出来ナイ（衆規一七四条）。

其ノ他議院内部ノ防火、点灯、導水、暖炉及衛生等ニ関スル事項ハ守衛ノ監督ニ属セシメテヰル（衆規一七三条）。

第二章　秩　序

第一節　議場内ノ秩序

一　服　装

第一回議会以来議場内ハ羽織袴又ハフロック、モーニング等ガ原則デ略服ハ許サナイ規定デアッタガ、第四十三回議会（大正六年）以後ハ規則ヲ改正シテ無地若ハ之ニ準ズル折襟背広服ノ著用ヲ許スコトニシ（衆規一七五条）、更ニ国民服制定サレタ為、第七十六回議会（昭和十五年）カラ国民服ニテモ差支ナイコトニナツタ。

疾病又ハ負傷ニ依ル特別取扱

議員疾病又ハ負傷ノ為襟巻又ハ繃帯セル儘議場ニ入リ又ハ登壇セムトスルトキハ議長ノ許可ヲ受クルコトヲ必要トスル。

議場内デハ帽子外套等ヲ著用出来ヌノハ勿論デアルガ、疾病又ハ負傷ノ為歩行不自由ナル議員ハ議長ノ許可アリタル場合ニ限リ、給仕ヲ付シ又ハ杖ヲ用ヒ或ハ守衛ニ倚リテ議場ニ出入スルコトヲ認メラレル（衆規一七六条）。

二　議場内ノ禁止事項

(1)　喫煙禁止（衆規一七七条）

(2)　参考ノ為以外新聞、書籍等ノ閲読禁止（衆規一七八条）

(3)　賛声否声ノ禁止又ハ演説朗読ノ妨害禁止（衆規一七九条）

(4)　議長ノ許可ナキ登壇禁止（衆規一八〇条）

第二節　議場内秩序保持ノ為ノ議長ノ処置

一　発言禁止

会議中議員ガ議院法若ハ衆議院規則ニ違背シ其ノ他議場ノ秩序ヲ紊ルトキハ、議長ハ之ヲ警戒シ又ハ制止シ又ハ発言ヲ取消サシメルノデアルガ、其ノ命ニ従ハザル為当日ノ会議終了迄発言禁止ヲスルコトガアル（議八七条）。発言禁止ヲ命ゼラレタ議員モ時ノ状況ニ依リ其ノ議事ノ終リタル際又ハ休憩後ニ議長ハ発言禁止ヲ解キタルコトモアルガ、此ノ場合ハ議長ガ更ニ其ノ旨ヲ宣告スル。

二 号　鈴

議場ガ如何ニ喧騒スルモ議長ガ号鈴ヲ鳴ラストキハ何人モ総テ沈黙スベキハ衆議院規則第百八十一条ノ規定スル所デアルカラ、議長ガ静粛ノ注意数次ニ及ブモ尚喧騒甚シキトキハ議長此ノ振鈴ヲ為スコトガアル。此ノ号鈴ガ鳴ル場合ハ議員ハ必ズ静粛ニ復スベキモノデアルカラ、ヨク〳〵ノ時デナケレバ号鈴ヲ振ルコトハナイ（第一回、第二回、第三十一回、第四十二回、第四十五回、第五十一回、第五十二回及第五十三回）。

三 休　憩

議場騒擾ノ為其ノ儘議事ヲ継続スルヲ適当ナラズト認ムルトキハ議長ハ暫時休憩ヲスル場合ガアル。

四 会議中止又ハ会議閉止

騒擾ノ為議場ヲ整理シ難キトキハ議長ハ当日ノ会議ヲ中止シ又ハ会議ヲ閉ヅルコトガ出来ル（議八八条）。

会議ノ中止ト云ヘバ一時的中止ト全然其ノ日ノ会議ヲ中止スル場合トガアッテ法意カラスレバ会議ノ中止ト会議ノ閉ヅルコトトヲ並ベテアル点ヨリ此中止ハ一時中止（即チ休憩）ヲ指シテヰルモノノヤウ

デアルガ「当日ノ会議ヲ中止シ」トアルノデ「当日」ヲ強ク解釈スレバ一時中止デハナク所謂延会ヲ指シ即チ会議ヲ中止シテ延会スル場合ヲ意味スルモノトモ解セラレル。而シテ「会議ヲ閉ヅ」ト云フノハ議事中ノ議長ノ散会権ヲ意味スルモノト解スベキデアッテ、斯ル場合ニハ議長ガ延会シヤウガ散会シヤウガ全ク自由デアルト認メネバナラヌ。

議長ハ議事日程ヲ終ラネバ任意ニ散会ハ出来ヌ原則デアルガ斯ル特殊ノ場合ニハ散会モカマハヌモノト認メル。而シテ此ノ場合ノ散会ハ其ノ性質ハ議事中デアルカラ延会デアルベキモノデアル。ソコデ前段ノ中止ヲ一時的中止デアリトスレバ後段ハ当然延会権ト見テ差支ハナカラウ。

然ルニ従来衆議院デ本条ニ依リ会議ヲ中止シタ場合ハ凡テ一時中止デハナク其ノ儘散会シテヰルカラ中止ト云フノハ延会ト同様ニナツテヰル。コレハ「当日ノ会議」ト云フノニ捕ハレ過ギテ解シテヰルカモ知レヌガ用語ノ関係カラ一時中止ヲシ再会シテ議論ノ生ヅルコトヲ避ケタ結果カモ知レナイ。立法ノ意思ハ一時中止ト延会トノヤウデアリ学者ノ議論モ殆ンド右ノヤウニ解シテハヰルガ用語ニ疑義アルタメ衆議院ノ先例ノ取扱上ハ「当日ノ会議ヲ中止」シトハ延会ヲ指シ「会議ヲ閉ヅ」ト云フハ延会又ハ散会何レニテモ会議ヲ閉止シテシマフモノヲ指シテヰル。

参照条文

衆議院規則第七十六条

議事日程ニ掲ゲタル議事ヲ終リタルトキハ議長ハ散会ヲ宣告ス

議事未ダ終ラザルモ午後六時ニ至ルトキハ議長ハ議既ニ諮ハズシテ延会ヲ宣告スルコトヲ得但シ緊急議事ニ付テハ此ノ限ニ在ラズ

五　退場命令

議長ノ制止ニ従ハズ議場ノ妨害ヲ為ス者ニハ登壇中タルト議席ニ在ルトヲ問ハズ退場ヲ命ズルコトガ出来ル（議八七条）。

入場許可

退場ヲ命ゼラレタル議員ハ当日ノ会議ヲ終ル迄議場ニ入ルコトヲ得ナイノガ原則デアルガ、退場命令ノ際ノ議事終了後議長ガ特ニ曩ノ退場命令ヲ解除シテ入場ヲ許ス場合モアル。

議長ガ或ル議員ニ対シ退場ヲ命ズルモ其ノ命令ニ直ニ従ハヌトキハ守衛ヲシテ其ノ退席ヲ執行セシメル。

退場ヲ命ゼラレタル議員ニ対シテハ再ビ入場ヲ許サレテモ議長ハ退席中ノ議事ノ経過ヲ報告スル義務ハナイ。

第三節　規律並秩序ニ関スル前後措置

一　規律節制ニ関スル決議

議会ノ神聖ヲ保持シ克ク協賛ノ実ヲ挙ゲルニハ議員各位ガ其ノ節制ヲ守リ議場ノ秩序整然タルコトハ極メテ肝要ナコトデアルカラ、議長ハ開会ニ当リ議場整理ノ問題ニ関シ注意ヲ為スコトモ屢〻アルガ第五十回議会ニハ議院ノ規律節制ニ関シ左ノ決議ヲシタルコトガアル。

決　議

世情人心安定ヲ欠キ動モスレバ常規ヲ逸スルノ時ニ方リ議会ハ宜シク厳粛公正範ヲ中外ニ示サザルベカラズ茲ニ衆議院ハ院内近時ノ状態ニ鑑ミ各自相戒メ秩序ヲ重ムジ典例ヲ守リ以テ議会ノ神聖ヲ保維セムコトヲ期ス。

二　議会振粛ニ関スル申合

尚第六十一回議会閉会後議長ハ時局ニ鑑ミ議会ノ振粛ニ関シ調査研究ノ要アリトシテ各派ヨリ委員ノ選出ヲ求メ屢〻同委員会ヲ開キ議会振粛要綱ヲ決定シタ。而シテ各派協議会デ申合事項ヲ決定シテ今日迄十数項ニ亙ル振粛項目ヲ厳守シテヰル。

三　議事進捗ニ関スル申合

第七十四回議会（昭和十四年）ニ於テ各派協議会デ議事進捗ニ関スル申合ヲ為シ「戦時議会ノ重要性ニ鑑ミ議会ヲシテ権威アラシメ、議事ノ敏活ヲ計リ、院内ノ言論行動ヲ調整セン」トシタ。即チ本会議及委員会ニ於ケル質疑モ之ヲ制限シ、其ノ重複ヲ避ケ、特ニ委員会ノ質疑ヲ調整セムトシタモノデアル。之ト共ニ政府ニ対シテモ議案ノ提出時期、質問ノ答弁等ニ付要望スル所ガアツタ。之等ノ方法ニ関シ十項目ニ亙ル申合ヲシタ。

四　議場内交渉係設置

此ノ外第五十回議会（大正十三年）以来議場内ノ混乱ヲ防グ為ニ議場内交渉係ヲ設ケ「議場内ノ発言通告其ノ他ノ用務ハ総テ此ノ交渉係カラ書記官長又ハ書記官ニ交渉スルコトトシ如何ナル場合モ多数登壇シ議長席又ハ演説者ニ迫ルガ如キコトヲ為サザルコト、而シテ右交渉係ハ各派三名トスルコト」ト為シ而モ登壇シテ交渉ニ当ル者ハ成ルベク交渉係ノ内一名ナルコトヲ申合セ毎会期此ノ例ニ依ツテキル。

然ルニ議場ニ於テハ時ニ勢ノ赴ク処一定ノ規矩ヲ超ユルコトナキヲ保セズ、為ニ好マシカラザル結果ヲモ招来スルコトアルヲ以ツテ、議員ニシテ其ノ規ヲ越ヘタル場合或ハ自己ノ行動ニ付陳謝スル場合モアリ、院議ニ依リ引用文書ノ発表ヲモ命ズルコトアリ、時アツテカ院議ヲ以ツテ議員ノ処決ヲ促ガスルニ至ル場合モ起ル。

第三章　傍　聴

議事公開ノ原則ニ従ツテ秘密会以外ノ議事ニハ一般公衆ノ傍聴ヲ許シテヰル。議会ハ開院式ニ依リ開会セラレルカラ、開院式直後ニ開カレル開院式勅語奉答文案ノ会議カラ傍聴ヲ許ス。常任委員会及特別委員会ハ議員以外ノ傍聴ヲ禁ジテアル為一般公衆ニ傍聴セシメナイガ、全院委員会ニ付テハ何等ノ規定ナキヲ以ツテ第一回議会以来傍聴ヲ許ス例デアル。

傍聴席ノ区分

傍聴席ハ之ヲ区分シテ皇族席貴賓席外国交際官席貴族院議員席、前代議士席、官吏席、公衆席及新聞記者席トスル。而シテ公衆席中ニ婦人傍聴席ヲ別ニ設ケテアル（衆規一八四条）。

予メ傍聴券ヲ議員ニ交付スル

一般傍聴人ハ議員ノ紹介ガナクテハ傍聴出来ナイカラ、召集日当日各議員ニ公衆傍聴券ヲ本会議日一日二枚ノ割合デ一括交付シ、本会議日以外ノ日ニ開会スル場合ハ別ニ其ノ日ノ傍聴券ヲ二枚宛交付シテヰル。傍聴人ハ紹介議員ヨリ其ノ議員名ヲ記入セル傍聴券ヲ持参シテ傍聴スルノデアル。此ノ一般傍聴人ニ対シテモ議長ノ紀律及警察権ハ及ブノデアル。

第一節　傍聴人ノ心得

(1)　羽織若ハ袴又ハ洋服ヲ著用スルコト
(2)　帽子又ハ外套ヲ著用セザルコト
(3)　傘杖鞄包物ノ類ヲ携帯セザルコト
(4)　飲食又ハ喫煙セザルコト
(5)　議員ノ言論ニ対シ可否ヲ表セザルコト（拍手禁止）
(6)　喧騒ニ渉リ議事ヲ妨害セザルコト（衆規一九五条）。

此ノ外何等ノ事由アルモ傍聴人ハ議場ニ入ルコトヲ得ナイ（衆規一九六条）。傍聴席ニ在リテハ大礼服著用若ハ正装ノ場合ト雖帯剣スルコトヲ得ナイコトニシテヰル（第三十六回議会各派協議会決定）。

第二節　傍聴禁止者

議長ハ取締上必要ト認メレバ傍聴券ノ発行ニ係ハラズ当日ノ傍聴人ノ員数ヲ制限スルハ自由デアル（衆規一九三条）ガ、左ノ者ハ傍聴ヲスルコトガ出来ナイ（衆規一九二条）。

(1)　戎器、兇器ヲ携持セル者
(2)　酩酊セル者
(3)　十二歳未満ノ者
(4)　議長ニ於テ取締上傍聴ヲ禁止スル要アリト認メタ者

第三節　傍聴人ニ対スル警察権

妨害者ノ退場又ハ警察官庁引渡
傍聴人議場ノ妨害ヲ為ス者アレバ議長ハ之ヲ退場セシメ場合ニ依リテハ之ヲ警察官庁ニ引渡サシメテ一般処断ヲ受ケシメル。

傍聴人ノ退場
傍聴席騒擾ナルトキハ議長ハ総テノ傍聴人ヲ退場サセルコトモ出来ル（議八九条）。

身体捜査
議長必要ト認ムルトキハ守衛又ハ警察官吏ヲシテ傍聴人ノ身体捜査ヲ為サシメルコトモアル（衆規一九一条）。

第五編　議事録及速記録

議事録ハ会議ニ関スル一定ノ事項ヲ記録シタモノデアリ、速記録ハ議事ノ全般ヲ速記法ニ依ツテ書取リ之ヲ反文シタ記録デアル。

第一回議会以来議事録及速記録ハ召集当日ヨリ之ヲ作成シ、議会開会前ノ議院成立集会ニ関スル速記録モ之ヲ号外トシテ発行シテヰル。

第一章　議事録

議事録記載事項ハ（衆規一三九条）

(1)　議院成立及開会、閉会、停会ニ関スル事項及其ノ年月日時
(2)　開議延会中止及散会ノ月日時
(3)　出席国務大臣及政府委員ノ氏名
(4)　勅語及勅旨

(5)　議長及委員長ノ報告
(6)　会議ニ付シタル議案ノ題目
(7)　議題トナリタル動議及動議者ノ氏名
(8)　決議ノ事項
(9)　表決及可否ノ数ヲ計算シタルトキハ其ノ数
(10)　議院ニ於テ必要ト認メタル事項

議事録ハ議長又ハ当日ノ会議ヲ整理シタ副議長若ハ仮議長及書記官長ガ署名シ議院ニ保存スル（衆規一四一条）。

第二章　速記録

速記録ニハ議事ノ外議事日程、議案、投票者氏名及諸般ノ報告其ノ他必要ナル事項ヲ掲載スル。而シテ翌日ノ官報号外トシテ一般ニ発行サレル。

速記録非掲載事項

速記録ニハ法律ニ依リ掲載若ハ発売頒布ヲ禁ゼラレタ事項又ハ秘密会ノ内容ニ渉ツタ発言ハ記載シナイ。

議院法第八十七条ニ依リ議長取消ヲ命ジタ発言ハ速記録ニ記載シナイノハ規則ノ定ムル所デアルガ（衆規一四四条）議員、国務大臣、政府委員ノ自ラ取消シタ発言モ亦速記録ニ載セナイ。既ニ掲載シタ後ニ取消シタ分ニ付テハ取消欄ニ其ノ旨記載スル。

朗読セズシテ掲載スルモノ

質問主意書、答弁書、委員会報告書等ハ朗読セザルモ之ヲ速記録ニ掲載スル。

議長ヨリ掲載許可アリタル参考書、理由書等モ速記録ニ載セル。

速記原稿ノ閲覧

速記原稿ハ発言議員ガ閲覧出来ルカラ印刷局ニ送付スル以前ニ其ノ字句ヲ正誤スル途ガアル。然シ趣旨ヲ変更スルコトハ許サレナイ（衆規一四五条）。但シ其ノ発言ガ既ニ問題トナリタル場合ハ字句ノ正誤ト雖之ヲ為スコトハ出来ヌ。

第六編　政府及貴族院トノ関係

第一章　政府トノ関係

議院ト政府トノ関係中ニ三ノ事項ヲ挙ゲレバ次ノ如キモノガアル。

第一節　国務大臣及政府委員

一　政府ノ同意不同意

概ネ口頭ヲ以テスル

憲法第六十七条ノ費目ノ修正議決ニ対スル政府ノ同意不同意ハ口頭又ハ書面ヲ以テスルガ口頭ノ場合ガ多イ。

議事日程ヲ変更シ政府案ニ先チ議員案ヲ会議ニ付スルニハ政府ノ同意ヲ必要トスルカラ、此ノ場合ハ議長ガ書記官長若ハ書記官ヲシテ政府ニ口頭ヲ以テ照会サセル。政府ハ多クノ場合ハ院議ヲ重ンジ之ニ同意スルガ時ニ依リテハ同意セザル場合ガアル。此ノ同意不同意ハ口頭ヲ以テ伝達スル例デアル。

二　国務大臣ノ出席

院議ニ依ル出席要求

院議ヲ以テ国務大臣ノ出席ヲ要求スルトキハ議長ハ書記官ヲシテ政府ニ通告サセル。国務大臣ハ差支ナキ限リ此ノ要求ニ応ジテ出席スルガ、場合ニ依リテハ出席シ難キ旨回答シタコトガアル。

三　文書ノ提出

院議ニ依リ参考文書ノ提出ヲ政府ニ要求スルコトガアル（第五十二回議会）。此ノ場合ハ政府ハ秘密ニ渉ルモノ以外ハ提出ノ義務ガアル（議七四条）。

四　政府委員任免ノ通牒

政府ハ政府委員ヲ任免スル毎ニ議院ニ通牒スル。政府委員ハ其ノ会期ヲ限ツテ任命サレ会期終了ト共ニ解任セラレルモノデアルカラ、被免（任免）ノ通牒ハ会期中ノ場合ノミニ限ラレル。

第二節　国務大臣及政府委員ノ発言

一　施政方針等ノ演説

通常議会ニ於テハ年末年始休会明ノ第一会議日ニ、特別議会ニ於テハ全院委員長及常任委員選挙ノ翌日ヲ以テ内閣総理大臣施政ノ方針ニ関シ外務大臣外交ノ経過並現況ニ関シ大蔵大臣予算案ノ大要並財政経済ニ関シ演説ヲ為スノ例デアル。

二　特殊事件ノ報告

内治外交又ハ軍事上財政上重大ナ事件アツタ場合ハ内閣総理大臣若ハ主管ノ国務大臣其ノ顚末ヲ報告シ又ハ演説ヲ為スヲ例トスル。

最近ノ事例トシテハ第七十九回議会（昭和十七年）ニ於テ二月十六日ノ本会議劈頭東條総理大臣ハ「シンガポール」陥落ノ報告ヲ為シ引続キ対「ビルマ」対蘭印対濠洲対印度対中華民国ノ帝国ノ所信ヲ中外ニ表明シタ。越エテ三月十二日ノ本会議劈頭再ビ東條総理大臣ハ「ラングーン」攻陥及全蘭印戡定ノ報告ヲ為シ併セテ濠洲及印度ニ対シ帝国ノ所信ヲ表明シ濠洲ニ対シテハ今ヤ事態ヲ正視シテ重大ナル挙措ヲ決センコトヲ期待シ、印度民衆ニモ此ノ天与ノ機会ヲ失フコトナク速ニ過去ヲ清算シテ最後ノ決意ヲ為スベキヲ促シタ。

三　政府ノ意見表明

議案ニ対スル意見表明

国務大臣及政府委員ハ議案ニ対シ政府ノ意見ヲ表明スル場合ガアル。而シテ其ノ時期ハ一定セズ或ハ趣旨弁明ノ終リタル際、委員付託ノ動議採決ノ前後委員長報告後、討論終局ノ動議採決ノ前後又ハ表決ノ前後ニ発言シテキル。

感謝決議ニ対スル謝辞

軍隊ニ対スル功労感謝ノ決議ニ対シテハ主管ノ国務大臣ヨリ謝辞ヲ述ブル例デアル。

四　国務大臣又ハ政府委員ノ発言妥当ヲ欠ク場合

国務大臣政府委員ガ用語ヲ釈明シ若ハ訂正シ又ハ不穏当ト認メタル言語ヲ取消シタ場合ガアル。又議長ヨリ政府委員ノ発言ニ関シ注意シタコトモアル。

第二章　貴族院トノ関係

第一節　両院協議会

両院協議会ヲ開ク場合

議案ノ中ニハ両院ノ協賛ヲ要スルモノト一院ノミノ議決デ足ルモノトガアル。法律案ヲ初メ予算案等ハ前者ニ属シ上奏案決議案建議案等ハ後者ニ属スル。

貴衆両院ハ各々其ノ信ズル所ニ従ツテ議決ヲ為スノデ、議案ニ対シ両院ガ意見ヲ異ニスル場合ノ生ヅルノハ已ムヲ得ナイ所デアル。甲院ノ議決シタモノヲ乙院ガ否決シタ場合ハ両院ノ意見全ク相反シ妥協ノ余地ガナイカラ其ノ案ハ不成立トナル。然シ甲院ノ議決ヲ乙院ガ修正シタ場合ハ更ニ甲院ニ乙院ノ修正シタモノヲ送リ返サネバナラヌ。之ヲ「回付」ト謂フ。甲院ハ其ノ回付ヲ受ケタ乙院ノ修正ニ同意スレバ其ノ議案ハ乙院ノ修正通リニ確定シ議会ノ協賛ヲ得タモノトナル。

若シ甲院ガ乙院ノ修正ニ同意シナイ場合ハ甲院即チ前ニ議シタ方ノ院ハ乙院即チ修正シタ方ノ院ニ対シテ両院協議会ノ開会ヲ請求セネバナラヌ。此ノ請求ニハ乙院ハ応ジネバナラヌカラ茲ニ両院協議会ガ開カレル（議五五条）。

両院協議会ハ議案ニ対スル両院ノ意思ノ不一致ヲ互譲妥協セシメムトスル会議デアル。従ツテ他ノ委員会トハ異リ一院ノ機関デハナク両院ノ機関デアツテ、両院カラ同数ノ委員ガ選出サレ其ノ協議委員ガ会合シテ両院ノ意見不一致ノ点ニ付各院ノ所見ヲ検討シテ両院ノ意思ノ一致点ヲ発見セムトスル両院議員混合ノ委員会ノ性質ヲ有スル協議会デアル。

一　回付案ノ会議

衆議院送付又ハ提出議案ガ回付サレタ場合衆議院ガ之ニ同意スレバ其ノ案ハ両院通過トナリ確定案トナルコトハ前述ノ通リデアルカラ、此ノ場合ハ之ヲ奏上スルト同時ニ其ノ旨ヲ貴族院ニ通知シ若シ回付案ニ同意セザル時ハ両院協議会ヲ請求スル（議五四条及議五五条）。

質疑討論ハ修正ノ範囲ニ限ル

回付案ニ対スル議事ハ貴族院ノ修正ニ同意スルヤ否ヤヲ決スルモノデアルカラ其ノ質疑討論ハ貴族院ノ修正ノ範囲ニ限ラレルモノトスル。

二　両院協議委員

委員数ハ十名宛ヲ例トスル

両院協議委員ノ数ハ各院同数デ而カモ十名以下トシ協議会ヲ請求スル議院ガ定メルコトニ規定サレテ

ヰルガ、従来ハ総テ十名トシテヰル（議五六条及両院協議会規程第二条）。

委員ハ議長指名ヲ例トスル

委員選挙ノ方法ハ議場選挙ト議長ニ選挙ヲ委任スル場合トアツテ議場選挙ノトキハ連記投票デアル。之ハ衆議院ノ議決ニ賛成シタ多数派カラ十名ノ委員ヲ選出スルコトガ出来協議会ニ於テ衆議院側ノ意見ガ分レルヤウナコトガ少ナイカラデアル。而シテ第六十三回議会（昭和七年）以後ハ総テ議長指名ニ依ツテヰル（衆規二二八条）。

併託スルコトガ出来ル

既ニ両院協議委員ガ選任サレタ後更ニ両院協議会ヲ開クヲ要スル議案ガ生ジタヤウナ場合ハ改メテ協議委員ヲ設ケズ曩ノ協議委員ニ併セ付託スル例デアル（第九回及第六十三回議会）。

三　両院協議委員議長及副議長

両院協議会デハ開会第一日ニ抽籤デ何レカノ院ノ協議委員議長ガ当日ノ協議会議長トナリ、爾後毎回交代スルコトニ定メラレテヰルカラ（議六〇条）此ノ協議会議長ヲ務メル者ト其ノ代理者トナルベキ協議委員議長及副議長ヲ両院トモ其ノ協議委員中カラ互選スル。

四、両院協議会ノ会議

第一回ノ日時ハ両院議長協議ノ上定メル

第一回ノ両院議会開会日時ハ衆議院議長ト貴族院議長トノ協議デ定メ第二回以後ハ協議会デ定メルコトニナツテヰル

傍聴ヲ許サナイ

両院協議会ハ傍聴ヲ許サナイ（議五八条）。従テ議員ハ勿論、必要ナキトキハ国務大臣及政府委員モ傍聴出来ナイ。議事ハ速記ヲ付シテ各議員ニ配付シテヰル。然シ協議会ノ決議デ速記モ付ケナイコトガ出来ル。

定　足　数

協議会ノ定足数ハ両院ノ委員各三分ノ二以上デアル。

議事ノ範囲

協議会ニ於ケル議事ノ範囲ニ付テハ嘗テ議論ヲ生ジタ為、両院デ決定シテ両院ノ議決ノ一致シナイ事項及当然影響ヲ受クベキ事項ノ外ニ渉ルコトヲ得ザルコトニシタ。

表決ノ場合

表決ノ際ハ両院ノ委員ヲ同数ニシテ採決スル。

之ガ為採決ニ当ツテ一院ノ出席委員ガ他院ノ出席委員数ヨリ多イトキハ其ノ超過数ノ委員ヲ減ジネバナラヌ。此ノ手続ニ付テハ両院ニ協定ガアツテ

(1) 出席委員数ヲ対比スルトキハ当日ノ協議会議長ヲモ其ノ所属院ノ委員数ニ加ヘテ計算シ

(2) 減除スル委員ヲ定ムルニハ当日ノ議長ヲ除イテ抽籤ヲ行フコトニナツテヰル。

協議会議長ノ決裁権

協議会議長ハ表決ニ加ハラナイ例デアルカラ議院法第五十九条ニ於テ可否同数ノ場合ニハ議長ニ決裁権ヲ与ヘテアルガ、実際問題トシテハ両院意見ヲ異ニシタ場合ハ議長ガ表決セザル限リ当日議長ヲ出シタ院ノ主張ガ必ズ敗レル結果トナリ決裁権ヲ行フ場合ガ起ラナイ。何トナレバ両院ノ委員ハ各々其ノ院ノ主張ヲ堅持スルヲ例トシ、而カモ両院ノ委員ガ同数デアルカラデアル。

協議会成案

協議会デ議決セラレタモノヲ成案ト名付ケル。

両院ノ意見一致シタトキ成案ガ出来ルノハ当然デアルガ、意見ガ全然背馳シタトキデモ採決ノ結果一方ガ敗レテ通常ハ一ツノ成案ガ出来ル（一院ノ委員ガ退席シテ定足数ヲ欠ク場合ハ採決モ出来ズ流会トナル）。

成案ノ効力

協議会ノ成案ハ両院ヲ拘束スル効力ハナイ。之ヲ各院ニ持チ返ツテ自由ニ議決ガ出来ル。

第二節　両院協議会成案ノ取扱

一　両院協議会ヲ請求シタ議院

両院協議会ノ成案ハ協議会ヲ請求シタ議院ニ於テ先ニ審議スルモノデアル成案ニ付テハ両院共単ニ成案ヲ認メルヤ否ヤデアツテ成案ニ付更ニ修正スルコトハ出来ナイ、其故問題トナツタ部分以外ニ亙ツテ議論ハ出来ナイ。成案ガ否決サレ、バ其旨他ノ院ニ報告スレバ他ノ院ハ議決ヲ要セズ其議案ハ否決サレタコトニナル、然ルニ成案ヲ可決スレバ其案ヲ他院ニ送付スル。

二　両院協議会ノ請求ヲ受ケタル議院

両院協議会ノ請求ヲ受ケタ議院デハ他ノ院ヨリ成案可決ノ上送付ヲ受ケテカラ審議スル。其ノ送付ヲ受ケタ成案ニ付単ニ賛否ヲ決定スレバ其ノ案ノ可否ハ定マルノデアル。従ツテ最後ノ議決ニ基キ之ヲ奏上スルト共ニ其旨他ノ院ニ通知スル。

〈解題著者紹介〉
原 田 一 明（はらだ かずあき）
横浜国立大学大学院国際社会科学研究科法曹実務専攻教授
〔主要著作〕
『議会特権の憲法的考察』（信山社、1995年）
『議会制度——議会法学入門（憲法叢書—統治の思想としくみ）』
（信山社、1997年）

学術選書プラス
3
議事法

議 事 解 説

2011（平成23）年10月20日　第1版第1刷発行
1252-5:P320 ¥8800E-012:050-015

編　者　昭和17年4月
帝国議会衆議院事務局
解　題　原 田 一 明
発行者　今井 貴 稲葉文子
発行所　株式会社 信 山 社
第2部
〒113-0033 東京都文京区本郷6-2-9-102
Tel 03-3818-1019 Fax 03-3818-0344
henshu@shinzansha.co.jp
笠間才木支店　〒309-1611 茨城県笠間市笠間515-3
Tel 0296-71-9081 Fax 0296-71-9082
笠間来栖支店　〒309-1625 茨城県笠間市来栖2345-1
Tel 0296-71-0215 Fax 0296-72-5410
出版契約 2011-1252-5-01010 Printed in Japan

ISBN978-4-7972-1252-5 C3332 分類323.400-a008 議事法・憲法